Arne Pautsch

Polizeirecht Baden-Württemberg

JURIQ Erfolgstraining

Herausgegeben von JURIQ® Juristisches Repetitorium, Köln

Polizeirecht Baden-Württemberg

von
Prof. Dr. Arne Pautsch
Hochschule für öffentliche Verwaltung und Finanzen
Ludwigsburg

Bibliografische Information der Deutschen Nationalbibliothek
Die Deutsche Nationalbibliothek verzeichnet diese Publikation in der Deutschen Nationalbibliografie; detaillierte bibliografische Daten sind im Internet über <http://dnb.d-nb.de> abrufbar.

ISBN 978-3-8114-7051-4

E-Mail: kundenservice@cfmueller.de
Telefon: +49 6221/1859-599
Telefax: +49 6221/1859-589

www.cfmueller.de
www.cfmueller-campus.de

Satz: TypoScript, München
Druck: Westermann Druck, Zwickau

Liebe Leserinnen und Leser,

die Reihe „JURIQ Erfolgstraining" zur Klausur- und Prüfungsvorbereitung verbindet sowohl für Studienanfänger als auch für höhere Semester die Vorzüge des klassischen Lehrbuchs mit meiner Unterrichtserfahrung zu einem umfassenden Lernkonzept aus Skript und Online-Training.

In einem ersten Schritt geht es um das **Erlernen** der nach Prüfungsrelevanz ausgewählten und gewichteten Inhalte und Themenstellungen. Einleitende Prüfungsschemata sorgen für eine klare Struktur und weisen auf die typischen Problemkreise hin, die Sie in einer Klausur kennen und beherrschen müssen. Neu ist die **visuelle Lernunterstützung** durch

- ein nach didaktischen Gesichtspunkten ausgewähltes Farblayout
- optische Verstärkung durch einprägsame Graphiken und
- wiederkehrende Symbole am Rand

= Definition zum Auswendiglernen und Wiederholen

= Problempunkt

= Online-Wissens-Check

Illustrationen als „Lernanker" für schwierige Beispiele und Fallkonstellationen steigern die Merk- und Erinnerungsleistung Ihres Langzeitgedächtnisses.

Auf die Phase des Lernens folgt das **Wiederholen und Überprüfen** des Erlernten im **Online-Wissens-Check**: Wenn Sie im Internet unter **www.juracademy.de/skripte/login** das speziell auf das Skript abgestimmte Wissens-, Definitions- und Aufbautraining absolvieren, erhalten Sie ein direktes Feedback zum eigenen Wissensstand und kontrollieren Ihren individuellen Lernfortschritt. Durch dieses aktive Lernen vertiefen Sie zudem nachhaltig und damit erfolgreich Ihre polizeirechtlichen Kenntnisse!

Frage 1 (Punkte: 1)

Welche Charakteristika zeichnen eine Standardmaßnahme aus?

Antwort

Aussagen	Antwort	Aussagerichtigkeit und Kommentar
a) Sie werden in der Regel durch den Polizeivollzugsdienst vorgenommen.	☐ ✓	**Falsch.** Dies gilt nur für die Standardmaßnahmen die eine Zuständigkeit des Polizeivollzugsdienstes vorsehen oder wenn es sich um eine unaufschiebbare Maßnahmen handelt.
b) Sie greifen häufig in Grundrechte ein, sind Ausdruck einer vom Gesetzgeber vorweggenommenen Güterabwägung und entsprechen dem Verhältnismäßigkeitsprinzip.	☑ ✓	**Richtig.**
c) Standardmaßnahmen aus dem PolG BW gehen gegenüber spezialgesetzlichen Ermächtigungsgrundlagen vor.	☐ ✓	**Falsch.**
d) Standardisierung von Maßnahmen, die in typischen, immer wiederkehrenden Situationen anzuwenden sind.	☑ ✓	**Richtig.**

→ **Richtig**
Punkte für diese Antwort: 1/1. (Schwierigkeit: Mittel)

Schließlich geht es um das **Anwenden und Einüben** des Lernstoffes anhand von Übungsfällen verschiedener Schwierigkeitsstufen, die im Gutachtenstil gelöst werden. Die JURIQ **Klausurtipps** zu gängigen Fallkonstellationen und häufigen Fehlerquellen weisen Ihnen dabei den Weg durch den Problemdschungel in der Prüfungssituation.

Das **Lerncoaching** jenseits der rein juristischen Inhalte ist als zusätzlicher Service zum Informieren und Sammeln gedacht: Ein erfahrener Psychologe stellt u.a. Themen wie Motivation, Leistungsfähigkeit und Zeitmanagement anschaulich dar, zeigt Wege zur Analyse und Verbesserung des eigenen Lernstils auf und gibt Tipps für eine optimale Nutzung der Lernzeit und zur Überwindung evtl. Lernblockaden.

Mit diesem Lehrskript soll ein Beitrag dazu geleistet werden, das Polizeirecht in Baden-Württemberg praxisnah und mit Blick auf die examensrelevanten Teile einer kompakten Darstellung zuzuführen. Bekanntermaßen gehört das Polizeirecht als Teil des besonderen Verwaltungsrechts zu den in beiden juristischen Prüfungen – der ersten Prüfung und dem zweiten juristischen Staatsexamen – häufig geprüften Gegenständen des öffentlichen Rechts. Dies ist vor allem dadurch bedingt, dass das Polizeirecht – genauer: das hier behandelte allgemeine Polizeirecht – als Materie des Gefahrenabwehrrechts der sog. Eingriffsverwaltung zuzurechnen ist, einem Gebiet des Verwaltungsrechts also, das in besonderem Maße durch das Handeln mittels Verwaltungsakt (VA) im Über-/Unterordnungsverhältnis geprägt ist. Die Anforderungen an ein rechtsstaatliches Verwaltungshandeln lassen sich am Beispiel des Polizeirechts somit in besonders eindrücklicher Weise darstellen und in der Folge auch abprüfen.

Dieses Skript ist gleichwohl bestrebt, die wesentlichen Grundzüge des Polizeirechts – übrigens eine der zentralen verwaltungsrechtlichen Materien in der Zuständigkeit der Länder – am Beispiel Baden-Württembergs darzustellen. Neben den materiell-rechtlichen Grundlagen werden auch examensrelevante Aspekte der Vollstreckung sowie des Kostenersatzes und des Haftungsrechts ebenso behandelt wie Fragen des Rechtsschutzes. Gerade die Bedeutung des letztgenannten Aspekts darf keineswegs unterschätzt werden, da sich sowohl in schriftlichen Arbeiten (also in der Examensklausur) als auch in der mündlichen Prüfung zumeist eine Fallgestaltung aufdrängt, die als prüfungsrechtlichen „Aufhänger" das Verwaltungsprozessrecht wählt.

Dank für umfassende Unterstützung bei Manuskripterstellung und Schlussredaktion gebührt Herrn Rechtsreferendar *Florian Feigl* (Rutesheim).

Auf geht's – ich wünsche Ihnen viel Freude und Erfolg beim Erarbeiten des Stoffs!

Und noch etwas: Das Examen kann jeder schaffen, der sein juristisches Handwerkszeug beherrscht und kontinuierlich anwendet. Jura ist kein „Hexenwerk". Setzen Sie nie ausschließlich auf auswendig gelerntes Wissen, sondern auf Ihr Systemverständnis und ein solides methodisches Handwerk. Wenn Sie Hilfe brauchen, Anregungen haben oder sonst etwas loswerden möchten, sind wir für Sie da. Wenden Sie sich gerne an C.F. Müller GmbH, Waldhofer Straße 100, 69123 Heidelberg, E-Mail: kundenservice@cfmueller.de. Dort werden auch Hinweise auf Druckfehler sehr dankbar entgegen genommen, die sich leider nie ganz ausschließen lassen.

Ludwigsburg, im Mai 2021 *Arne Pautsch*

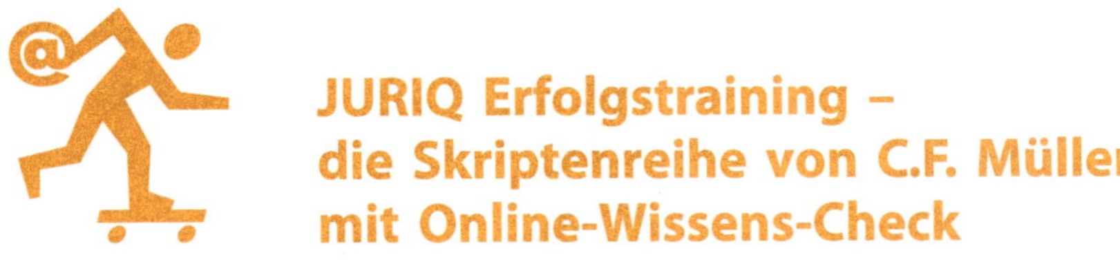

JURIQ Erfolgstraining – die Skriptenreihe von C.F. Müller mit Online-Wissens-Check

Mit dem Kauf dieses Skripts aus der Reihe **„JURIQ Erfolgstraining"** haben Sie gleichzeitig eine Zugangsberechtigung für den Online-Wissens-Check erworben – ohne weiteres Entgelt. Die Nutzung ist freiwillig und unverbindlich.

Was bieten wir Ihnen im Online-Wissens-Check an?

- Sie erhalten einen individuellen Zugriff auf **Testfragen zur Wiederholung und Überprüfung des vermittelten Stoffs**, passend zu jedem Kapitel Ihres Skripts.
- Eine individuelle **Lernfortschrittskontrolle** zeigt Ihren eigenen Wissensstand durch Auswertung Ihrer persönlichen Testergebnisse.

Wie nutzen Sie diese Möglichkeit?

Online-Wissens-Check

Registrieren Sie sich einfach für Ihren kostenfreien Zugang auf **www.juracademy.de/skripte/login** und schalten sich dann mit Hilfe des Codes für Ihren persönlichen Online-Wissens-Check frei.

Ihr persönlicher User-Code: 565404746

Der Online-Wissens-Check und die Lernfortschrittskontrolle stehen Ihnen für die **Dauer von 24 Monaten** zur Verfügung. Die Frist beginnt erst, wenn Sie sich mit Hilfe des Zugangscodes in den Online-Wissens-Check zu diesem Skript eingeloggt haben. Den Starttermin haben Sie also selbst in der Hand.

Für den technischen Betrieb des Online-Wissens-Checks ist die JURIQ GmbH, Unter den Ulmen 31, 50968 Köln zuständig. Bei Fragen oder Problemen können Sie sich jederzeit an das JURIQ-Team wenden, und zwar per E-Mail an: info@juriq.de.

Inhaltsverzeichnis

Literaturverzeichnis

Belz/Mußmann/Kahlert/Sander	Polizeigesetz für Baden- Württemberg, Kommentar, 8. Aufl. 2015
Drews/Wacke/Vogel/Martens	Gefahrenabwehr, 9. Aufl. 1986
Ennuschat/Ibler/Remmert	Öffentliches Recht in Baden- Württemberg, 3. Aufl. 2020
Erbguth/Mann/Schubert	Besonderes Verwaltungsrecht, 13. Aufl. 2020
Götz/Geis	Allgemeines Polizei- und Ordnungsrecht, 16. Aufl. 2017
Hömig/Wolff	Grundgesetz, Kommentar, 12. Aufl. 2018
Kenntner	Öffentliches Recht Baden-Württemberg, 3. Aufl. 2021
Kingreen/Poscher	Polizei- und Ordnungsrecht mit Versammlungsrecht, 11. Aufl. 2020
Kopp/Schenke	Verwaltungsprozessordnung, 26. Aufl. 2020
Lisken/Denninger	Handbuch des Polizeirechts, 6. Aufl. 2018
Pautsch/Hoffmann	Verwaltungsverfahrensgesetz, Kommentar, 2. Aufl. 2021
Ruder/Pöltl	Polizeirecht Baden-Württemberg, 9. Aufl. 2021
Schenke	Polizei- und Ordnungsrecht, 11. Aufl. 2021
Schenke	Verwaltungsprozessrecht, 17. Aufl. 2021
Schroeder	Polizei- und Ordnungsrecht Nordrhein-Westfalen, 4. Aufl. 2019
Stephan/Deger	Polizeigesetz für Baden-Württemberg, Kommentar, 7. Aufl. 2014
Würtenberger/Heckmann/ Tanneberger	Polizeirecht in Baden-Württemberg, 7. Aufl. 2017
Zeitler/Trurnit	Polizeirecht für Baden-Württemberg, 3. Aufl. 2014

Tipps vom Lerncoach

Warum Lerntipps in einem Jura-Skript?

Es gibt in Deutschland ca. 1,6 Millionen Studierende, deren tägliche Beschäftigung das Lernen ist. Lernende, die stets ohne Anstrengung erfolgreich sind, die nie kleinere oder größere Lernprobleme hatten, sind eher selten. Besonders juristische Lerninhalte sind komplex und anspruchsvoll. Unsere Skripte sind deshalb fachlich und didaktisch sinnvoll aufgebaut, um das Lernen zu erleichtern.

Über fundierte Lerntipps wollen wir darüber hinaus all diejenigen ansprechen, die ihr Lern- und Arbeitsverhalten verbessern und unangenehme Lernphasen schneller überwinden wollen.

Diese Tipps stammen von *Frank Wenderoth,* der als Diplom-Psychologe seit vielen Jahren in der Personal- und Organisationsentwicklung als Berater und Personal Coach tätig ist und außerdem Jurastudierende in der Prüfungsvorbereitung und bei beruflichen Weichenstellungen berät.

Wie lernen Menschen?

Die Wunschvorstellung ist häufig, ohne Anstrengung oder ohne eigene Aktivität „à la Nürnberger Trichter" lernen zu können. Die modernen Neurowissenschaften und auch die Psychologie zeigen jedoch, dass Lernen ein aktiver Aufnahme- und Verarbeitungsprozess ist, der auch nur durch aktive Methoden verbessert werden kann. Sie müssen sich also für sich selbst einsetzen, um Ihre Lernprozesse zu fördern. Sie verbuchen die Erfolge dann auch stets für sich.

Gibt es wichtigere und weniger wichtige Lerntipps?

Auch das bestimmen Sie selbst. Die Lerntipps sind als Anregungen zu verstehen, die Sie aktiv einsetzen, erproben und ganz individuell auf Ihre Lernsituation anpassen können. Die Tipps sind pro Rechtsgebiet thematisch aufeinander abgestimmt und ergänzen sich von Skript zu Skript, können aber auch unabhängig voneinander genutzt werden.

Verstehen Sie die Lerntipps „à la carte"! Sie wählen das aus, was Ihnen nützlich erscheint, um Ihre Lernprozesse noch effektiver und ökonomischer gestalten zu können!

Lernthema 4
Grundlagen: Lernen, Behalten und Erinnern

Die Lern- und Gedächtnispsychologie hat einige praktische Ideen, die Ihr Lernen erleichtern werden. Sie können damit effektiver lernen, mehr behalten und später den Lernstoff wieder gut abrufen. Sie können diese Methoden und Techniken sofort in die Praxis umsetzen und deren Erfolg unmittelbar feststellen. Lerntipps gibt es zu den Themen Arbeitsplanung, Techniken zum Warmlaufen, Einteilung des Lernpensums, Pausenmanagement und positive Abschlussgestaltung. Übrigens: Sie brauchen nicht alle Tipps auf einmal anzuwenden. Testen Sie ruhig einen nach dem anderen!

Lerntipps

Fangen Sie nicht einfach an!

Viele wollen das große Arbeitspaket möglichst schnell hinter sich bringen und fangen einfach an. Verschaffen Sie sich besser zu Beginn eine Übersicht über folgende Punkte:

- Inhalte, die erarbeitet werden müssen
- Tätigkeiten, die erbracht werden müssen (Lesen, Schreiben, Sammeln, Gliedern, Auswendiglernen)
- Benötigte Arbeitszeiten
- Dringlichkeit und Priorisierung einzelner Inhalte und Tätigkeiten

Schreiben Sie auf Arbeitskarten (Karteikartengröße), welche Arbeiten im folgenden Zeitabschnitt von ca. 2 bis 4 Stunden zu erledigen sind. Sie können das Ganze in eine optimale Reihenfolge bringen und an eine Pin-Wand heften. Damit bekommen Sie eine sinnvolle Ordnung, die Ihr Lernleben erleichtert. Und immer, wenn eine Tätigkeit beendet ist, vernichten Sie die Zettel als positiven Abschluss. Die Planungstechnik eignet sich auch für langwierige schriftliche Ausarbeitungen sehr gut.

Machen Sie Ihren Denkapparat warm!

Ein Sportler macht sich vor Beginn des Wettkampfes warm, um körperlich, aber auch mental auf „Betriebstemperatur“ zu kommen. Ein Musiker spielt sich vor seinem Konzert ein. Auch der Denkapparat braucht eine Warmlaufphase, da zu Beginn einer Lerneinheit die Aufnahmefähigkeit noch relativ gering ist. Starten Sie also mit möglichst einfachen Tätigkeiten, Dingen, die Ihnen persönlich eher leicht von der Hand gehen.

Startarbeiten können sein:

- Definitionen erst einmal nur durchlesen
- Begriffe aus einem Buch zu einem Thema heraussuchen, kennzeichnen, mit Seitenzahlen versehen
- Einfache Texte lesen
- Karteikarten schreiben und ordnen
- Material abheften

Bei umfassenderen Arbeiten das wiederholte Warmlaufen nicht vergessen!

Wenn Sie an einer Hausarbeit oder an einem umfangreicheren Lernstoff sitzen, starten Sie nach Pausen immer wieder neu. Sie können sich das Denken für einen Neustart erleichtern, wenn Sie sich am Ende einer Arbeitsphase kurze Merksätze notieren, was Sie nach der Pause konkret lesen, erarbeiten, vergleichen oder welche Fragen Sie beantworten wollen. Mit diesen Notizen können Sie sehr schnell wieder Gedankengänge aktivieren und in Ihr Gesamtkonzept einsteigen. Sie können aber auch die Feingliederung für den geplanten Teil noch einmal durchgehen oder zwei Seiten zurückzublättern, um sich wieder einzulesen.

Den Lernstoff in 5 bis 7 Lernportionen einteilen!

Es gibt auch beim Lernen eine optimale Menge der „akuten Lernbelastbarkeit“. Ein Lernumfang von 5 bis 7 Elementen („Chunks“) kann leicht auf einmal gespeichert werden. Wird diese Menge überschritten, ist Ihr Arbeitsspeicher (Speicherdauer 15 bis 30 Sekunden) überfordert, und es wird weniger ins Langzeitgedächtnis („Festplatte“) befördert, also behalten. „Chunks“ sind sinnvolle Gruppierungen von Informationen, – z. B. 7 Aufbauschemata, 7 Definitionen etc. Der mögliche Umfang Ihrer „Chunks“ hängt von Ihrem Vorwissen zu einem Lerngebiet ab.

Fazit für die Praxis:

- Bereiten Sie Ihr Lernmaterial so auf, dass die Zahl von 5 bis 7 Fachbegriffen, Definitionen, Merksätzen, Kategorien nicht überschritten wird.
- Teilen Sie umfangreicheres Material in Einheiten mit Untereinheiten (ebenfalls max. 7), die sinnvoll miteinander in Beziehung stehen.
- Denn: Sinnvoll gruppiertes Material wird besser behalten als beziehungslos nebeneinanderstehendes.
- Stabilisieren Sie das Wissen durch regelmäßiges Wiederholen in kleineren Portionen.

Testen Sie den Positionseffekt beim Lernen!

Es gibt nicht nur bevorzugte Plätze im Stadion oder Konzertsaal, sondern auch in einer Reihe von Lernelementen. Der Anfang und das Ende werden besser behalten und erinnert (Erfahrung des Autors als Coach: auch die ersten und letzten Stellenbewerber werden besser erinnert als die in der Mitte eines Bewerbungsprozesses). Stellen Sie sich vor, Sie müssen 20 Aufbauschemata oder Definitionen lernen. Die erste und die letzte Definition machen 10% des Lernmaterials aus, das Sie sich ohne besonderes Zutun besser einprägen können. Bei 2 Lernpaketen wären das 20%, bei 4 Paketen à 5 Definitionen schon 40% erleichterte Aufnahme.

Fazit für die Praxis:

- Nutzen Sie den Vorteil, dass Anfang und Ende einer Reihe leichter behalten werden!
- Teilen Sie Ihre Gesamtmenge in Portionen von 5 bis 7 Elementen auf, dann haben Sie entsprechend mehr Randelemente!
- Lernen Sie die Einheiten stets mehrfach in einer jeweils anderen Reihenfolge, dadurch wird der Positionseffekt mehrfach genutzt und sie werden damit flexibler bereitgestellt!

Beseitigen Sie die „Ähnlichkeitshemmung“!

Sind Lernelemente einander sehr ähnlich, so hemmen sie sich gegenseitig beim Lernen (= Ähnlichkeitshemmung). Man kann z. B. 5 unterschiedliche Begriffe besser abspeichern als 5 ähnliche. Lernen Sie ähnliche Inhalte stets zeitlich voneinander getrennt. Sie können diese dann „verwechslungssicherer“ abrufen. Machen Sie sich also keine Sorgen, wenn Sie inhaltlich unterschiedliche Dinge lernen. Das ist sogar eher förderlich.

Lernen, Behalten und Erinnern

Mit verteiltem Lernen behalten Sie auf die Dauer mehr!

Unsere Aufnahmefähigkeit ist begrenzt. Das haben Sie und ich schon mehrfach festgestellt. Selbst nach einem Warmstart dürfen wir nicht mit einer gleichmäßig ansteigenden Zunahme unseres Wissens rechnen. Es mag Sie zwar enttäuschen, aber wir behalten nach längerer Lernzeit immer weniger. Wir erreichen dann ein Lernplateau, wenn wir zu lange oder zu häufig denselben Stoff wiederholen. Es wird dann oft ohne Gewinn unnötiger Energieaufwand betrieben. Es kann sogar zu einer Abnahme schon erworbenen Wissens führen. Mehrarbeit kann also auch schaden. Das Gehirn braucht zum effektiven Lernen Zeit, um neue neuronale Verknüpfungen zu bilden, damit das Lernen auch „Spuren" hinterlässt.

Die Konsequenz heißt „verteiltes statt massiertes Lernen", den Lernstoff also mit Zwischenpausen bearbeiten.

- Zuerst langsam und aufmerksam lesen und nicht direkt einprägen wollen.
- Pause: Etwas ganz anderes tun.
- Wesentliche einzelne Begriffe und Zusammenhänge aufschreiben.
- Pause: Wieder ganz andere Dinge tun, auch Geistiges, jedoch möglichst unähnlich zu dem bisherigen Lernstoff.
- Wieder Begriffe und Zusammenhänge einprägen.
- usw.

Für Definitionen und Aufbauschemata zu einem Thema sind Abstände von 20 bis 40 Minuten zu empfehlen, bei größeren Textabschnitten wie Buchkapiteln können das auch mehrere Stunden sein.

Den Lernmotor und Ihre Motivation vor Überbelastung schützen!

Die maximale Leistungsfähigkeit kann nur in einem begrenzten Zeitraum erreicht werden. Bei Überschreitung passieren Fehler, die Leistung wird gemindert und die Motivation möglicherweise dauerhafter geschädigt. Vor Eintritt in eine solche Negativphase sollten Sie ein für Sie passendes Pausenmanagement einrichten.

Generell gilt:

- Häufige Pausen von weniger als 20 Minuten sind besonders effektiv und besser als wenige lange Pausen.
- Pausen sollten nicht mit lernnahen Tätigkeiten oder speicherbelastenden Aktivitäten (PC-Spiele) ausgefüllt werden.

Beispiele für unterschiedliche Pausenarten, die in den Tages- und Lernablauf integriert werden sollten:

- Abspeicherpausen (Augen zu): 10 bis 20 Sekunden nach Definitionen, Begriffen und komplexen Lerninhalten zum sicheren Abspeichern und zur Konzentration.
- Umschaltpausen: 3 bis 5 Minuten nach ca. 20 bis 40 Minuten Arbeit, um Abstand zum vorher Gelernten zu bekommen und dadurch besser Neues aufzunehmen.
- Zwischenpausen: 15 bis 20 Minuten nach 90 Minuten intensiver Arbeit, also nach zwei Arbeitsphasen, dient dem Erholen und Abschalten.

Und nicht vergessen:

- Die lange Erholungspause von 1 bis 3 Stunden, z. B. mittags oder zum Feierabend nach 3 Stunden Arbeit sollten Sie ebenfalls zum richtigen Abschalten, Regenerieren, Sich-Belohnen nutzen!

Die Lernarbeit positiv abschließen!

Unsere Erinnerung behält vor allem die letzten Erlebnisse. Endet ein an und für sich schöner Abend mit einem Streit, so wird der Abend rückwirkend als unangenehm empfunden. Ein Kellner bietet uns nach dem Essen auf Rechnung des Hauses einen Espresso oder Schnaps an. Wenn wir uns erinnern, werden wir geneigt sein, das gute Essen noch besser zu erinnern. D. h. wenn eine Tätigkeit positiv beendet wird, wird sie insgesamt als positiver erlebt.

Nach einer längeren Arbeitsphase von 1 bis 3 Stunden können Sie Folgendes tun:

- Bewusst feststellen, was Sie alles geschafft haben, beachten Sie dabei weniger die unbearbeitete Menge.
- Vergleichen Sie, was Sie zu Beginn einer Lernphase konnten oder wussten – und was Sie nun beherrschen.
- Legen Sie eventuell ein Karteikartensystem an, mit dem Sie sehr leicht feststellen können, was Sie können (z. B. eine Kartei mit Aufbauschemata, Definitionskartei; siehe dazu auch die Arbeitskarten aus dem ersten Lerntipp)

Jeden Tag das gleiche Ritual!

Der Abschluss eines Lerntages sollte auch symbolisch eine Zäsur setzen, analog dem Wechsel von Arbeit zu Freizeit mit der Schulklingel oder dem Kleidungswechsel nach der Arbeit.

Abschlussrituale am Ende eines Tages können sein:

- Denken Sie bereits 10 Minuten vor dem Arbeitsende eines Tages an das Ende der Arbeit.
- Denken Sie kurz aber bewusst darüber nach, an welcher Stelle Sie die Arbeit für heute beenden.
- Sagen Sie sich bewusst: Für heute ist die Arbeit für mich beendet.
- Verschaffen Sie sich einen Überblick über das Geleistete.
- Machen Sie sich kurze Notizen, welche Aspekte in der nächsten Arbeitsphase zu berücksichtigen sind. Das erleichtert den Einstieg am Folgetag.
- Klappen Sie den Ordner bewusst zu, fahren Sie den PC bewusst herunter und sagen Sie sich „Ich habe jetzt Freizeit!"
- Verlassen Sie den Arbeitsplatz und den Arbeitsbereich. Wenn möglich, ziehen Sie sich um.
- Gestalten Sie dieses Abschlussritual jeden Tag!

1. Teil
Polizeirechtliche Grundlagen

Nachfolgend sollen in der gebotenen Kürze noch einmal die maßgeblichen Grundlagen des Polizeirechts nachgezeichnet werden. Sie sind häufig zwar nicht Teil polizeirechtlicher Fallgestaltungen, dienen aber dem Verständnis der Grundstrukturen und bilden nicht selten gerade auch den in der mündlichen Prüfung durchaus geschätzten Einstieg in das Prüfungsgespräch. Fundierte Grundkenntnisse sind daher in diesem Bereich unerlässlich. **1**

A. Begriff und Gegenstand des allgemeinen Polizeirechts

Wenn in diesem Skript das Polizeirecht für das Land Baden-Württemberg dargestellt wird, ist **2**
damit das allgemeine Polizeirecht gemeint. Es ist abzugrenzen von den Regelungsmaterien, die das besondere Polizeirecht zum Gegenstand haben. Polizeirecht dient der Abwehr von Gefahren für die öffentliche Sicherheit und Ordnung. Die Materie, die entweder im allgemeinen oder besonderen Polizeirecht zu regeln ist, ist also die der Gefahrenabwehr. Je nach Art der Gefahr – allgemeine oder besondere Gefahr – ist entweder das allgemeine Polizeirecht oder aber das besondere Polizeirecht einschlägig. Bedeutung hat diese Frage bereits für das Auffinden der richtigen Ermächtigungsgrundlage für die zuständigen Polizeibehörden. Handelt es sich um eine allgemeine Gefahr, die abgewehrt werden soll, ist in Baden-Württemberg das Polizeigesetz (PolG)[1] einschlägig.

Bereits aus § 1 Abs. 1 PolG wird die Aufgabenzuweisung der Gefahrenabwehr an die Polizei und die zuständigen Polizeibehörden deutlich, wenn es dort heißt:

„Die Polizei hat die Aufgabe, von dem einzelnen und dem Gemeinwesen Gefahren abzuwehren, durch die die öffentliche Sicherheit oder Ordnung bedroht wird, und Störungen der öffentlichen Sicherheit oder Ordnung zu beseitigen, soweit es im öffentlichen Interesse geboten ist. Sie hat insbesondere die verfassungsmäßige Ordnung und die ungehinderte Ausübung der staatsbürgerlichen Rechte zu gewährleisten."

B. Abgrenzung von allgemeinem und besonderem Polizeirecht

Das **allgemeine Polizeirecht**, wie es zuvor gerade beschrieben wurde, ist **vom besonderen** **3**
Polizeirecht abzugrenzen. Das besondere Polizeirecht ist dadurch gekennzeichnet, dass es der Abwehr spezifischer Gefahren dient. Hierfür bedarf es einer gesonderten Ermächtigungsgrundlage in einem besonderen Gefahrenabwehrgesetz. Das bedeutet, dass die Gebiete, die zum besonderen Polizeirecht zählen, in einem eigenständigen Gesetz geregelt sind. Die Zahl dieser klassischen Gebiete der sog. Eingriffsverwaltung ist recht groß, wie sich an der Vielzahl

---

1 Das neue Polizeigesetz (PolG) ist in der Fassung vom 6.10.2020 in Kraft getreten am 16.1.2021. Gleichzeitig aufgehoben wurde das Polizeigesetz in der Fassung vom 13.1.1992, das zuletzt durch Art. 3 Nr. 1 des Gesetzes vom 26.3.2019 geändert worden war.

von gesetzlichen Regelugen ablesen lässt. Zu diesen besonderen Gefahrenabwehrmaterien gehören, um nur einige besonders typische Gebiete zu nennen:

- das Gewerberecht zur Abwehr gewerbespezifischer Gefahren (insbesondere geregelt in der GewO, im GastG und weiteren Gewerbegesetzen),
- das Bauordnungsrecht zur Abwehr bauspezifischer Gefahren (geregelt in der LBO),
- das Straßenverkehrsrecht zur Abwehr straßenverkehrsspezifischer Gefahren (geregelt im StVG und der StVO),
- das Infektionsschutzrecht (geregelt im IfSG), v.a. im Zusammenhang mit der Abwehr der 2020 aufgetretenen Corona-Pandemie.[2]

4 Weitere Gebiete des besonderen Polizeirechts sind überdies das Ausländerrecht, das Versammlungsrecht und das Umweltrecht.[3]

Hinweis

In der Klausur bedeutet dies, dass bereits im Rahmen der Ermittlung der richtigen Ermächtigungsgrundlage zu prüfen ist, ob ggf. spezielleres Polizeirecht existiert, das der Abwehr einer spezifischen Gefahr dient. Dann ist das allgemeine Polizeirecht des PolG nicht anwendbar, sondern es ist ausschließlich auf das speziellere Gesetz abzustellen.

5 Das allgemeine Polizeirecht ist in erster Linie darauf ausgerichtet, konkrete Gefahren abzuwehren. Es hat eine im Wesentlichen präventive Funktion.

Beispiel A hat sein bei der Straßenverkehrsbehörde abgemeldetes Auto auf der Rasenfläche seines Grundstücks dauerhaft abgestellt. Das Auto rostet vor sich hin, und es drohen umweltschädliche Substanzen auszutreten und in das Erdreich einzudringen. Hier ist die zuständige Polizeibehörde durch die Ermächtigungsgrundlagen des allgemeinen Polizeirechts in die Lage versetzt, gegenüber A einzuschreiten. ■

6 Wenn die Polizeibehörde feststellt, dass sich die allgemeine Gefahr bereits realisiert hat, stehen ihr erst recht Handlungsbefugnisse gegenüber dem Störer zur Seite. Es gehört somit auch zu den Aufgaben der allgemeinen Gefahrenabwehr nach dem PolG, dass die Behörde bereits eingetretene Störungen der öffentlichen Sicherheit oder Ordnung beseitigt.

Beispiel Wenn die umweltschädlichen Substanzen bereits in den Erdboden eingedrungen sind, kann die zuständige Polizeibehörde gegenüber A auf der Grundlage des allgemeinen Polizeirechts anordnen, dass die Gefahr zu beseitigen sei, etwa durch Aushub des kontaminierten Bodens, sofern nicht eine spezialgesetzliche Vorschrift (z.B. nach dem BBodSchG) in Betracht kommt. ■

7 Ebenfalls gehört es zum allgemeinen Polizeirecht und damit zu den Aufgaben der allgemeinen Polizeibehörden, zum Zwecke der sog. **Gefahrenvorsorge** tätig zu werden. Es ist als Teil der Aufgabe der Gefahrenabwehr anzusehen, dass Gefahren für die öffentliche Sicherheit und Ordnung bereits im Vorfeld verhindert werden und der Entstehung künftiger Gefahren vorgebeugt wird.[4]

---

2 Dazu etwa *Pautsch/Haug* NJ 2020, S. 281 ff.

3 *Zeitler/Trurnit* Polizeirecht für Baden-Württemberg, Rn. 1.

4 *Zeitler/Trurnit* Polizeirecht Baden-Württemberg, Rn. 76.

Beispiel Die Polizei veranstaltet Informationsveranstaltungen, die dazu dienen, etwa die Gefahr von Einbruchsdiebstählen durch geeignete Sicherheitsmaßnahmen zu minimieren. ■

Um den Polizeibehörden im Einzelfall eine rechtsstaatlichen und grundrechtlichen Anforde- 8
rungen entsprechende Grundlage für ein Einschreiten zum Zwecke der Gefahrenabwehr an die Hand zu geben, sieht das PolG unterschiedliche Ermächtigungsnormen vor. Diese sind für das primäre Einschreiten zum Zwecke der Abwehr einer (konkreten) Gefahr zu unterteilen in die folgenden Kategorien:

- die sog. polizeilichen Standardmaßahmen (§§ 27 ff. PolG) und
- die polizeiliche Generalklausel (§§ 1 Abs. 1, 3 PolG).

Hinweis

Für das Verhältnis von polizeilichen Standardmaßnahmen und polizeilicher Generalklausel kommt der wichtige **Spezialitätsgrundsatz** „lex specialis derogat legi generali" zum Tragen. Liegen die tatbestandlichen Voraussetzungen für eine der polizeilichen Standardbefugnisse (also eine Standardmaßnahme) vor, dann geht diese Standardermächtigung als speziellere Regelung (lex specialis) der – im Übrigen ja auch so bezeichneten – Generalklausel nach §§ 1 Abs. 1, 3 PolG als allgemeinerer Regelung vor.

C. Geschichtliche Entwicklung des allgemeinen Polizeirechts im Überblick

Das heute geltende Polizeirecht in Baden-Württemberg – wie in den anderen Ländern 9
auch – ist nicht verständlich, ohne wenigstens im Ansatz die geschichtliche Entwicklung in ihren Grundzügen zu beleuchten. Die Betrachtung muss damit auch darauf gerichtet sein, woher der Begriff „Polizei" geschichtlich stammt. Seinen Ursprung hat er in dem aus dem Griechischen stammenden Wort „politeia", das mehrdeutig ist und an sich sowohl „Verfassung des Staates", „Zusammenwirken der Staatsorgane" als auch „Zusammenspiel der Staatsfunktionen" bedeutet und damit bereits früh einen Bezug zu dem heutigen hoheitlichen Handeln aufwies.[5] Im Lateinischen wurde der griechische Begriff dann zu „politia" gewendet.[6] Im deutschen Rechtsraum wurde dann etwa ab der zweiten Hälfte des 15. Jahrhunderts der Begriff „Policey" gebräuchlich, mit dem vor allem die „gute Ordnung des Gemeinwesens" und weniger eine bestimmte behördliche Tätigkeit gemeint war („gute Policey"). Es handelte sich, da an eine gegliederte staatliche Ordnung im heutigen Verständnis noch nicht zu denken war, vor allem um die Schaffung eines Rahmens für unterschiedlichste Lebensbereiche, zu denen etwa der Wirtschaftsverkehr, die ständische Gliederung, die Berufsausübung, das allgemeine Verhalten, das Vertragswesen oder das Erbrecht zählten und die gleichsam die Grundlage der drei großen Reichspolizeiordnungen von 1530, 1548 und 1577 bildeten.[7]

5 *Boldt/Stolleis* in: Lisken/Denninger, Handbuch des Polizeirechts, A Rn. 39; *Zeitler/Trurnit* Polizeirecht Baden-Württemberg, Rn. 9.

6 *Zeitler/Trurnit* Polizeirecht Baden-Württemberg, Rn. 9.

7 *Würtenberger/Heckmann/Tanneberger* Polizeirecht in Baden-Württemberg, § 1 Rn. 2; *Zeitler/Trurnit* Polizeirecht Baden-Württemberg, Rn. 9.

10 Mit der Herausbildung des absolutistischen Staates änderte sich ab etwa Mitte des 17. Jahrhunderts auch das Polizeiverständnis. Das den Landesfürsten zustehende „ius politiae" etablierte eine polizeiliche absolute Herrschaft.[8] Dabei war die polizeiliche Tätigkeit auf alle Lebensbereiche bezogen und umfasste insbesondere die gesamte innere Verwaltung, einschließlich des Kirchen- und Erziehungswesens.[9] Der solcherart errichtete Polizeistaat war somit auch auf die Wohlfahrtspflege ausgerichtet („wohlfahrtsstaatliche Polizei") und sollte neben der Sicherstellung der inneren Ordnung dafür sorgen, dass auch die Wirtschaftsordnung des Fürsten sichergestellt wird, und zwar insbesondere durch die konstante Erhebung von Steuern.[10] Für das Zeitalter des Absolutismus ist zusammenfassend zu bemerken, dass dieses durch eine Allzuständigkeit der Polizei geprägt ist und daher als Polizeistaat zu charakterisieren ist.

11 Mit der Aufklärung erfuhr das Polizeirecht eine Veränderung insoweit, als es zu einer Durchbrechung der Allzuständigkeit der Polizei kam. Dieser Prozess reicht bis in die Anfänge des 20. Jahrhunderts hinein. Insbesondere wurde die Polizei nach und nach auf die Aufgabe der Gefahrenabwehr beschränkt.[11] Erste Ansätze fanden sich hierzu im Allgemeinen Preußischen Landrecht (ALR) von 1794, insbesondere in § 10 Abs. 2 S. 17 ALR, der es als „Amt der Polizey" ansah, die „nötigen Anstalten zur Erhaltung der öffentlichen Ruhe, Sicherheit und Ordnung (…) zu treffen (…)". Zu einem wirklichen Wandel von einem Polizeistaat obrigkeitsstaatlicher Prägung und zu einer rechtsstaatlich gebundenen Polizei kam es freilich erst zur Mitte des 19. Jahrhunderts mit dem Aufkommen der Idee des liberalen Rechtsstaats.[12] Zuvor war es zu einer Ausprägung besonderer „Fachpolizeien" gekommen, etwa der Armen-, Gesundheits- und Medizinal-, Bahn-, Verkehrs-, Gewerbe- und Kriminalpolizei, was in geschichtlicher Perspektive illustriert, dass es auch heute noch vielfältige Zweige des besonderen Polizeirechts gibt. Der liberale Rechtsstaat führte allerdings in der zweiten Hälfte des 19. Jahrhunderts vor allem zu einer rechtsstaatlichen Einhegung der Polizei und ihrer Tätigkeit. Der Grundsatz der Gesetzmäßigkeit der Verwaltung hatte auch die Polizei erfasst, und die in etwa gleichzeitige Etablierung einer Verwaltungsgerichtsbarkeit führte dazu, dass das polizeiliche Handeln einer gerichtlichen Kontrolle unterstellt wurde.[13] In diesem Kontext ist vor allem das richtungsweisende sog. „Kreuzberg-Urteil" [14] des Preußischen Oberverwaltungsgerichts vom 14.6.1882 zu nennen, mit dem jedenfalls in Preußen die wohlfahrtsstaatliche Polizei zugunsten einer an rechtsstaatliche Grundsätze gebundenen Polizei aufgegeben wurde, die fortan ausschließlich zum Zwecke der Gefahrenabwehr tätig werden durfte. Diese rechtsstaatliche Linie wurde schließlich später auch normativ umgesetzt, und zwar durch das Preußische Polizeiverwaltungsgesetz vom 1.6.1931.

Hinweis

Zum Hintergrund: Die „Kreuzberg-Entscheidung" des *PreußOVG* hatte die Überprüfung einer Polizeiverordnung sowie ein auf diese Verordnung gestütztes Bauverbot aus ästhetischen Gründen zum Gegenstand, für die es aber an einer entsprechenden Rechtsgrundlage fehlte.

8 *Zeitler/Trurnit* Polizeirecht Baden-Württemberg, Rn. 10.
9 *Zeitler/Trurnit* Polizeirecht Baden-Württemberg, Rn. 10.
10 *Zeitler/Trurnit* Polizeirecht Baden-Württemberg, Rn. 10 (kameralistisches Verständnis).
11 *Kingreen/Poscher* Polizei- und Ordnungsrecht, § 1 Rn. 5.
12 *Zeitler/Trurnit* Polizeirecht Baden-Württemberg, Rn. 12 f.
13 *Zeitler/Trurnit* Polizeirecht Baden-Württemberg, Rn. 13.
14 PrOVGE 9, 353 ff.; vgl. auch VBlBW 1993, 271 ff.

In den süddeutschen Staaten – so in Baden (31.10.1863) und Württemberg (27.12.1871) – wurde die Bindung der Polizei an Recht und Gesetz sowie deren Beschränkung auf die Aufgabe der Gefahrenabwehr durch den Erlass sog. Polizeistrafgesetzbücher normiert. Darin kommt zwar noch ein strafzentriertes Verständnis des Polizeirechts zum Ausdruck, indem vor allem bestimmte Handlungen unter Strafe gestellt wurden und die Polizeibehörden zum Erlass von strafbewehrten Rechtsverordnungen ermächtigt wurden; in der Tendenz zeigt aber auch die Kodifizierung des Polizeirechts in Baden und Württemberg, dass die rechtsstaatliche Bindung stärker in den Mittelpunkt rückte und zudem eine Beschränkung der Polizei auf die Gefahrenabwehr zu verzeichnen ist.[15] 12

Während der Übergang des Polizeirechts liberal-rechtsstaatlicher Prägung von der Monarchie in die Weimarer Republik im Wesentlichen ohne Brüche vollzogen wurde, hat die nationalsozialistische Gewaltherrschaft in der Folge zu einem abrupten Schlussstrich in der rechtsstaatlichen Entwicklung des Polizeirechts geführt. Mit der Machtergreifung der Nationalsozialisten verbunden war eine Ideologisierung und Umdeutung des Polizeirechts im Sinne der nationalsozialistischen Gewaltideologie sowie eine Herauslösung der Polizei aus der allgemeinen inneren Verwaltung.[16] Die Polizei wurde der verwaltungsgerichtlichen Kontrolle entzogen und mit der „Parteipolizei" der NSDAP, der sog. Schutzstaffel (SS), verbunden. Im Jahre 1936 kam es schließlich zur Gründung der sog. Geheimen Staatspolizei (Gestapo), und im Jahre 1939 wurden Polizei und SS im sog. Reichssicherheitshauptamt zusammengefasst und damit vollkommen „gleichgeschaltet" und dem „Führerprinzip" untergeordnet.[17] 13

Nach dem Zusammenbruch der nationalsozialistischen Gewaltherrschaft setzte nach dem Zweiten Weltkrieg die Neuorganisation der Polizei unter rechtsstaatlichen Bedingungen und den verfassungsrechtlichen Vorgaben des Grundgesetzes und der Landesverfassungen in den Ländern ein, nachdem das allgemeine Polizeirecht als Gefahrenabwehrrecht nach der grundgesetzlichen Kompetenzverteilung in die ausschließliche Länderzuständigkeit verlagert worden war (siehe dazu unten näher Rn. 23 ff.).

Die Länder verfolgten dabei unterschiedliche Systeme der Polizeiorganisation und der polizeilichen Aufgabenbestimmung, die sich am Einfachsten mit der Unterscheidung zwischen dem Trenn- bzw. Einheitsprinzip erklären lassen. Als übergeordnete Vorgabe ist jedenfalls in den westlichen Alliiertenzonen das Ziel der **Entpolizeilichung der Verwaltung** anzusehen. Die Polizei sollte dabei auf Vollzugsaufgaben begrenzt sein und dem Schutz der Bürger dienen. Alle übrigen Aufgaben sollten der Ordnungsverwaltung überlassen bleiben. Die Länder, in denen zur Umsetzung dieser Entpolizeilichung gesetzgeberische Maßnahmen getroffen wurden, trennen grundsätzlich zwischen Polizeiaufgaben und ordnungsbehördlichen Aufgaben. Dies kommt auch dadurch zum Ausdruck, dass in diesen Ländern teilweise nach wie vor für den Bereich der allgemeinen Gefahrenabwehr für die Polizei einerseits und die Ordnungsbehörden andererseits unterschiedliche Gesetze gelten.[18] Diesem **Trennsystem** folgten Bayern, Berlin, Hamburg, Hessen, Niedersachsen, Nordrhein-Westfalen und Schleswig-Holstein. Demgegenüber verblieb es in Baden-Württemberg, Rheinland-Pfalz, dem Saarland und in Bremen bei dem polizeilichen **Einheitsprinzip**, was in der Konsequenz zu einer weniger 14

15 *Würtenberger/Heckmann/Tanneberger* Polizeirecht in Baden-Württemberg, § 1 Rn. 10.
16 *Zeitler/Trurnit* Polizeirecht Baden-Württemberg, Rn. 18.
17 *Würtenberger/Heckmann/Tanneberger* Polizeirecht in Baden-Württemberg, § 1 Rn. 14 f.; *Zeitler/Trurnit* Polizeirecht Baden-Württemberg, Rn. 20.
18 *Zeitler/Trurnit* Polizeirecht Baden-Württemberg, Rn. 23.

konsequenten Entpolizeilichung als in den Ländern mit Trennsystem führte.[19] Die Unterscheidung zwischen Trenn- bzw. Einheitssystem hat noch heute eine gewisse Relevanz, wenn es darum geht, den Polizeibegriff institutionell-organisatorisch zu bestimmen, wie nachfolgend darzustellen sein wird.

D. Begriff der Polizei

15 Zunächst ist zu klären, was nach gegenwärtigem Verständnis zum Begriff der „Polizei" zu zählen ist. Hierzu existieren unterschiedliche Polizeibegriffe, die ihrerseits wiederum teilweise in Abhängigkeit davon stehen, ob das allgemeine Polizeirecht des Landes dem Einheitssystem (wie Baden-Württemberg) oder dem Trennsystem (wie die meisten übrigen Länder) folgt.

JURIQ-Klausurtipp

In der öffentlich-rechtlichen Klausur wird es regelmäßig nicht auf die Unterscheidung der unterschiedlichen Polizeibegriffe ankommen. Allerdings sind Grundkenntnisse hierzu erforderlich, um das in Baden-Württemberg eingeführte Einheitssystem insgesamt zu verstehen. Außerdem sind Fragen zur Entstehung und zum Begriff der Polizei in Baden-Württemberg beliebt in mündlichen Examensprüfungen. Die Thematik sollte daher nicht vernachlässigt werden.

16 Die unterschiedlichen Polizeibegriffe lassen sich wie folgt untergliedern, dabei aber gleichwohl einem überwölbenden – allgemeinen – Polizeibegriff zuordnen.

Das nachfolgende Schaubild verdeutlicht bereits die unterschiedlichen und nachfolgend näher erörterten Polizeibegriffe:

17 Ausgehend von diesen Polizeibegriffen ist es gleichwohl wichtig, sich die unterschiedlichen Systeme zu vergegenwärtigen, die für die behördliche Organisation der Polizei und somit auch mit Blick auf die polizeiliche Aufgabenstruktur in den Ländern gelten. Man unterscheidet insoweit zwischen dem Einheitssystem und dem Trennsystem.

19 *Zeitler/Trurnit* Polizeirecht Baden-Württemberg, Rn. 24.

I. Einheitssystem versus Trennsystem

Die jeweils historisch bedingte Entscheidung in den neu errichteten Ländern nach 1945 in der Bundesrepublik – sowie später ab 1990 auch in den neuen Bundesländern – entweder zugunsten des bereits oben behandelten Trennungs- oder des Einheitssystems hat vor allem Auswirkungen auf den institutionellen Polizeibegriff, da damit die Polizeiorganisation angesprochen ist. Im Trennsystem, das treffender auch als Trennungs- oder Ordnungsbehördensystem zu bezeichnen ist, wird die Gefahrenabwehr überwiegend von den Behörden der allgemeinen Verwaltung wahrgenommen.[20] Die meisten Länder folgen heute diesem System, so Bayern, Berlin, Brandenburg, Hamburg, Hessen, Mecklenburg-Vorpommern, Niedersachsen, Nordrhein-Westfalen, Rheinland-Pfalz (früher Einheitssystem), Sachsen-Anhalt, Schleswig-Holstein und Thüringen. Die entsprechenden – für die Aufgabe der Gefahrenabwehr zuständigen – Behörden sind demnach in diesen Ländern auch nicht als Polizeibehörden bezeichnet, sondern tragen in Hamburg, Niedersachsen und Sachsen-Anhalt die Bezeichnung „Verwaltungsbehörden der Gefahrenabwehr", in Berlin, Brandenburg, Mecklenburg-Vorpommern, Nordrhein-Westfalen, Rheinland-Pfalz, Schleswig-Holstein und Thüringen „Ordnungsbehörden", in Bayern „Sicherheitsbehörden" und in Hessen „Gefahrenabwehrbehörden".[21] Dem Wesen des Trennsystems entspricht es, dass die Zuständigkeit der Polizei sich in den Ländern, die dem Ansatz folgen, grundsätzlich auf die Gefahrenabwehr in Eilfällen, die Mitwirkung bei der Verfolgung von Straftaten und Ordnungswidrigkeiten, die Vollzugshilfe sowie sonstige gesetzlich ausdrücklich benannte oder übertragene Aufgaben beschränkt, m.a.W. also im Übrigen grundsätzlich die Verwaltungsbehörden primär zuständig sind.[22] Dieses System wird allgemein als Ausdruck der **Entpolizeilichung** verstanden.[23] **18**

Demgegenüber folgen (überwiegend traditionell bedingt, siehe oben Rn. 9 f.) die Länder **Baden-Württemberg**, Bremen, das Saarland und Sachsen auch gegenwärtig weiterhin dem sog. **Einheitssystem**. Diesem Ansatz entspricht es, dass die Polizei im institutionell-organisatorischen Sinne (dazu Rn. 20) sämtliche Behörden umfasst, die im Sinne des materiellen Polizeibegriffs (dazu Rn. 21) polizeiliche Aufgaben wahrnehmen. In diesen Ländern ist die Gefahrenabwehr (zum Begriff siehe oben unter Rn. 2) grundsätzlich der Polizei übertragen.[24] Im Sinne des institutionellen Polizeibegriffs (siehe Rn. 20.) unterfällt der Polizei in den Ländern mit Einheitssystem – und damit insbesondere auch in Baden-Württemberg – eine wesentlich größere Zahl an Behörden.[25] **19**

Hinweis

In verwaltungspraktischer Perspektive wirkt sich dies freilich nicht maßgeblich aus, da auch in den Ländern mit Einheitssystem wie Baden-Württemberg eine gewisse Aufteilung der Polizeiorganisation erfolgt ist, die zumeist in Gestalt einer Differenzierung in Polizeibehörden und Polizeivollzugsdienst deutlich wird.

20 *Schenke* Polizei- und Ordnungsrecht, § 1 Rn. 14.
21 *Schenke* Polizei- und Ordnungsrecht, § 1 Rn. 14.
22 *Schenke* Polizei- und Ordnungsrecht, § 1 Rn. 14.
23 Vgl. auch BVerfGE 3, 407 (431).
24 *Schenke* Polizei- und Ordnungsrecht, § 1 Rn. 15.
25 *Schenke* Polizei- und Ordnungsrecht, § 1 Rn. 15.

II. Institutioneller Polizeibegriff

20 Der bereits mehrfach erwähnte **institutionelle Polizeibegriff ist organisationsbezogen**, betrifft also die Organisation der Polizei. Daher kann noch präziser auch von einem institutionell-organisatorischen Polizeibegriff gesprochen werden. Er steht in engem Zusammenhang mit der zuvor (siehe unter Rn. 18 f.) behandelten Zuordnung entweder zum Trenn- oder zum Einheitssystem. Wie dargelegt, folgt Baden-Württemberg dem Einheitssystem. Daher sind in Baden-Württemberg unter der Polizei im institutionellen Sinne alle Behörden zu verstehen, die der Institution Polizei zuzuordnen sind.[26] Nach Maßgabe des Polizeigesetzes sind dies die Polizeibehörden (§§ 106 ff. PolG) und der Polizeivollzugsdienst (§§ 115 ff. PolG).

III. Materieller Polizeibegriff

21 Dem materiellen Polizeibegriff unterfällt diejenige Tätigkeit der öffentlichen Verwaltung, die mit Befehls- und Zwangsgewalt ausgestattet ist. Dieser Polizeibegriff ist auf Inhalt und Zielsetzung der polizeilichen Tätigkeit bezogen.[27] Der materielle Polizeibegriff versteht mithin unter „Polizei" alles dasjenige, was als öffentlich-rechtliche Verwaltungstätigkeit dazu bestimmt ist, Gefahren für die öffentliche Sicherheit oder Ordnung abzuwehren, und zwar ungeachtet dessen, ob es sich um die Tätigkeit von Polizeibehörden, Polizeivollzugsdienst oder anderer Verwaltungsbehörden handelt.[28] Kurz gesagt: Materielles Polizeirecht umfasst das gesamte Gefahrenabwehrrecht. Diesem materiellen Polizeiverständnis trägt vor allem § 1 Abs. 1 PolG Rechnung, wonach die Polizei die Aufgabe hat, von dem Einzelnen und dem Gemeinwesen Gefahren abzuwehren, durch welche die öffentliche Sicherheit und Ordnung bedroht werden, oder Störungen der öffentlichen Sicherheit oder Ordnung zu beseitigen.

IV. Formeller Polizeibegriff

22 Schließlich existiert noch ein formeller Polizeibegriff. Er steht dem materiellen Polizeibegriff gleichsam gegenüber.[29] Er knüpft an den institutionellen Polizeibegriff an und umfasst alle diejenigen Aufgaben, die der Polizei organisatorisch (d.h. im Sinne des institutionellen Polizeibegriffs) übertragen sind. Es zählen in diesem Sinne also nicht nur die Aufgaben der Gefahrenabwehr, sondern auch alle übrigen Aufgaben zur Polizei. Dazu gehören insbesondere die Aufgaben der Verfolgung von Straftaten und von Ordnungswidrigkeiten. Es kommt nach dem formellen Polizeibegriff somit auf ein Verständnis an, das die Summe aller Tätigkeiten erfasst, für die Polizeibehörden und Polizeidienststellen zuständig sind.[30] Deutlich wird der formelle Polizeibegriff etwa an § 1 Abs. 2 PolG, wonach die Polizei neben der Gefahrenabwehr außerdem die ihr nach anderen Vorschriften übertragenen Aufgaben wahrzunehmen hat (etwa die Erforschung von Straftaten nach § 163 Abs. 1 S. 1 StPO).

26 *Zeitler/Trurnit* Polizeirecht für Baden-Württemberg, Rn. 5.
27 *Götz/Geis* Allgemeines Polizei- und Ordnungsrecht, § 2 Rn. 13.
28 *Zeitler/Trurnit* Polizeirecht für Baden-Württemberg, Rn. 6.
29 *Zeitler/Trurnit* Polizeirecht für Baden-Württemberg, Rn. 7.
30 *Zeitler/Trurnit* Polizeirecht für Baden-Württemberg, Rn. 7.

Hinweis

Auch wenn die Unterscheidung der einzelnen Polizeibegriffe keine besondere Klausurrelevanz hat (s.o.), sollten folgende grundlegende Unterscheidungen gleichwohl geläufig sein: Während der institutionelle Polizeibegriff organisationsbezogen ist, ist der materielle Polizeibegriff inhaltsbezogen und auf die Gefahrenabwehr bezogen und der formelle Polizeibegriff zuständigkeitsbezogen. Im Ergebnis kommt es freilich am Ehesten auf den institutionellen Polizeibegriff an, der daher hier auch vorangestellt ist.

E. Verteilung der Gesetzgebungs- und Verwaltungskompetenzen für das Polizeirecht

Das Polizeirecht ist ein Beispiel dafür, dass es unter dem Grundgesetz originäre Kompetenzbereiche gibt, die den Ländern überlassen sind. Vorauszuschicken ist, dass die Regelung des allgemeinen Gefahrenabwehrrechts – in Baden-Württemberg also des allgemeinen Polizeirechts – Angelegenheit der Länder ist. Ansatzpunkt für diese Betrachtung ist in staatsorganisationsrechtlicher Perspektive Art. 30 GG, der bestimmt, dass die Ausübung der staatlichen Befugnisse und die Erfüllung der staatlichen Aufgaben Sache der Länder ist, soweit das Grundgesetz keine andere Regelung trifft oder zulässt. **23**

Art. 70 Abs. 1 GG konkretisiert die Kompetenzbestimmung des Art. 30 GG insoweit, als es für den Bereich der Gesetzgebung festlegt, dass die Länder das Recht zur Gesetzgebung haben, soweit nicht das Grundgesetz dem Bund Gesetzgebungsbefugnisse verleiht. **24**

Im – freilich vielfältigen – Recht der Gefahrenabwehr gilt, dass dem Bund durchaus Gesetzgebungszuständigkeiten zugewiesen sind. Es handelt sich um solche Materien, bei denen ein besonderes Bedürfnis nach einer bundeseinheitlichen Regelung besteht. Deutlich wird dies etwa in den (ebenfalls dem Gefahrenabwehrrecht zuzuordnenden) Materien des Pass-, Melde- und Ausweiswesens (Art. 73 Abs. 1 Nr. 3 GG), für den Grenzschutz (Art. 73 Abs. 1 Nr. 5 GG), den Luft- bzw. Eisenbahnverkehr (Art. 73 Abs. 1 Nr. 6, 6a GG), die internationale Terrorismusbekämpfung (Art. 73 Abs. 1 Nr. 9a GG), um nur einige Beispiele aus dem Bereich der ausschließlichen Bundeszuständigkeiten nach Art. 71, 73 GG zu nennen. **25**

Auch im Bereich der konkurrierenden Gesetzgebungszuständigkeit des Bundes ergeben sich bundesrechtliche Zuständigkeiten auf dem Gebiet der Gefahrenabwehr. Von polizeirechtlicher Relevanz sind insoweit etwa das Vereinsrecht (Art. 74 Abs. 1 Nr. 3 GG), das Aufenthalts- und Niederlassungsrecht der Ausländer (Art. 74 Abs. 1 Nr. 4 GG), das Jugendschutzrecht (Art. 74 Abs. 1 Nr. 7 GG), das Gewerberecht (Art. 74 Abs. 1 Nr. 11 GG), das Bodenschutzrecht (Art. 74 Abs. 1 Nr. 18), das Infektionsschutzrecht (Art. 74 Abs. 1 Nr. 19 GG), das Straßenverkehrsrecht (Art. 74 Abs. 1 Nr. 22 GG) oder das Abfall- und Immissionsschutzrecht (Art. 74 Abs. 1 Nr. 24). **26**

Ungeachtet dessen, dass dem Bund auf dem Gebiet der Gefahrenabwehr ggf. eine sog. Annexkompetenz zustehen kann (so etwa bezüglich des Gewerberechts mit Blick auf § 35 GewO nach Art. 74 Abs. 1 Nr. 11 GG), existiert im Grundgesetz keine Kompetenzzuweisung zugunsten des Bundes für das Recht der Abwehr von Gefahren für die öffentliche Sicherheit und Ordnung. Daraus folgt, dass das *allgemeine* Gefahrenabwehrrecht eine Angelegenheit **27** ist, die in den ausschließlichen Zuständigkeitsbereich der Länder fällt. Insoweit ist anzumerken, dass diese ausschließliche Länderzuständigkeit neben der Zuständigkeit zur Regelung der Gefahrenabwehr selbst auch die Zuständigkeit einschließt, die (immanente) Gefahrenvorsorge zu regeln.[31] Für die Verwaltungskompetenzen gilt, dass diese für das spezielle bundesrechtliche Gefahrenabwehrrecht nach Art. 83 ff. GG zu bemessen sind und im Bereich des allgemeinen Gefahrenabwehrrechts (Polizeirechts) ohnehin bei den Ländern liegen.

F. Organisation und Aufbaustruktur der Polizei in Baden-Württemberg

28 Nach der soeben dargestellten bundesstaatlichen Kompetenzordnung betreffend das allgemeine Polizeirecht und der daraus folgenden Zuständigkeit des Landes Baden-Württemberg für die Regelung der landeseigenen Polizeiorganisation gilt es, die Organisation und die Aufbaustruktur zu umreißen, wie sie sich aus dem PolG ergibt.

29 Zu unterscheiden ist zwischen

- allgemeinen Polizeibehörden (§ 106 Abs. 1 PolG i.V.m. § 107 PolG),
- besonderen Polizeibehörden (§ 106 Abs. 2 PolG),
- anderen Stellen (§ 2 Abs. 1 PolG) und
- dem Polizeivollzugsdienst (§ 115 PolG).

30 Maßgeblich sind vor allem die **allgemeinen Polizeibehörden**. Diese ergeben sich aus § 106 Abs. 1 PolG i.V.m. § 107 Abs. 1 bis 4 PolG. Der **Aufbau der allgemeinen Polizeibehörden in Baden-Württemberg** ist dabei **grundsätzlich vierstufig**, bestehend aus den obersten Landespolizeibehörden (§§ 106 Abs. 1 Nr. 1, 107 Abs. 1 PolG), den Landespolizeibehörden (§§ 106 Abs. 1 Nr. 2, 107 Abs. 2 PolG), den Kreispolizeibehörden (§§ 106 Abs. 1 Nr. 3, 107 Abs. 3 PolG) und den Ortspolizeibehörden (§§ 106 Abs. 1 Nr. 4, 107 Abs. 4 S. 1 PolG).

Das nachfolgende Schaubild verdeutlicht noch einmal den vierstufigen Aufbau der Polizeiorganisation in Baden-Württemberg:

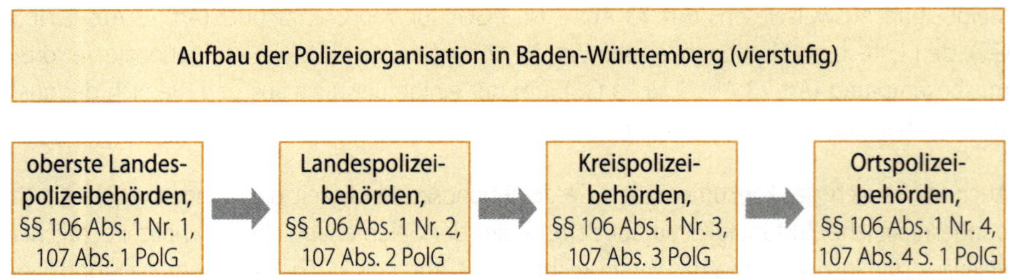

Hinweis

Lesen Sie einmal die im Text und im Schaubild genannten Vorschriften über die Polizeiorganisation in Baden-Württemberg im PolG durch. Sie werden feststellen, dass sich bereits aus dem Gesetz die obige Struktur klar herauslesen lässt. Wichtig dabei ist gerade mit Blick auf die Klausur, dass die in der Regel handelnde Polizeibehörde die Ortspolizeibehörde ist.

31 Vgl. etwa *Schenke* Polizei- und Ordnungsrecht, Rn. 23.

Dabei gilt für den Zuständigkeitszuschnitt Folgendes: 31

Oberste Polizeibehörden sind die **fachlich zuständigen Ministerien**, d.h. es ist nicht nur (wenngleich grundsätzlich) das Innenministerium zuständig, sondern auch die übrigen Ministerien, sofern in seinem Geschäftsbereich Aufgaben der Gefahrenabwehr wahrzunehmen sind. Als oberste Polizeibehörden nehmen sie die Aufsicht über die allgemeinen Polizeibehörden (§§ 108 ff. PolG) und den Polizeivollzugsdienst (§§ 117 ff. PolG) wahr.

Landespolizeibehörden sind die **Regierungspräsidien**, wobei es nach § 11 Abs. 1 LVG vier 32
Regierungspräsidien gibt (Stuttgart, Karlsruhe, Freiburg und Tübingen). Ihnen ist es in ihrer Eigenschaft als Landespolizeibehörde zugewiesen, die allgemeinen polizeilichen Verwaltungsaufgaben (§ 13 LVG) sowie Dienst- und Fachaufsicht über die Kreis- und Ortspolizeibehörden (§§ 108, 109 PolG) wahrzunehmen. Sie nehmen überdies die Fachaufsicht über den Polizeivollzugsdienst wahr, soweit dieser Aufgaben nach § 105 Abs. 2 oder Abs. 4 PolG wahrnimmt.

Kreispolizeibehörden sind die **unteren Verwaltungsbehörden** nach Maßgabe des LVG. 33
Somit fällt diese Funktion in den Landkreisen den Landratsämtern (§ 15 Abs. 1 LVG), den Großen Kreisstädten (§§ 15, 19 LVG), den Verwaltungsgemeinschaften (§§ 15, 17, 19 LVG) und in den Stadtkreisen den Gemeinden („Bürgermeisterämtern") zu. Für die Aufgabenzuständigkeit gilt § 18 LVG, d.h. es obliegen den Kreispolizeibehörden alle ihnen durch Gesetz oder Rechtsverordnung zugewiesenen staatlichen Verwaltungsaufgaben.

Hinweis

Ob die Kreispolizeibehörden als staatliche oder kommunale Behörden tätig werden, hängt von ihrer Organisation ab. Dabei gilt der Grundsatz, dass staatliche Behörde nur das Landratsamt als untere Verwaltungsbehörde ist, die vom Landrat geleitet wird. Demgegenüber bleiben die Stadtkreise, Großen Kreisstädte und die Verwaltungsgemeinschaften, wenn sie als Kreispolizeibehörden tätig werden, kommunale Behörden. Das hat rein kommunalrechtliche Gründe, die sich aus dem Normzusammenhang der §§ 15 ff. LVG erschließen und damit zusammenhängen, dass die Gemeinden auch dann kommunale Körperschaften bleiben, wenn sie an sich Aufgaben der Kreispolizeibehörden wahrnehmen. Das Stichwort lautet insoweit „monistische Konzeption des gemeindlichen Wirkungskreises" (vgl. § 2 GemO). Die kreispolizeilichen Aufgaben stellen dann Pflichtaufgaben zur Erfüllung nach Weisung dar, die vom Bürgermeister in gesetzlicher Zuständigkeit (§ 44 Abs. 3 S. 1 GemO) wahrgenommen werden. Ein *Beispiel*: Der Landeshauptstadt Stuttgart obliegen als Stadtkreis sämtliche Aufgaben der Landkreise und damit auch der Landratsämter als staatlicher unterer Verwaltungsbehörde. Soweit also die Landratsämter für den Katastrophenschutz als besondere Polizeiaufgabe zuständig sind, obliegt diese Aufgabe auch den – kreisfreien – Stadtkreisen – mit einem Unterschied: Sie werden nicht als *staatliche* untere Verwaltungsbehörde tätig, sondern bleiben auch insoweit *kommunale* Verwaltungsbehörde, die insoweit eine Pflichtaufgabe zur Erfüllung nach Weisung wahrnimmt.

Ortspolizeibehörden sind die Gemeinden, zu denen ungeachtet ihrer Zuständigkeit als 34
Kreispolizeibehörden auch die Stadtkreise und Großen Kreisstädte zählen. Sie nehmen die ortspolizeilichen Aufgaben als Pflichtaufgaben zur Erfüllung nach Weisung wahr (§ 107 Abs. 4 S. 2 PolG i.V.m. § 2 Abs. 3 GemO). Innerhalb der Gemeinde obliegt die Organzuständigkeit dem Bürgermeister (§ 44 Abs. 3 S. 1 GemO).

35 Unter die **besonderen Polizeibehörden** fallen nach § 106 Abs. 2 S. 1 PolG solche Verwaltungsbehörden, denen aufgrund spezieller Rechtsvorschriften polizeiliche Aufgaben zugewiesen sind. Ihre Zuständigkeit ist in Negativabgrenzung zu den allgemeinen Verwaltungsbehörden und den anderen Stellen nach § 2 Abs. 1 PolG (siehe sogleich Rn. 36) zu bestimmen.

Beispiele Eichämter, Gewerbeaufsichtsämter. ■

Hinweis

Im Rahmen der Verwaltungsreform im Jahre 2004 sind in Baden-Württemberg allerdings nahezu alle besonderen Polizeibehörden in die allgemeinen Polizeibehörden überführt worden. Damit stellt sich die Abgrenzungsfrage nicht mehr bzw. kommt ihr trotz der fortbestehenden Regelung in § 106 Abs. 2 S. 1 PolG keine praktische Relevanz mehr zu.

36 Die sog. **anderen Stellen** i.S.v. § 2 Abs. 1 PolG zählen hingegen nicht zu den Polizeibehörden. Es handelt sich um Behörden, die Aufgaben der Gefahrenabwehr wahrnehmen, dabei allerdings institutionell-organisatorisch von der Polizei getrennt sind.[32]

Beispiele Gefahrenabwehrbehörden des Bundes, Feuerwehren (§§ 1 Abs. 1 S. 2 FWG), Jugendämter (SGB VIII und JuSchG), Baurechtsbehörden (§ 46 LBO), Beliehene mit Aufgaben der Gefahrenabwehr (z.B. nach §§ 29 f. LJagdG). ■

JURIQ-Klausurtipp

An der evtl. fehlenden Zuständigkeit der Polizeibehörde wird es selten mangeln, wenn man bedenkt, dass zum Zwecke einer effektiven Gefahrenabwehr in § 2 Abs. 1 PolG eine sog. Notzuständigkeit der Polizeibehörden und des Polizeivollzugsdienstes (dazu sogleich Rn. 39) vorgesehen ist. Entsprechende Fallkonstellationen werden für den Fall der an sich gegebenen Zuständigkeit einer anderen Stelle dann meist darauf hinauslaufen, dass diese Notzuständigkeit der Polizei zu prüfen ist.

» Lesen Sie hierzu § 2 Abs. 1 PolG einmal genau. «

37 Der wiederum der Polizei zuzuordnende **Polizeivollzugsdienst** ist in den § 115 ff. PolG geregelt. Nach § 115 Abs. 1, 2 PolG unterhält das Land Baden-Württemberg für den Polizeivollzugsdienst drei Polizeidienststellen (§ 115 Abs. 1 PolG) und zwei Polizeieinrichtungen. Die Polizeieinrichtungen – die Hochschule für Polizei Baden-Württemberg und das Präsidium Technik, Logistik, Service der Polizei – sind nicht in die polizeiliche Aufgabenerfüllung eingebunden, sondern dienen der Ausbildung des Polizeinachwuchses (Hochschule) bzw. der Ausstattung der Polizei (Präsidium Technik, Logistik, Service). Die dem Polizeivollzugsdienst zuzuordnenden Polizeidienststellen sind die folgenden Stellen: die regionalen Polizeipräsidien (§ 115 Abs. 1 Nr. 1 PolG), das Polizeipräsidium Einsatz (§ 115 Abs. 1 Nr. 2 PolG) und das Landeskriminalamt (§ 115 Abs. 1 Nr. 3 PolG). Von Bedeutung sind vor allem die regionalen Polizeipräsidien sowie deren Dienstsitze und Dienstbezirke, die sich aus § 121 PolG ergeben. Sie haben die Regelzuständigkeit innerhalb des Polizeivollzugsdienstes, die der Zuständigkeit der Ortspolizeibehörden nach § 111 Abs. 2 PolG innerhalb der allgemeinen Polizeibehörden entspricht.[33] Erforderlich ist hierzu allerdings, dass eine Aufgabenzuweisung an den Polizeivollzugsdienst i.S.v. § 1 Abs. 2 PolG erfolgt ist.[34]

---

32 *Belz/Mußmann/Kahlert/Sander* PolG, § 2 Rn. 4; *Stephan/Deger* PolG, § 2 Rn. 5.
33 *Belz/Mußmann/Kahlert/Sander* PolG, § 70 Rn. 6.
34 *Belz/Mußmann/Kahlert/Sander* PolG, § 70 Rn. 6.

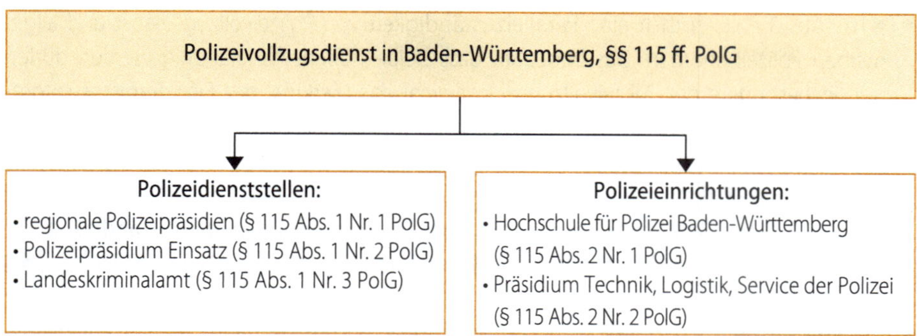

Die Aufgaben und Zuständigkeiten des Polizeivollzugsdienstes werden nach Maßgabe von 38
§ 116 PolG vom Innenministerium als zuständigem Verordnungsgeber durch Rechtsverordnung bestimmt.[35] Dies ist durch Erlass der DVO PolG geschehen.

Für die wichtige **Abgrenzung der sachlichen Zuständigkeit zwischen Polizeivollzugsdienst** 39
und Polizeibehörden ist zunächst § 104 PolG maßgeblich. Danach ist bestimmt, dass die Organisation der Polizei aus den Polizeibehörden und dem Polizeivollzugsdienst besteht. Mit Polizeibehörden sind nach der gegenwärtigen Verwaltungsorganisation die allgemeinen Polizeibehörden gemeint. Die Aufteilung der Zuständigkeiten ist nach Maßgabe des Polizeigesetzes unterschiedlich erfolgt. Nach § 105 Abs. 1 PolG gilt allerdings der Grundsatz, dass die Wahrnehmung der polizeilichen Aufgaben grundsätzlich den Polizeibehörden obliegt, soweit „dieses Gesetz" – m.a.W. also das PolG – nichts anderes bestimmt. Solche Abweichungen von der Regelzuständigkeit des § 105 Abs. 1 PolG ergeben sich entweder aus § 105 Abs. 2 bis 5 PolG oder aus ausdrücklichen Zuständigkeitsregelungen zugunsten des Polizeivollzugsdienstes.

Hinweis

Ausschließliche Zuständigkeiten des Polizeivollzugsdienstes sind etwa enthalten in § 43 Abs. 3 PolG, § 44 Abs. 1, 2, 5 PolG, §§ 49 bis 50 PolG, § 56 PolG, § 38 Abs. 2 S. 1 PolG, § 41 PolG, § 47 PolG sowie §§ 52, 53 PolG. Demgegenüber adressieren z.B. § 17 Abs. 1 i.V.m. § 1 Abs. 1 PolG oder § 39 Abs. 1 PolG **ausschließlich die Polizeibehörden**.

Besondere Vorgaben für die Zuständigkeitsabgrenzung zwischen allgemeinen Polizeibehör- 40
den und Polizeivollzugsdienst gelten insbesondere nach Maßgabe von § 105 Abs. 2 bis 5 PolG. Insoweit gilt Folgendes:

» Lesen Sie diese Vorschriften zum Zwecke der Zuständigkeitsabgrenzung einmal genau durch. «

- Nach § 105 Abs. 2 PolG ist der **Polizeivollzugsdienst** auf eine **Eilzuständigkeit** beschränkt. Er ist nur dann zuständig, wenn und soweit ein sofortiges Tätigwerden erforderlich erscheint. Dies ist dann der Fall, wenn die allgemeinen Polizeibehörden nicht oder nicht rechtzeitig zum Zwecke der Gefahrenabwehr tätig werden können.
  § 105 Abs. 2 PolG meint das Vorliegen von „Gefahr im Verzug".[36] Dies ist zumeist dann gegeben, wenn die regelmäßig zuständigen Ortspolizeibehörden (§ 111 Abs. 2 i.V.m. § 107 Abs. 4 PolG) z.B. am Wochenende oder nach Dienstschluss nicht mehr erreicht werden können.

35 *Belz/Mußmann/Kahlert/Sander* PolG, § 70 Rn. 2.
36 Vgl. *VGH Mannheim* VBlBW 2005, 431 (435).

- § 105 Abs. 3 PolG enthält eine **Parallelzuständigkeit** von Polizeivollzugsdienst und allgemeinen Polizeibehörden. Das bedeutet, dass beide nebeneinander tätig werden dürfen und insbesondere der Polizeivollzugsdienst nicht das Merkmal des Erfordernisses sofortigen Tätigwerdens (wie in § 105 Abs. 2 PolG) erfüllen muss. Diese Parallelzuständigkeit bezieht sich auf bestimmte Einzelbefugnisse, etwa solche nach den §§ 27 bis 29, 30 Abs. 1, 33 bis 38 PolG, sowie zur Befragung und Datenerhebung.
- Nach § 105 Abs. 4 PolG besteht überdies noch eine **besondere Parallelzuständigkeit**, die für den Polizeivollzugsdienst neben den Gesundheitsämtern als anderen Stellen i.S.v. § 2 Abs. 1 PolG gilt.
- Die **Vollzugshilfe** ist schließlich nach § 105 Abs. 5 PolG **ausschließlich dem Polizeivollzugsdienst überantwortet**. Der Polizeivollzugsdienst wird auf behördliche oder gerichtliche Anforderung hin tätig.

JURIQ-Klausurtipp

Im Rahmen der Zuständigkeitsabgrenzung zwischen allgemeinen Polizeibehörden und Polizeivollzugsdienst wird es in der Klausur zumeist auf die Zuständigkeit der Polizeibehörden hinauslaufen. Daher ist es wichtig zu verinnerlichen, dass es außerhalb der genannten Fälle des § 105 Abs. 2 bis 5 PolG für Maßnahmen der Polizei nach dem PolG dann bei der Zuständigkeit nach § 105 Abs. 1 PolG bleibt.

G. Polizeiaufgaben

41 Die Polizeiaufgaben lassen sich gliedern in die Aufgaben der Gefahrenabwehr als primäre Aufgabenzuständigkeit, den (nachrangigen) Schutz privater Rechte, die Vollzugshilfe und die Straftaten- und Ordnungswidrigkeitenverfolgung.

I. Gefahrenabwehr

42 Primäre Aufgabe der Polizei ist die **Gefahrenabwehr**. Dies folgt bereits aus § 1 Abs. 1 S. 1 PolG. Danach hat die Polizei die Aufgabe, von dem Einzelnen und dem Gemeinwesen Gefahren abzuwehren, durch die die öffentliche Sicherheit oder Ordnung bedroht wird, und Störungen der öffentlichen Sicherheit oder Ordnung zu beseitigen, soweit es im öffentlichen Interesse geboten ist. Die Gefahrenabwehr ist dabei auf **konkrete Gefahren** bezogen.[37]

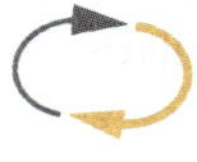

Unter einer **konkreten Gefahr** ist eine Sachlage zu verstehen, die bei ungehinderter Fortentwicklung mit hinreichender Wahrscheinlichkeit in absehbarer Zeit zu einer Beeinträchtigung der polizeilichen Schutzgüter – also der öffentlichen Sicherheit oder der öffentlichen Ordnung – führt.

43 Regelmäßig wird die Polizei also durch konkrete Einzelmaßnahmen tätig, zu denen sie durch die Ermächtigungsgrundlagen des PolG ermächtigt wird. Allerdings bezieht die Verwaltungsvorschrift zum PolG (VwV PolG) zusätzlich auch noch die Gefahrenvorsorge und die vorbeu-

37 *Zeitler/Trurnit* Polizeirecht für Baden-Württemberg, Rn. 74.

gende Bekämpfung von Straftaten mit in den Aufgabenbestand der Polizei in Baden-Württemberg ein. Daran wird freilich deutlich, dass die polizeiliche Tätigkeit **präventives Handeln** darstellt.

Die **Gefahrenvorsorge** zählt traditionell zur Gefahrenabwehr und umfasst das Vorfeld polizeilicher Maßnahmen. Sie ist schon begrifflich darauf ausgerichtet, dass es gar nicht erst zur Entstehung einer Gefahr kommt.[38] 44

Beispiele Streifengang, Verkehrsregelungen, verkehrserzieherische Maßnahmen („Verkehrskasper"), Unfallstatistiken, allgemeine Hinweise und Warnungen. ■

Zur Verhütung von Straftaten wird die Polizei etwa tätig, wenn das polizeiliche Handeln darauf gerichtet ist, der Begehung bestimmter Straftaten vorzubeugen.

Beispiel Verhängung einer auf die Generalklausel gestützten Meldeauflage gegenüber Personen, die möglicherweise im Ausland Straftaten begehen könnten. ■

Wenn die Polizei zur vorbeugenden Bekämpfung von Straftaten tätig wird und es sich insoweit stets auch partiell um sog. Strafverfolgungsvorsorge handelt, ist dies mit Blick auf die bundesstaatliche Kompetenzverteilung nicht unproblematisch.[39] Solches Tätigwerden gehört, soweit es sich auf die Verfolgung möglicher späterer oder später bekannt gewordener Straftaten bezieht, zum **repressiven Tätigwerden der Strafverfolgungsbehörden**. In der polizeilichen Praxis sind die Übergänge insoweit aber mitunter fließend. Die Strafverfolgung unterfällt der Bundeskompetenz nach Art. 74 Abs. 1 Nr. 1 GG. Die Strafverfolgungsvorsorge ist daher regelmäßig zumindest als Annex zu dieser Kompetenz zu verstehen. Allerdings wird man differenzieren müssen, wenn eine Maßnahme, die der Strafverfolgungsvorsorge unterfällt, zugleich auch einen gefahrenabwehrrechtlichen Gehalt hat. Im Einzelfall kann nämlich polizeiliches Handeln sowohl der Strafverfolgungsvorsorge als auch der Gefahrenabwehr zuzuordnen sein.[40] In diesen Fällen ist auf die Zielrichtung[41] der Maßnahme sowie den Schwerpunkt[42] des Tätigwerdens abzustellen. Handelt es sich um Maßnahmen, die (auch) dazu dienen, dass drohende Strafrechtsverletzungen von vornherein und in einem Stadium verhindert werden sollen, in dem es noch nicht zu strafwürdigem Unrecht gekommen ist, handelt es sich noch um ein Tätigwerden der Polizei auf dem Gebiet der Gefahrenabwehr. Es unterfällt der Gesetzgebungskompetenz des Art. 70 Abs. 1 GG der Länder für die Gefahrenabwehr und ist somit vom Polizeirecht des Landes Baden-Württemberg gedeckt. 45

Beispiele Identitätsfeststellung (§ 27 PolG) oder Videoüberwachung (§ 44 PolG) können sowohl der Gefahrenvorsorge (Landeszuständigkeit) als auch der Strafverfolgungsvorsorge (an sich eine Bundeszuständigkeit) unterfallen. ■

---

38 *Zeitler/Trurnit* Polizeirecht für Baden-Württemberg, Rn. 76.

39 *Schenke* Polizei- und Ordnungsrecht, Rn. 11 ff.; *Zeitler/Trurnit* Polizeirecht für Baden-Württemberg, Rn. 81.

40 *Schenke* Polizei- und Ordnungsrecht, Rn. 11.

41 *Schenke* Polizei- und Ordnungsrecht, Rn. 11.

42 *Schnekenburger* BayVBl. 2001, 129 f.; a.A. *Schenke* Polizei- und Ordnungsrecht, Rn. 11.

Hinweis

Da der Bundesgesetzgeber die Strafverfolgungsvorsorge nur punktuell und nicht abschließend geregelt hat (etwa in § 81b Abs. 2 StPO mit Blick auf erkennungsdienstliche Maßnahmen), besteht überdies nach Art. 72 GG die Möglichkeit des Landesgesetzgebers, diese bundesrechtlichen „Lücken" auszufüllen.

46 Die Strafverfolgungsvorsorge ist abzugrenzen von der polizeilichen Aufgabe zur Verfolgung von Straftaten und Ordnungswidrigkeiten (siehe dazu näher unten Rn. 56). Allerdings ist es auch in Klausuren ein beliebtes Thema, z.B. eine Vorladung zum Zwecke der erkennungsdienstlichen Behandlung als Kern der Aufgabenstellung zu wählen. Dann kommt es darauf an, zu erkennen, dass Maßnahmen nach § 81b Alt. 2 StPO trotz ihrer Verortung in der StPO präventiven Charakter haben und damit als polizeiliches Mittel im Rahmen der Strafverfolgungsvorsorge ausnahmsweise verwaltungsrechtlicher Natur sind (vgl. hierzu den Übungsfall Nr. 4).

II. Schutz privater Rechte?

47 In Frage stehen kann auch, ob und inwieweit die Polizei zum Schutz privater Rechte herangezogen werden kann. Es geht also darum, ob zur Abwehr von Belästigungen o.ä. zwischen Privatpersonen die Polizei tätig werden darf.

Beispiel Im Studentenwohnheim der Universitätsstadt Tübingen findet eine rauschende Juristenparty nach den erfolgreich absolvierten Klausuren der Ersten Prüfung statt, bei der die Nachbarschaft einem um ein Vielfaches erhöhten Schallpegel ausgesetzt ist. Mehrere Versuche, die Polizei anrücken zu lassen, um dem Partylärm ein Ende zu bereiten, scheitern zunächst, da die Polizei sich für nicht zuständig erklärt. Erst als um 3:00 Uhr in der Nacht noch immer keine Ruhe eingekehrt ist, schreitet die herbeigerufene Polizei gegen die lärmenden Studenten ein. ■

48 Aus § 2 Abs. 2 PolG ergibt sich, dass die **Polizei grundsätzlich nicht zum Schutz privater Rechte** tätig wird. Hinter diesem Grundsatz steht der Gedanke, dass die betroffenen Privatpersonen zur Durchsetzung ihrer Rechte sich entweder selbst behelfen oder aber auf dem ordentlichen Rechtsweg vor den Zivilgerichten ihre Rechte durchsetzen können.

Hinweis

Eine gerichtliche Durchsetzung dieser privaten Rechte ist selbst in Eilfällen etwa mit einem Antrag auf Erlass einer einstweiligen Verfügung nach den §§ 935 ff. ZPO möglich. Eine eigene Durchsetzung ist unter den Voraussetzungen der Selbsthilfe nach den §§ 229, 230 BGB grundsätzlich zulässig.

49 Von diesem Grundsatz, wonach es nicht Aufgabe der Polizei ist, zum Schutz privater Rechte tätig zu werden, besteht anerkanntermaßen dann eine Einschränkung, wenn nicht nur private Rechte (wie z.B. Nachbarrechte) betroffen sind, sondern zusätzlich auch die Verwirklichung eines Straftatbestandes droht. In diesen Fällen greift § 2 Abs. 2 PolG von vornherein nicht, da die Straftatbestände stets auch einen Bezug zu den öffentlichen Interessen aufweisen.[43]

---

43 *VGH Mannheim* NJW 2011, 2532 (2534); *Kingreen/Poscher* Polizei- und Ordnungsrecht, § 3 Rn. 41 ff.; *Würtenberger/Heckmann/Tanneberger* Polizeirecht in Baden-Württemberg, Rn. 172.

Beispiel In der Vorweihnachtszeit parkt A sein Auto rechtswidrig auf dem Kundenparkplatz des Geschäfts des G. Statt bei G einkaufen zu gehen, begibt sich A für mehrere Stunden auf den Weihnachtsmarkt. Hier ist neben § 858 BGB als privates Recht auch § 240 StGB betroffen. ■

Außerhalb dieser Fallkonstellationen gilt, dass die Polizei nur unter den (engen) Voraussetzungen des § 2 Abs. 2 PolG zum Zwecke des Schutzes privater Interessen tätig werden darf. Es ist also bei einer Betroffenheit von ausschließlich privaten Rechtsgütern, Rechten oder Ansprüchen erforderlich, dass gerichtlicher Schutz nicht rechtzeitig zu erlangen sein darf und eine Vereitelung oder wesentliche Erschwerung der Verwirklichung des Rechts drohen muss. 50

Beispiel Im Falle der Studentenparty wäre zu nächtlicher Zeit gerichtlicher Schutz nicht zu erreichen gewesen. Das Herbeirufen der Polizei war also von § 2 Abs. 2 PolG ausnahmsweise gedeckt. Anders läge es etwa dann, wenn zwischen zwei Nachbarn Streit darüber bestünde, ob ein in das Grundstück des anderen hineinragender Ast eines Baumes des einen Nachbarn zu einer unzumutbaren Belästigung für den anderen Nachbarn zu werden droht. Hier wäre ein zivilrechtlicher (nachbarrechtlicher) Unterlassungsanspruch in jedem Fall gerichtlich durchzusetzen. ■

Wichtig ist aber, dass die Polizei selbst dann, wenn sie unter den Voraussetzungen des § 2 Abs. 2 PolG tätig wird, auf vorläufige Maßnahmen beschränkt ist (bspw. eine Personenfeststellung nach § 27 PolG). Eine Entscheidung der privatrechtlichen Streitigkeit in der Sache ist gerade nicht Aufgabe der Polizei. Dies obliegt den Zivilgerichten, denen die Polizei schon aus Gründen der Gewaltenteilung nicht vorgreifen darf.[44] Sie wird daher nur im Interesse des Betroffenen insoweit tätig, als sie etwa Beweise sichert und damit dafür Sorge trägt, als die Durchsetzung der privaten Rechte in einem späteren Zivilprozess nicht vereitelt oder wesentlich erschwert wird. 51

Beispiel Hierzu zählt auch das Herbeirufen der Polizei bei Verkehrsunfällen: Auf dem Parkplatz des Einkaufszentrums rangiert A so ungeschickt, dass er dem neben ihm geparkten PKW der B in die rechte Seitentür fährt. B besteht darauf, die Polizei zu verständigen, auf dass diese den Unfall aufnehmen möge. Insoweit ist die Polizei nur dann ausnahmsweise zuständig, wenn etwa eine Vereitelung oder Verschlechterung der zivilrechtlichen Ansprüche – z.B. durch eine zu besorgende „Unfallflucht" des A – drohte. ■ 52

JURIQ-Klausurtipp

Sollte es in einer Klausur einmal um das polizeiliche Tätigwerden zum Schutz privater Rechte gehen, wird der Fall nicht darauf angelegt sein, dass eine hilfsgutachtliche Prüfung von zivilrechtlichen Ansprüchen erwartet wird. Die Prüfung wird öffentlich-rechtlich bleiben, so dass zu untersuchen ist, ob das konkrete Einschreiten der Polizei, d.h. die polizeiliche Maßnahme, rechtmäßig war. Die Zuständigkeit nach § 2 Abs. 2 PolG lässt sich dann meist mit etwas Argumentation damit begründen, dass andernfalls (also ohne Einschreiten der Polizei) die Verwirklichung privater Rechte vereitelt oder wesentlich verschlechtert worden wäre. Das richtige Stichwort ist hier das Tätigwerden der Polizei zur Sicherung privater Schadensersatzansprüche oder sonstiger zivilrechtlicher Sekundäransprüche.

44 *Ruder/Pöltl* Polizeirecht Baden-Württemberg, Rn. 127 ff.

III. Vollzugshilfe

53 Zu den Aufgaben der Polizei – genauer: des Polizeivollzugsdienstes – zählt auch die sog. Vollzugshilfe. So leistet der Polizeivollzugsdienst nach § 105 Abs. 5 PolG Vollzugshilfe. Dies geschieht dergestalt, dass dieser auf das Ersuchen von Behörden und Gerichten tätig wird, soweit hierfür dessen besondere Fähigkeiten, Kenntnisse und Mittel erforderlich sind.

54 Der Polizeivollzugsdienst wird im Regelfall im Wege der Anwendung des unmittelbaren Zwangs (§ 64 PolG) tätig. Das PolG sieht allerdings keine ausdrückliche Beschränkung nur auf diese Art des Tätigwerdens vor, so dass auch das Ergreifen anderer Zwangsmittel – soweit notwendig – als Vollzugshandlungen in Betracht kommen.[45]

Beispiel Inobhutnahme von durch häusliche Gewalt bedrohten Personen oder von gefährdeten Kindern nach § 26 Abs. 2 LKJHG als Vollzugshilfe für das Jugendamt.

55 Die Vollzugshilfe ist insbesondere von der allgemeinen Amtshilfe (§§ 4 ff. LVwVfG) und dem fachaufsichtlichen Weisungsverhältnis (§§ 109, 110 PolG) zu unterscheiden. Während bei der allgemeinen Amtshilfe die Hilfeleistungen austauschbar und beliebig sind, handelt es sich bei der Vollzugshilfe stets um ein konkretes – spezielles – Tätigwerden des Polizeivollzugsdienstes, der der ersuchenden Behörde seine besondere fachliche Eignung zur Verfügung stellt.

Hinweis

Die Klausur- und Prüfungsrelevanz der Vollzugshilfe ist sehr begrenzt. Daher sind vorstehend nur die Grundzüge bzw. das Wesen dieser polizeilichen Aufgabe dargestellt. Von Bedeutung könnte die Vollzugshilfe allenfalls dann sein, wenn es um die Prüfung des Einsatzes des unmittelbaren Zwangs geht. Dann wäre die Rechtmäßigkeit der Anwendung unmittelbaren Zwangs zu prüfen.

IV. Straftaten- und Ordnungswidrigkeitenverfolgung

56 Von Relevanz ist das Tätigwerden der Polizei – bzw. wiederum genauer: des Polizeivollzugsdienstes – zum Zwecke der Straftaten- und Ordnungswidrigkeitenverfolgung. Während oben (siehe dort unter Rn. 46) bereits eine Abgrenzung der Aufgabe der Gefahrenabwehr zur sog. **Strafverfolgungsvorsorge** vorgenommen wurde, geht es hier um die durch § 1 Abs. 2 PolG eröffnete Möglichkeit, dass der Polizei weitere formell-polizeiliche bzw. formell-ordnungsbehördliche Aufgaben zugewiesen werden können. Daraus ergibt sich für den Polizeivollzugsdienst die weitere Aufgabe der Straftaten- und Ordnungswidrigkeitenverfolgung. § 1 Abs. 2 PolG stellt sich daher gleichsam als landesrechtliche Umsetzung von § 163 StPO dar.

Hinweis

Lesen Sie einmal aufmerksam § 163 StPO durch und setzen diese Vorschrift in Bezug zu der Regelung in § 1 Abs. 2 PolG. Sie ist letztlich Ausdruck des Legalitätsprinzips nach § 152 Abs. 2 StPO (ebenfalls lesen!) und betrifft das Recht und die Pflicht des ersten Zugriffs.[46]

45 *Zeitler/Trurnit* Polizeirecht für Baden-Württemberg, Rn. 89.
46 *Zeitler/Trurnit* Polizeirecht für Baden-Württemberg, Rn. 95.

Die dargestellte Aufgabenzuweisung nach § 1 Abs. 2 PolG beschreibt die sog. **Doppelzuständigkeit des Polizeivollzugsdienstes**. Der Polizeivollzugsdienst ist somit sowohl für die Gefahrenabwehr als darüber hinaus auch für die Verfolgung von Straftaten und Ordnungswidrigkeiten zuständig. Die Befugnisse zur Gefahrenabwehr ergeben sich aus dem PolG, diejenigen – außerhalb der Gefahrenabwehr – zur Verfolgung von Straftaten und Ordnungswidrigkeiten aus den §§ 163, 161 StPO bzw. § 53 Abs. 1 OWiG und § 152 GVG. Daraus folgen im Einzelfall mitunter Abgrenzungsschwierigkeiten. 57

Beispiel Bei einem Auffahrunfall, der von A infolge Telefonierens am Steuer verursacht wurde, wird B als Fahrer des anderen PKW verletzt, so dass ein Unfallarzt gerufen und die Unfallstelle zur Vermeidung weiterer Unfälle abgesichert werden muss (Gefahrenabwehr). Zur gleichen Zeit schickt sich A an, von der Unfallstelle zu flüchten und begeht damit eine Straftat (§ 142 StGB). Der Polizeivollzugsdienst ist somit zugleich mit zwei unterschiedlichen Sphären (Gefahrenabwehr einerseits, Strafverfolgung andererseits) konfrontiert, für die er aber jeweils zuständig ist. 58

In einem solchen Fall der Aufgabenkollision ist der Polizeivollzugsdienst angehalten, im Wege der Abwägung von Rang und Gewicht der betroffenen Rechtsgüter und des Ausmaßes ihrer Bedrohung zu entscheiden, welcher der beiden Aufgaben im konkreten Einzelfall der Vorrang einzuräumen ist.[47] ■

Hinweis

An dieser Stelle ist es wichtig, nicht rein schematisch vorzugehen. Das bedeutet etwa, dass der Strafverfolgung trotz des Legalitätsprinzips nicht zwangsläufig stets der Vorrang einzuräumen ist. In dem geschilderten *Beispielsfall* wäre etwa auch – als Teil der Gefahrenabwehr – zu berücksichtigen, wie vordringlich die medizinische Versorgung des verletzten B oder die ordnungsgemäße Absicherung der Unfallstelle zum Schutz von Leib und Leben der übrigen Verkehrsteilnehmer ist.

Weiter kommt das Vorliegen einer sog. **doppelfunktionalen Maßnahme** in Betracht. Dabei handelt es sich um solche polizeilichen Maßnahmen, bei denen sowohl eine Gefahr als auch der Verdacht einer Straftat gegeben ist.[48] In diesen Konstellationen kann die Polizei ein Tätigwerden sowohl auf das Polizeirecht als auch auf das Strafverfahrensrecht stützen. Die Polizei muss im konkreten Einzelfall eine an sachlichen Gesichtspunkten orientierte Entscheidung treffen, auf welcher Rechtsgrundlage sie tätig wird. Das bedeutet, dass der jeweils handelnde Polizeibeamte vor der Durchführung der Maßnahme klären muss, ob er zum Zwecke der Gefahrenabwehr oder der Straftaten- oder Ordnungswidrigkeitenverfolgung tätig wird. 59

Beispiele Personenfeststellung; Razzia im Drogenmilieu. ■

Die **Zuordnung der getroffenen Maßnahme nach ihrem äußeren Charakter** entweder zur Gefahrenabwehr oder zur Strafverfolgung kann mitunter Schwierigkeiten bereiten. Dies hat vor allem Folgen für die spätere Rechtsverfolgung und die damit verbundene Rechtsweger- 60

47 *Drews/Wacke/Vogel/Martens* Gefahrenabwehr, S. 38; *Zeitler/Trurnit* Polizeirecht für Baden-Württemberg, Rn. 98.

48 *Zeitler/Trurnit* Polizeirecht für Baden-Württemberg, Rn. 99.

öffnung. Die Rechtsprechung und die h.M. im Schrifttum stellen zutreffend darauf ab, wo der Schwerpunkt des polizeilichen Handelns liegt.[49]

61 Daraus ergeben sich mit Blick auf die nachträgliche gerichtliche Überprüfung der Rechtmäßigkeit einer solchen Maßnahme die folgenden Schlüsse:

- Ist das polizeiliche Einschreiten als Maßnahme zur Gefahrenabwehr zu qualifizieren, weil insbesondere der Schwerpunkt der Maßnahme auf dem PolG beruht, ist für die Überprüfung von deren Rechtmäßigkeit – wegen Erledigung regelmäßig im Rahmen der dann statthaften Fortsetzungsfeststellungsklage (§ 113 Abs. 1 S. 4 VwGO) – nach § 40 Abs. 1 S. 1 VwGO der Verwaltungsrechtsweg eröffnet.
- Handelt es sich – wenigstens im Schwerpunkt – dagegen um die Überprüfung einer Strafverfolgungsmaßnahme, liegt ein sog. **Justizverwaltungsakt** vor, für dessen Überprüfung der **Rechtsweg zu den ordentlichen Gerichten nach §§ 23 ff. EGGVG** offen steht.

JURIQ-Klausurtipp

In der öffentlich-rechtlichen Polizeirechtsklausur wird es natürlich darauf hinauslaufen, dass eine verwaltungsgerichtliche Klage zu prüfen ist (meistens die bereits erwähnte Fortsetzungsfeststellungsklage). Deshalb wird auch der Schwerpunkt des polizeilichen Handelns auf dem Gebiet der Gefahrenabwehr liegen, d.h. in der Begründetheit im Rahmen der materiellen Rechtsprüfung eine Ermächtigungsgrundlage aus dem PolG zu prüfen sein.

62 Wenn – wovon in den polizeirechtlichen Klausurkonstellationen regelmäßig auszugehen ist – ein Tätigwerden der Polizei auf dem Gebiet der Gefahrenabwehr gegeben ist, handelt die Polizei als Verwaltungsbehörde. Ihre Maßnahmen stellen daher im Regelfall Verwaltungsakte i.S.v. § 35 S. 1 LVwVfG dar, für deren Überprüfung die Verwaltungsgerichte zuständig sind (§ 40 Abs. 1 S. 1 VwGO). Handelt die Polizei – z.B. bei einer auf § 107 StPO gestützten Durchsuchung – hingegen auf einer Rechtsgrundlage des Strafverfahrensrechts, wird sie nicht als Verwaltungsbehörde, sondern funktionell als Justizbehörde tätig.[50]

Online-Wissens-Check

Wonach bestimmt sich die Zuständigkeit der Polizei?

Überprüfen Sie jetzt online Ihr Wissen zu den in diesem Abschnitt erarbeiteten Themen. Unter **www.juracademy.de/skripte/login** steht Ihnen ein Online-Wissens-Check speziell zu diesem Skript zur Verfügung, den Sie kostenlos nutzen können. Den Zugangscode hierzu finden Sie auf der Codeseite.

49 BVerwGE 47, 255 (265); *OVG Berlin* NJW 1971, 637; *OVG Münster* DÖV 1980, 574; *VGH Mannheim* VBlBW 1989, 16; s. auch *Zeitler/Trurnit* Polizeirecht für Baden-Württemberg, Rn. 102. A.A. *Schenke* Polizei- und Ordnungsrecht, Rn. 423.

50 So zutreffend auch *Zeitler/Trurnit* Polizeirecht für Baden-Württemberg, Rn. 106 Fn. 15.

2. Teil
Die Polizeiverfügung als Gefahrenabwehrverfügung

A. Überblick

Im Mittelpunkt des polizeilichen Handelns steht die Polizeiverfügung als Gefahrenabwehrverfügung. Sie stellt einen Verwaltungsakt (VA) im Sinne von § 35 S. 1 LVwvfG auf dem Gebiet der Eingriffsverwaltung, zu der die Gefahrenabwehr geradezu als Kernmaterie zählt, dar. **63**

Beispiele Der Polizeivollzugsbeamte weist einen Fußballfan, der sich vor dem Eingang zur gegnerischen Fankurve des Stadions aufhält, an, zu seinem eigenen Schutz diesen Bereich zu verlassen (sog. Platzverweis).

Die Ortspolizeibehörde veranlasst außerhalb von § 28 StrG den Grundstückseigentümer G, einen in den öffentlichen Straßenraum hineinragenden Ast seines morschen Baumes zu entfernen, um die Sicherheit und Leichtigkeit des Straßenverkehrs nicht zu beeinträchtigen. ■

JURIQ-Klausurtipp

In der Klausur ist es meist entbehrlich, auf das Vorliegen der VA-Merkmale einzugehen. Zur Verdeutlichung: Eine Gefahrenabwehrverfügung stellt für gewöhnlich unproblematisch eine Maßnahme einer Behörde auf dem Gebiet des öffentlichen Rechts zur Regelung eines Einzelfalls mit Außenwirkung dar (vgl. § 35 S. 1 LVwVfG). Nur dann, wenn eines oder ggf. mehrere VA-Merkmale problematisch sein könnten, wäre dies entsprechend anzusprechen und argumentativ zu bearbeiten.

Aus der Qualifizierung als VA ergibt sich im Folgenden auch die notwendige Aufbaustruktur für die Prüfung, welche sich auch mit Blick auf die Polizeiverfügung weitgehend auf den bereits aus dem üblichen verwaltungsrechtlichen Aufbau der Rechtmäßigkeitsprüfung eines Verwaltungsakts ableiten lässt. **64**

Hierzu gilt im Grundsatz das folgende Prüfungsschema:

PRÜFUNGSSCHEMA

Rechtmäßigkeit einer Polizeiverfügung nach allgemeinem Polizeirecht

I. Ermächtigungsgrundlage
1. Spezialgesetzliche Ermächtigungsgrundlage
2. Polizeirechtliche Standardermächtigung
3. Polizeirechtliche Generalklausel

II. Formelle Rechtmäßigkeit der Polizeiverfügung
1. Zuständigkeit
   a) Sachlich
   b) Örtlich
2. Verfahren
3. Form
4. Begründung
5. Bekanntgabe

III. Materielle Rechtmäßigkeit der Polizeiverfügung
1. Vorliegen der Tatbestandsvoraussetzungen der Ermächtigungsgrundlage
2. Polizeipflichtigkeit
3. Ermessen
   a) Entschließungsermessen
   b) Handlungsermessen
      aa) Verhältnismäßigkeit
      bb) Bestimmtheit
   c) Auswahlermessen

JURIQ-Klausurtipp

Das dargestellte Schema versteht sich als Gerüst für die gutachtliche Bearbeitung und Lösung eines Polizeirechtsfalles. Es ist keineswegs stets in allen Punkten abzuarbeiten, sondern soll zu einer strukturierten und problemorientierten Gliederung anhalten. Von entscheidender Bedeutung ist die Vorstrukturierung, die Sie mit dem Obersatz festlegen. Eine Formulierung ist grundsätzlich etwa die folgende: „Die Verfügung der Polizei vom (*Datum einfügen, sofern im Sachverhalt genannt*) ist rechtmäßig, wenn sie auf einer wirksamen Ermächtigungsgrundlage beruht sowie formell und materiell rechtmäßig ist." Je nach Detailgenauigkeit des Sachverhalts sind dabei das Datum (s.o.) und ggf. auch die konkrete Erlassbehörde zu benennen.

B. Ermächtigungsgrundlage

Der Einstieg in die materiell-rechtliche Prüfung beginnt stets mit dem Aufsuchen und der Benennung der richtigen Ermächtigungsgrundlage. 65

I. Rechtsstaatliche Erfordernisse

Das Polizeirecht stellt sich als gleichsam klassischer Bereich der Eingriffsverwaltung dar, da es in besonderer Weise um die Rechtfertigung von Grundrechtseingriffen geht. Dies erfordert es, besondere Anforderungen an die Ermächtigungsgrundlage zu stellen. Ausgangspunkt ist insoweit Art. 20 Abs. 3 GG und das dort verortete Rechtsstaatsprinzip. Danach ist die vollziehende Gewalt an Gesetz und Recht gebunden. Es handelt sich insoweit um den **Grundsatz der Gesetzmäßigkeit der Verwaltung**, der wiederum zu untergliedern ist in die Grundsätze des **Vorrangs des Gesetzes** und des **Vorbehalts des Gesetzes**. Die vollziehende Gewalt (Exekutive) darf nur im Rahmen der durch das Rechtsstaatsprinzip gezogenen Grenzen tätig werden und in die grundrechtlich geschützte Freiheitssphäre des Einzelnen eingreifen. 66

Der Grundsatz des **Vorrangs des Gesetzes** bedeutet dabei, dass die vollziehende Gewalt – und damit insbesondere auch die Polizei – dem Gesetz entsprechend handeln muss. Sie darf nicht gegen das geltende Recht verstoßen und hat alle Maßnahmen zu unterlassen, die dem Gesetz widersprechen. Der Grundsatz des Vorrangs des Gesetzes ist umfassend und gilt für jedwede Tätigkeit der vollziehenden Gewalt. 67

Hinweis

Die Kurzformel für den Grundsatz des Vorrangs des Gesetzes bedeutet: Kein Handeln gegen das Gesetz.

Unter dem Grundsatz des **Vorbehalts des Gesetzes** ist zu verstehen, dass die vollziehende Gewalt nur dann in Rechte des Bürgers und damit die auch grundrechtliche geschützte Freiheitssphäre eingreifen darf, wenn es dafür eine gesetzliche Grundlage gibt, die den Rahmen und die Voraussetzungen für ein Einschreiten im Einzelfall hinreichend konkret bestimmt. Der Grundsatz des Vorbehalts des Gesetzes gilt allerdings regelmäßig nur für das Tätigwerden der Exekutive, das zu Eingriffen in die Rechte der Bürger führt. Damit ist aber auch zum Ausdruck gebracht, dass es für die Eingriffsverwaltung, zu der das Polizeirecht sowie das darauf gründende polizeiliche Handeln zählt, stets einer hinreichend bestimmten Ermächtigungsgrundlage bedarf. 68

Hinweis

Die Kurzformel für den Grundsatz des Vorbehalts des Gesetzes bedeutet: Kein Handeln ohne Gesetz.

Ohne eine entsprechende Befugnisnorm ist die Polizei nicht zum Tätigwerden ermächtigt. 69
Das polizeiliche Handeln ist somit stets darauf angewiesen, dass durch eine formalgesetzliche Ermächtigungsgrundlage die Voraussetzungen und die Rechtsfolgen des Tätigwerdens in einem Gesetz bestimmt sind. Man spricht in genau diesen Fällen von der **polizeilichen Befugnisnorm**. Ein entsprechendes Handeln ohne Befugnisnorm wäre rechtswidrig. Insbe-

sondere darf die Polizei nicht auf der Grundlage einer **bloßen Aufgabennorm** gegenüber dem Bürger tätig werden und in dessen Rechte eingreifen. Eine Aufgabennorm berechtigt nicht zum polizeilichen Einschreiten, sondern weist der Polizei lediglich bestimmte Aufgaben zu. Die Abgrenzung von Befugnis- und Aufgabennorm ist für das Polizeirecht essentiell. Dies lässt sich allerdings bereits anhand des Wortlauts des Gesetzes gut illustrieren. So findet sich in § 1 Abs. 1 S. 1 PolG ein Beispiel für die Formulierung einer Aufgabennorm, wenn es dort lautet:

*„Die Polizei hat die **Aufgabe**, von dem einzelnen und dem Gemeinwesen Gefahren abzuwehren, durch die die öffentliche Sicherheit oder Ordnung bedroht wird, und Störungen der öffentlichen Sicherheit oder Ordnung zu beseitigen, soweit es im öffentlichen Interesse geboten ist. (...)"*

70 Aus § 1 Abs. 1 S. 1 PolG folgt also nur eine Aufgabenzuweisung, die für sich genommen nicht ausreicht, um darauf ein polizeiliches Einschreiten zu stützen.

Demgegenüber findet sich in § 3 PolG ein Beispiel für eine Befugnisnorm, wenn es dort heißt:

*„Die Polizei **hat** innerhalb der durch das Recht gesetzten Schranken zur Wahrnehmung ihrer Aufgaben diejenigen **Maßnahmen zu treffen**, die ihr **nach pflichtmäßigem Ermessen** erforderlich erscheinen."*

71 § 3 PolG ist somit eine Befugnisnorm, weil sie die Polizei ermächtigt, nach pflichtgemäßem Ermessen die erforderlichen Maßnahmen zu treffen. Freilich liegt es so, dass aus § 1 Abs. 1 PolG und § 3 PolG in der Zusammenschau die polizeiliche Generalklausel hergeleitet wird. Das heißt aber auch, dass allein auf der Grundlage der Aufgabenzuweisung des § 1 Abs. 1 PolG niemals ein Tätigwerden der Polizei zulässig wäre.

» Auch insoweit kann man sich eine Formel merken. Sie lautet: Kein polizeiliches Einschreiten ohne Befugnisnorm. «

II. In Betracht kommende Ermächtigungsgrundlagen

72 Für die Prüfung in der polizeirechtlichen Klausur (oder auch der mündlichen Prüfung) ist es wichtig, die richtige Ermächtigungsgrundlage als einschlägige Befugnisnorm anhand der Normenhierarchie zu bestimmen. Insoweit gilt der Spezialitätsgrundsatz (siehe Rn. 8). Es ist zunächst zu untersuchen, ob eine spezialgesetzliche Ermächtigungsgrundlage außerhalb des Polizeigesetzes in Betracht kommt. Insoweit spricht man auch von einer Ermächtigungsgrundlage aus Spezialgesetz.

1. Aus Spezialgesetz

73 Es existiert eine Vielzahl von spezialgesetzlichen Ermächtigungsgrundlagen, die auf dem Gebiet der Gefahrenabwehr zu einem polizeibehördlichen Einschreiten ermächtigen. Es handelt sich um solche Ermächtigungsgrundlagen, die dem besonderen Polizeirecht zuzuordnen sind und daher allenfalls abgrenzungshalber eine Bedeutung in der allgemeinen Polizeirechtsklausur haben. Zu den wichtigsten Ermächtigungsgrundlagen aus Spezialgesetz zählen etwa die §§ 63 ff. LBO, §§ 17, 20, 24 ff. BImSchG, §§ 5, 12 Abs. 3, 21 Abs. 1 GastG i.V.m. § 1 LGastG, §§ 15 Abs. 2 S. 1, 35 GewO, §§ 16 Abs. 3, Abs. 4, 24 HwO, §§ 28 ff. IfSG, § 25 StVG, §§ 17, 31a StVZO, §§ 5, 15 VersG. Eine besondere Rolle nimmt unter diesen – freilich nur beispielhaft aufgezählten – spezialgesetzlichen Rechtsgrundlagen das Versammlungsrecht ein, für das in Baden-Württemberg nach wie vor das fortgeltende VersG (des Bundes) maßgeblich ist (siehe Rn. 75 ff.).

a) Rangverhältnis

Für die – beispielhaft genannten – Ermächtigungsgrundlagen aus Spezialgesetz gilt, dass diese im Rang den Ermächtigungsgrundlagen aus dem PolG (Standardmaßnahmen und polizeilicher Generalklausel) vorgehen. Auch insoweit gilt wiederum der Spezialitätsgrundsatz (siehe oben Rn. 8). Damit genießen die spezialgesetzlichen Ermächtigungsgrundlagen stets Anwendungsvorrang vor den Ermächtigungsgrundlagen des allgemeinen Polizeirechts nach dem PolG. Allerdings muss dies im Einzelfall vor allem insoweit genau überprüft werden, als der Anwendungsvorrang nur dann und soweit gilt, als das Spezialgesetz die entsprechende sondergesetzliche Materie abschließend regelt und damit einen Rückgriff auf das allgemeine Polizeirecht noch erlaubt oder nicht. Dies ist durch Auslegung im Einzelfall zu ermitteln. 74

Beispiel A ist Eigentümer eines älteren Schuppens, um den sich A nicht hat kümmern können und der über die Jahre marode geworden ist. Die Standsicherheit ist nicht mehr gegeben und es besteht die akute Besorgnis, dass der Schuppen zusammenstürzen könnte. Zur Abwehr dieser konkreten „bauspezifischen" Gefahr, der durch Abriss des Schuppens begegnet werden kann, steht mit § 65 S. 1 LBO eine spezialgesetzliche Ermächtigungsgrundlage zur Verfügung. Ein Rückgriff auf das PolG ist somit ausgeschlossen. ■

b) Insbesondere: Versammlungsrecht

Das Verhältnis des spezielleren Versammlungsrechts nach dem VersG zum allgemeinen Polizeirecht ist von besonderer Bedeutung und daher hier etwas näher zu erläutern. Dies setzt zunächst voraus, dass man sich vor Augen führen muss, dass Maßnahmen der Polizei auch auf Vorschriften des VersG gestützt werden können. Obschon das Versammlungsrecht im Zuge der Föderalismusreform I im Jahre 2006 aus der Bundeskompetenz des Art. 74 Abs. 1 Nr. 3 GG a.F. in die Länderzuständigkeit (Art. 70 Abs. 1 GG) überführt wurde, gilt das VersG bis zu seiner Ersetzung durch entsprechendes Landesrecht in den Ländern nach Maßgabe von Art. 125a Abs. 1 GG fort. Da eine solche Ersetzung in Baden-Württemberg bislang nicht erfolgt ist, ist für die Abgrenzung von Versammlungsrecht und allgemeinem Polizeirecht weiter das Verhältnis von VersG (Bundesgesetz) und PolG (Landesgesetz) maßgeblich. 75

Ermächtigungsgrundlagen des VersG können insbesondere sein:

- §§ 5, 9 Abs. 2, 12a, 13 Abs. 1 VersG für öffentliche Veranstaltungen in geschlossenen Räumen.
- §§ 15, 17a Abs. 4, 18 Abs. 3, 19 Abs. 4, 19a i.V.m. § 12a VersG für Versammlungen unter freiem Himmel.

Die Anwendbarkeit des Versammlungsrechts setzt – in Abgrenzung zum allgemeinen Polizeirecht des PolG – allerdings stets voraus, dass der Anwendungsbereich des VersG eröffnet ist. Das VersG gilt somit grundsätzlich nur für öffentliche Versammlungen (vgl. § 1 Abs. 1 VersG). 76

Hinweis

Für nichtöffentliche Versammlungen gelten nur die §§ 3, 21, 23, 28 und 30 VersG. Diese beinhalten aber keine Ermächtigungsgrundlagen, sondern lediglich Verhaltensgebote für nichtöffentliche Versammlungen, die für die Polizei- bzw. Versammlungsrechtsrechtsklausur nicht von Bedeutung sein dürften.

77 Der **Anwendungsbereich des VersG ist eröffnet, wenn** es sich tatbestandlich um eine **Versammlung** handelt. Es ist also auf den Versammlungsbegriff[1] abzustellen. Eine Versammlung ist begrifflich von drei Elementen geprägt, die kumulativ vorliegen müssen.

Danach ist für eine **Versammlung** maßgeblich, dass
- es sich um die (vorübergehende) Zusammenkunft mehrerer Personen,
- die in innerer Verbundenheit zueinander stehen,
- zur kollektiven Meinungskundgabe nach außen

handelt.

78 **Abzugrenzen** ist die Versammlung **von der bloßen Ansammlung**.

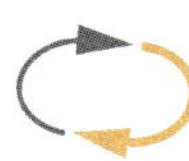

Eine **Ansammlung** liegt vor allem dann vor, wenn mehrere Personen zusammenkommen, ohne dass diese in innerer Verbundenheit zueinander stehen oder einen Willen zur kollektiven Meinungskundgabe haben.[2]

Ansammlungen stellen daher keine Versammlungen dar; das VersG ist auf sie nicht anwendbar. Vielmehr gilt das allgemeine Polizeirecht (PolG).

Beispiele Konzerte, sog. Facebook-Partys oder Sportgroßveranstaltungen. ■

79 Demgegenüber unterfallen sog. **Spontanversammlungen** dem Versammlungsbegriff und eröffnen den Anwendungsbereich des VersG. Das Wesen einer Spontanversammlung besteht lediglich darin, dass sie ohne vorherige Einladung, Bekanntmachung o.ä. erfolgt und es an einem Veranstalter – und damit auch an der an sich erforderlichen Anmeldung – fehlt. Gleichwohl ist das VersG anwendbar.

Das VersG dient dem Schutz des Grundrechts der Versammlungsfreiheit aus Art. 8 GG. Trotz dieser Parallelität divergieren der Anwendungsbereich des VersG und die Schutzbereichsgewährleistungen von Art. 8 GG teilweise. So ist der sog. Friedlichkeitsvorbehalt in Art. 8 Abs. 1 GG nicht maßgeblich für Versammlungen nach § 1 Abs. 1 VersG.

» Das VersG gilt für „jedermann", wohingegen Art. 8 Abs. 1 GG als sog. „Deutschen-Grundrecht" ausgestaltet ist. «

Art. 8 GG gilt überdies für alle Arten von Versammlung, während das VersG sich ganz grundsätzlich nur auf öffentliche Versammlungen bezieht.

Hinweis

Dieses Auseinanderfallen von grundrechtlicher Gewährleistung und einfachgesetzlicher Ausgestaltung im VersG spielt allerdings regelmäßig in der Klausur keine Rolle. Dort geht es vor allem um die erforderlichen Kenntnisse zur Abgrenzung von VersG und allgemeinem Polizeirecht nach dem PolG. Allerdings ist das Verhältnis von Art. 8 GG und VersG durchaus geeigneter Gegenstand mündlicher Pflichtfachprüfungen und daher nicht zu vernachlässigen.

1 *BVerfG* NJW 2011, 3020 (3022); *BVerwG* NVwZ 2007, 1431 (1432).
2 *Schenke* Polizei- und Ordnungsrecht, Rn. 361.

Die Anwendbarkeit des VersG ist – wie dargelegt – auf öffentliche Versammlungen bezogen. Dies ist dann der Fall, wenn die Teilnahme an der Versammlung nicht auf einen namentlich festgelegten oder in sonstiger Weise individuell bezeichneten Personenkreis beschränkt ist, sondern – im Gegenteil – gerade jedermann offensteht.[3] Auf **nichtöffentliche Versammlungen** ist das **VersG nach ganz h.M. nicht anwendbar**.[4] 80

Beispiel Die rechtsgerichtete und vom Verfassungsschutz beobachtete Partei Neues Vaterland (PNV) veranstaltet einen Parteitag, zu dem nur Parteimitglieder Zutritt haben. Vor dem Tagungshotel, in dem der Parteitag stattfindet, versammeln sich Demonstranten, die mit tätlichen Angriffen gegen Parteimitglieder drohen. Hier gilt das VersG nicht, sondern es ist zum Zwecke der Gefahrenabwehr – etwa jenen, die von gewaltbereiten Demonstranten vor dem Versammlungsort des Parteitages ausgehen – auf das allgemeine Polizeirecht (PolG) zurückzugreifen. 81

JURIQ-Klausurtipp

Der *Beispielsfall* bildet eine typische Konstellation, die auch Gegenstand einer Polizeirechtsklausur mit Bezug zum Versammlungsrecht sein könnte. Selbst wenn es wegen der Nichtöffentlichkeit am Ende auf die Prüfung des allgemeinen Polizeirechts – also des PolG – hinausläuft, ist Art. 8 Abs. 1 GG zu beachten. Dies gilt insbesondere für die Ermessensausübung bei der ergriffenen polizeilichen Maßnahme, die im Lichte der Bedeutung des Grundrechts der Versammlungsfreiheit zu erfolgen hat.

Als Merksatz ist damit festzuhalten, dass auf nichtöffentliche Versammlungen grundsätzlich das allgemeine Polizeirecht und damit das PolG Anwendung findet, und zwar sowohl auf nichtöffentliche Versammlungen in geschlossenen Räumen als auch solche unter freiem Himmel. 82

Für öffentliche Versammlungen hingegen gilt somit das VersG als lex specialis gegenüber dem PolG. Ein Rückgriff auf das allgemeine Polizeirecht ist damit ausgeschlossen. Die öffentliche Versammlung gilt ab ihrem Beginn als **„polizeifest"**. Die Ermächtigungsgrundlagen für ein Einschreiten sind daher **ab Beginn der öffentlichen Versammlung** ausschließlich dem VersG zu entnehmen. Dabei ist zu unterscheiden zwischen öffentlichen Versammlungen in geschlossenen Räumen, für die die §§ 5 bis 13 VersG gelten, und öffentlichen Versammlungen unter freiem Himmel, für welche auf die §§ 14 ff. VersG abzustellen ist. Umgekehrt gilt das VersG nicht, solange eine Veranstaltung noch nicht begonnen hat bzw. dann nicht, wenn diese aufgelöst oder anders beendet wurde. Im Vorfeld von öffentlichen Versammlungen als auch nach deren Auflösung bzw. anderweitiger Beendigung sind die polizeilichen Befugnisse wiederum dem allgemeinen Polizeirecht – also dem PolG – zu entnehmen.[5] 83

3 *BVerwG* NVwZ 1999, 991 f.; *VGH Mannheim* DÖV 2010, 866.

4 *BVerwG* NVwZ 1999, 991 f.; *Schenke* Polizei- und Ordnungsrecht, Rn. 362.

5 Zur Geltung des allgemeinen Polizeirechts nach Beendigung der öffentlichen Versammlung siehe etwa *BVerfG* NVwZ 2011, 442; *Würtenberger/Heckmann/Tanneberger* Polizeirecht in Baden-Württemberg, Rn. 290.

> **JURIQ-Klausurtipp**
>
> Diese Abgrenzung zwischen den unterschiedlichen zeitlichen Phasen (vor, während und nach) einer öffentlichen Versammlung und die damit verbundene Anwendbarkeit entweder des VersG oder des PolG ist unbedingter „Pflichtstoff" für die Klausur. Hier dürfen Sie keine Schwächen zeigen, da sich die weitere Weichenstellung der Bearbeitung bereits aus der Ermittlung der richtigen Ermächtigungsgrundlage ergibt und damit den Fortgang der Prüfung maßgeblich bestimmt.

2. Polizeirechtliche Standardmaßnahmen nach dem PolG

84 Soweit sich aus Spezialgesetz keine Ermächtigungsgrundlage ermitteln lässt, kommen vor einem Rückgriff auf die Generalklausel nach §§ 1 Abs. 1, 3 PolG zunächst die sog. Standardmaßnahmen als Rechtsgrundlage polizeilichen Einschreitens in Betracht. Sie sind in den §§ 27 ff. PolG geregelt. Gegenüber der Generalklausel gilt wiederum der Grundsatz „lex specialis derogat legi generali" (Spezialitätsgrundsatz), d.h. die jeweils in Betracht kommende Standardmaßnahme ist gegenüber §§ 1 Abs. 1, 3 PolG eine Spezialermächtigung.

> **JURIQ-Klausurtipp**
>
> In Polizeirechtsklausuren liegt es häufig so, dass es am Ende auf die Einschlägigkeit der polizeirechtlichen Generalklausel hinausläuft und diese dann nach dem oben dargestellten Prüfungsschema abzuhandeln ist. Daher werden nachfolgend nur die wichtigsten – d.h. klausurrelevantesten – Standardmaßnahmen dargestellt. Dies sind die Identitätsfeststellung, der Platzverweis/das Aufenthaltsverbot und die Sicherstellung. Für alle übrigen Standardmaßnahmen gilt, dass sich die Prüfung zumeist aus dem Gesetz ableiten lässt. Gerade die Essentialia zum Gefahrbegriff entsprechen überdies dem, was Ihnen bereits von der Generalklausel bekannt ist. Die Generalklausel als häufigste Ermächtigungsgrundlage in Polizeirechtsklausuren wird hier lediglich wegen des Spezialitätsgrundsatzes erst weiter unten behandelt. Bei der Prüfungshäufigkeit liegt es – wie gesagt – freilich genau umgekehrt.

85 Standardmaßnahmen ermächtigen die Polizei zur Abwehr bestimmter Gefahren durch bestimmte Handlungsbefugnisse.[6] Die Generalklausel hingegen ermächtigt zur Abwehr aller konkreten Gefahren dazu, die zur Beseitigung dieser Gefahr notwendigen Maßnahmen zu treffen. Die Spezialermächtigungen, die zur Abwehr bestimmter – zu typisierender – Gefahren dienen und das Ergreifen von Standardmaßnahmen ermöglichen, dienen vor allem den rechtsstaatlichen Grundsätzen der Normenklarheit und Bestimmtheit.[7] Es soll vermieden werden, dass die Polizei auf der Grundlage einer weit gefassten Generalklausel zu jedwedem Eingriff in die Freiheitsgrundrechte des Bürgers ermächtigt ist.[8] Man unterscheidet zwischen aktionellen (zur Abwehr einer Gefahr ermächtigenden) und informationellen (der Datenerhebung und -erfassung dienenden) Spezialbefugnissen.[9] Während die **aktionellen Standardbefugnisse** in den §§ 27 ff. PolG geregelt sind, finden sich die informationellen Befugnisse

6 *Kingreen/Poscher* Polizei- und Ordnungsrecht, § 12 Rn. 1.
7 *Zeitler/Trurnit* Polizeirecht für Baden-Württemberg, Rn. 301.
8 *Zeitler/Trurnit* Polizeirecht für Baden-Württemberg, Rn. 301.
9 *Kingreen/Poscher* Polizei- und Ordnungsrecht, § 12 Rn. 6.

der Polizei in den §§ 42 ff. PolG. Hier geht es mit Blick auf die Polizeirechtsklausur – wenn überhaupt – nur um die aktionellen Standardmaßnahmen.

Die wichtigsten aktionellen Standardmaßnahmen sind nach den §§ 27 ff. PolG: **86**

- **Identitätsfeststellung** (§ 27 PolG), ggf. ergänzt durch Mitnahme zur Wache (§§ 27 Abs. 2, 33 Abs. 1 Nr. 3, Abs. 3 PolG),
- **Platzverweis und Aufenthaltsverbot** (§ 30 Abs. 1, Abs. 2 PolG),
- **Prüfung von Berechtigungsscheinen** (bspw. Führerschein, Jagdschein o.ä., § 27 Abs. 3 PolG),
- **Erkennungsdienstliche Maßnahmen** (bspw. Fingerabdrücke, Lichtbilder, § 41 PolG, soweit nicht § 81b Alt. 2 StPO ohnehin vorrangig, h.M.[10]),
- **Vorladung** (§ 28 PolG),
- **Ingewahrsamnahme** (§ 33 PolG, möglich sowohl zum Schutz der öffentlichen Sicherheit als auch zum Selbstschutz von Personen; allerdings Erfordernis einer unverzüglichen gerichtlichen Entscheidung nach § 33 Abs. 3, Abs. 4 PolG; **Achtung:** Der sog. **Verbringungsgewahrsam**, d.h. das Verbringen einer Person zur Abwehr einer Störung der öffentlichen Sicherheit oder Ordnung an einen anderen Ort, fällt nicht unter § 33 PolG, sondern ist von der polizeilichen Generalklausel nach §§ 1 Abs. 1, 3 PolG gedeckt!),
- **Durchsuchung von Personen und Sachen** (§§ 34, 35 PolG),
- **Betreten und Durchsuchen von Wohnungen** (§ 36 PolG, außer bei Gefahr im Verzug nur auf richterliche Anordnung gemäß § 36 Abs. 5 PolG),[11]
- **Sicherstellung** (§ 37 PolG),
- **Beschlagnahme und Einziehung** (§§ 38, 39 PolG),
- **Vernehmung** (§ 40 PolG).

Hinweis

Lesen Sie einmal in Ruhe die aufgeführten Spezialermächtigungen zu den Standardmaßnahmen im PolG durch. Sie werden feststellen, dass insbesondere die tatbestandlichen Voraussetzungen der jeweiligen Ermächtigungsgrundlage genauestens geregelt sind und sich daher – sofern es denn in der Klausur tatsächlich einmal auf die Prüfung einzelner Standardmaßnahmen hinauslaufen sollte – entsprechende Fälle bereits aus dem Gesetz lösen lassen. Im Folgenden werden die besonders wichtigen – da klausurrelevanten – Standardmaßnahmen (Identitätsfeststellung, Platzverweis/Aufenthaltsverbot und Sicherstellung) näher erläutert. Erwähnt sei noch, dass die sog. Meldeauflage in Baden-Württemberg nicht zu den Standardmaßnahmen zählt, sondern auf die Generalklausel nach §§ 1 Abs. 1, 3 PolG gestützt wird.[12]

10 Nach h.M. stellt § 81b Alt. 2 StPO auch eine spezialgesetzliche Befugnis zur Gefahrenabwehr dar, die neben § 41 Abs. 1 PolG als Eingriffsnorm besteht und für dessen Anwendung kaum Raum belässt, vgl. *Zeitler/Trurnit* Polizeirecht für Baden-Württemberg, Rn. 424.

11 Zum Betreten und Durchsuchen von Privatwohnungen bei Verdacht auf Verstoß gegen sog. Corona-Verordnung instruktiv *Roggenkamp*, PSP 2021, S. 1 ff.

12 Grundlegend BVerwGE 129, 142; *VGH Mannheim*, NJW 2000, 3658 (3660); instruktiv *Schneider*, ZJS 2008, S. 281 (286).

a) Identitätsfeststellung (§ 27 PolG)

87 Aus § 27 Abs. 1, Abs. 2 PolG ergibt sich die Ermächtigung an die Polizei, die Identität einer Person förmlich festzustellen. In der Förmlichkeit der Feststellung ist vor allem der Unterschied zum bloßen Fragerecht nach § 43 Abs. 1 PolG zu sehen. Die Identitätsfeststellung nach § 27 Abs. 1, Abs. 2 PolG dient vor allem dazu, die Polizei in die Lage zu versetzen, sich Klarheit über eine Person zu verschaffen, gegen die möglicherweise polizeiliche Maßnahmen gerichtet werden sollen.

JURIQ-Klausurtipp

Die Identitätsfeststellung zählt nicht nur in der Praxis zu den häufigsten Standardmaßnahmen. Sie ist auch in Polizeirechtsklausuren ein beliebter Zusatztatbestand, der neben anderen Standardmaßnahmen oder – vor allem – der Generalklausel geprüft werden kann. Mit der Identitätsfeststellung lässt sich somit eine Fallgestaltung um ein weiteres „Standardproblem" anreichern. Daher sind Grundkenntnisse zu § 27 PolG erforderlich.

88 Da die Identitätsfeststellung dazu bestimmt ist, dass die Polizei sich förmlich über die Identität einer Person sicher sein kann, gegen die sie möglicherweise danach Maßnahmen einleiten möchte (oder nicht), bedarf es der Vergewisserung über die Personalien. Die Reichweite des Begriffs der Personalien entspricht dabei dem des § 111 Abs. 1 OWiG. Feststellungsfähig im Rahmen von § 27 PolG sind daher grundsätzlich der Vor- und Familienname (u.U. auch der Geburtsname), Ort und Tag der Geburt, Familienstand, Beruf, Wohnanschrift und die Staatsangehörigkeit.[13]

Hinweis

Unrichtige Angaben im Rahmen der Identitätsfeststellung nach § 27 PolG stellen übrigens ihrerseits eine Ordnungswidrigkeit nach § 111 OWiG dar.

89 § 27 PolG ist als Eingriffsnorm so aufgebaut, dass sich aus § 27 Abs. 1 PolG die tatbestandlichen Voraussetzungen der Identitätsfeststellung ergeben, aus § 27 Abs. 2 PolG die hierzu zulässigen Mittel.

90 Tatbestandliche Voraussetzung einer Identitätsfeststellung ist daher zunächst, dass einer der in § 27 Abs. 1 Nr. 1 bis 7 PolG genannten Gründe gegeben ist. Hierzu gilt folgende wichtige Unterscheidung zwischen Grundtatbestand (Nr. 1) und sog. „Ortshaftung" (Nr. 2 bis 7):

- § 27 Abs. 1 Nr. 1 PolG enthält den sog. **Grundtatbestand**: Danach sind die Polizeibehörden ermächtigt, zur Abwehr einer konkreten Gefahr oder Beseitigung einer Störung für die öffentliche Sicherheit oder Ordnung eine Identitätsfeststellung durchzuführen.

Beispiel Die Polizei bemerkt bei einem Streifengang, dass sich eine Person an einem abgeschlossenen Fahrrad zu schaffen macht und den Eindruck erweckt, als wolle sie das Schloss aufbrechen und das Fahrrad entwenden. Bei der Identitätsfeststellung stellt sich heraus, dass es sich um den Eigentümer des Fahrrads handelt, der lediglich den richtigen Schlüssel nicht an seinem Schlüsselbund gefunden hatte. ■

---

13 *Belz/Mußmann/Kahlert/Sander* PolG, § 26 Rn. 3.

- § 27 Abs. 1 Nr. 2 bis 7 PolG sieht unter den dort genannten Voraussetzungen die Ermächtigung zur Vornahme von **Identitätsfeststellungen unter geringeren Anforderungen** vor, wenn es sich um **bestimmte Aufenthaltsorte** handelt (sog. **Ortshaftung**).

Beispiel Der Bahnreisende B hält sich wegen einer Zugverspätung zufällig in der Nähe des Hauptbahnhofs in einer Unterführung auf, in der in den Abendstunden auch die örtliche Drogenszene anzutreffen ist. B, der eine auffällige Tasche bei sich trägt und ob der unbekannten Umgebung unsicher wirkt, wird von der Polizei zu einer Identitätsfeststellung aufgefordert. Es stellt sich heraus, dass es sich um den Bahnreisenden handelt, der lediglich die Zeit bis zum Anschlusszug durch einen Spaziergang überbrücken möchte. Da sich B allerdings in einer als gefährlich eingestuften Gegend aufgehalten hat, greift die erleichterte Ermächtigung nach § 27 Abs. 1 Nr. 3 PolG. ■

Hinweis

Die Unterscheidung zwischen Grundtatbestand und den Fällen der Ortshaftung besteht vor allem darin, dass bei der Ortshaftung die Befugnis der Polizei zur Identitätsfeststellung auch dann besteht, wenn keine polizeirechtlich erhebliche Gefahr vorliegt oder die zu kontrollierende Person polizeilich verantwortlich ist. Insbesondere ist § 27 Abs. 1 Nr. 3 PolG hierfür häufig einschlägig; die Vorschrift ist nicht nur hinreichende Ermächtigungsgrundlage für Einzelkontrollen, sondern sie ermächtigt die Polizei auch zu Sammelidentitätsfeststellungen (sog. **Razzien**). Für die übrigen Fälle der Ortshaftung nach § 27 Abs. 2 Nr. 2, 4 bis 7 PolG gilt wiederum, dass die tatbestandlichen Voraussetzungen genau im Gesetz bestimmt sind. Lesen Sie einmal die übrigen Tatbestände genau durch und merken sich diese, damit Sie im Falle einer Klausur die richtige Ermächtigungsgrundlage wiederfinden können.

§ 27 Abs. 2 PolG bestimmt die Mittel, welche der Polizei **zur Identitätsfeststellung** zur Verfügung stehen. § 27 Abs. 2 S. 1 PolG ermächtigt die Polizei zunächst allgemein dazu, die zur Feststellung der Identität erforderlichen Maßnahmen zu treffen. Nach § 27 Abs. 2 S. 2, 3 PolG sind die Maßnahmen benannt, die die Polizei „insbesondere" treffen kann. So kann sie den Betroffenen anhalten und verlangen, dass er mitgeführte Ausweispapiere vorzeigt und zur Prüfung aushändigt. Der Betroffene kann weiter festgehalten und seine Person sowie die von ihm mitgeführten Sachen können durchsucht oder er kann zur Dienststelle gebracht werden, wenn die Identität auf andere Weise nicht oder nur unter erheblichen Schwierigkeiten festgestellt werden kann. **91**

Hinweis

Die Personendurchsuchung darf nach § 27 Abs. 2 S. 4 PolG nur von Personen gleichen Geschlechts durchgeführt werden.

b) Platzverweis/Aufenthaltsverbot (§ 30 PolG)

Zu den wichtigsten Standardbefugnissen der Polizei zählt die Regelung des § 30 PolG. Streng **92** genommen, enthält sie drei voneinander abzugrenzende Ermächtigungen. Die Polizei kann gegenüber einem Störer die folgenden Maßnahmen ergreifen:

- **Platzverweis** (§ 30 Abs. 1 PolG),
- **Aufenthaltsverbot** (§ 30 Abs. 2 PolG),
- **Wohnungsverweis, Rückkehr- und Annäherungsverbot** (§ 30 Abs. 3–5 PolG).

Hinweis

Von Klausurrelevanz sind regelmäßig nur der Platzverweis und das Aufenthaltsverbot. Beide Maßnahmen sollten Sie voneinander unterscheiden können. Der Wohnungsverweis sowie das Rückkehr- und Annäherungsverbot sind in der Praxis zwar wichtige Instrumente der Gefahrenabwehr, die das Gewaltschutzgesetz des Bundes landesrechtlich flankieren. Ihre Klausurrelevanz ist allerdings gering.

aa) Platzverweis, § 30 Abs. 1 PolG

93 Nach § 30 Abs. 1 PolG ist die Polizei ermächtigt, zur Abwehr einer konkreten Gefahr oder zur Beseitigung einer Störung eine vorübergehende Wegverweisung oder ein Betretungsverbot auszusprechen. Diese Maßnahme wird nach geläufiger Auffassung als Platzverweis bezeichnet. Sie ist als vorübergehende Maßnahme zu verstehen, die auf einen bestimmten Ort begrenzt ist.

Beispiel Fußballfan F begibt sich bei einem Heimspiel seines favorisierten Vereins vor dem heimischen Stadion in die Nähe des Eingangs zur gegnerischen Fankurve. Die gegnerischen Fans sind dafür berüchtigt, notfalls auch gewaltsam für „ihren" Club einzustehen. Die vor dem Stadion anwesende Polizei weist F an, den örtlichen Bereich vor der gegnerischen Fankurve zu verlassen. ■

94 Der Platzverweis ist zum einen auf einen bestimmten Ort bezogen, worunter ein räumlicher bzw. räumlich abgegrenzter Bereich zu verstehen ist. Beispiele hierfür sind bestimmte Straßen oder Straßenzüge innerhalb eines Quartiers, Parks und Gärten, Gebäude oder Grundstücke. Problematisch ist das Merkmal „vorübergehend", welches einen unbestimmten Rechtsbegriff darstellt. Die Rechtsprechung hat dies nicht abschließend geklärt, wohl aber ist nach der h.M. eine zeitliche Begrenzung – auch und besonders in Abgrenzung zum Aufenthaltsverbot nach § 30 Abs. 2 PolG – zu fordern.[14] Es ist daher davon auszugehen, dass ein Platzverweis im Regelfall nur maximal 24 Stunden lang zulässig ist.

JURIQ-Klausurtipp

Gerade in Abgrenzung zum Versammlungsrecht spielt auch der Platzverweis nach § 30 Abs. 1 PolG eine Rolle. Als wichtiger Merkposten gilt dabei, dass der Rückgriff auf das allgemeine Polizeirecht und das Aussprechen von Platzverweisen nach § 30 Abs. 1 PolG erst dann (wieder) zulässig ist, wenn die Versammlung nach § 13 Abs. 1 VersG oder nach § 15 Abs. 3 VersG bereits aufgelöst wurde. Insoweit gilt der Grundsatz der „Polizeifestigkeit" von öffentlichen Versammlungen. Ebenso liegt es bei Maßnahmen gegenüber einzelnen Teilnehmern der Versammlung. Diesen gegenüber ist ein Platzverweis nach § 30 Abs. 1 PolG erst dann möglich, wenn sie rechtmäßig von der Versammlung ausgeschlossen worden sind (etwa auf der Grundlage von § 18 Abs. 3 VersG).

14 Statt vieler *Belz/Mußmann/Kahlert/Sander* PolG, § 27a Rn. 5.

bb) Aufenthaltsverbot, § 30 Abs. 2 PolG

Nach § 30 Abs. 2 PolG ist es Voraussetzung für die Anordnung eines Aufenthaltsverbots durch die Polizei, dass Tatsachen die Annahme rechtfertigen, dass eine Person innerhalb einer Gemeinde oder eines Gemeindegebiets eine Straftat begehen oder dazu beitragen wird. Die Befugnisnorm des § 30 Abs. 2 PolG knüpft also in doppelter Hinsicht an bestimmte Kriterien an. So muss zum einen ein örtlicher Bezug gegeben sein, und zum anderen muss die Besorgnis der Begehung oder der Beteiligung an einer Straftat gegeben sein. Wenn man sich vor diesem Hintergrund vergegenwärtigt, dass es sich beim Aufenthaltsverbot gleichsam um einen zeitlich verlängerten Platzverweis handelt und der Platzverweis grundsätzlich zeitlich limitiert ist (s.o. Rn. 94), dann wird deutlich, dass das Aufenthaltsverbot nur unter eingeschränkten Voraussetzungen denkbar ist. Andernfalls drohte ein nicht zu rechtfertigender Grundrechtseingriff. **95**

Hinweis

Die Beschränkung des Aufenthalts durch ein landesrechtlich im PolG vorgesehenes Aufenthaltsverbot wie in § 30 Abs. 2 PolG ist auch in kompetenzieller Hinsicht nicht unproblematisch. Art. 71, 73 Abs. 1 Nr. 3 GG bestimmt die Freizügigkeit und damit das Aufenthaltsrecht zur ausschließlichen Bundeszuständigkeit. § 30 Abs. 2 PolG ist somit von der Länderzuständigkeit nur solange gedeckt, als es nicht um die Bestimmung von Aufenthaltsverboten geht, die den selbst gewählten Lebensmittelpunkt betreffen. Dies wird freilich mit Blick auf den von § 30 Abs. 2 PolG intendierten und allein der Gefahrenabwehr an bestimmten Orten dienenden Ausschluss vom dortigen Aufenthalt nicht gegeben sein.

Allerdings hat der Gesetzgeber insofern Vorsorge getroffen, als ein Aufenthaltsverbot nach Maßgabe von § 30 Abs. 2 S. 2, 3 PolG nur für die Höchstdauer von drei Monaten angeordnet werden darf und überdies ausgeschlossen ist, wenn der Betroffene in dem örtlichen Bereich wohnt oder in anderer Weise (z.B. durch den Arbeitsplatz oder aus familiären Gründen) auf diesen Ort angewiesen ist. Diese einschränkende Regelung ist unter anderem Ausdruck des Verhältnismäßigkeitsgrundsatzes. **96**

Im Übrigen bedarf es zur Anordnung eines Aufenthaltsverbotes nach § 30 Abs. 2 PolG einer **Gefahrenprognose**. Die Polizei muss dabei **anhand nachprüfbarer Tatsachen** bestimmen, ob sich die tatbestandlichen Voraussetzungen mit hinreichender Wahrscheinlichkeit realisieren könnten.[15] Dabei sind bloß tatsächliche Anhaltspunkte oder gar Vermutungen wegen der besonderen Grundrechtsrelevanz nicht ausreichend.[16] **97**

cc) Wohnungsverweis, Rückkehr- und Annäherungsverbot, § 30 Abs. 3 bis 5 PolG

Der Wohnungsverweis sowie das Rückkehr- und Annäherungsverbot gehören auch zum Regelungskomplex des § 30 PolG. Sie stellen in der Praxis eine wirksame landesrechtliche Erweiterung des Schutzes nach dem Gewaltschutzgesetz dar. Für die Polizeirechtsklausur haben sie indes keine besondere Relevanz und können daher hier vernachlässigt werden. **98**

---

15 Dazu *VGH Mannheim* VBlBW 2005, 231.

16 BVerfGE 115, 109; *Zeitler/Trurnit* Polizeirecht für Baden-Württemberg, Rn. 468.

Hinweis

Gleichwohl gilt, dass Sie mit dem Gesetz – d.h. der Regelung in § 30 Abs. 3 bis 5 PolG – im Fall der Fälle umgehen können müssen. Hier hilft aber meistens bereits die genaue Lektüre des Gesetzestextes weiter, um einen entsprechenden Fall zu lösen. Lesen Sie daher unbedingt neben den prüfungsrelevanten Vorschriften in § 30 Abs. 1 PolG (Platzverweis) und § 30 Abs. 2 PolG (Aufenthaltsverbot) auch die nachfolgenden Absätze einmal genau durch.

dd) Sicherstellung, § 37 PolG

99 § 37 PolG regelt mit der Sicherstellung eine überaus bedeutsame polizeiliche Standardbefugnis.

Wichtig ist, sich hier die einschlägige Definition einzuprägen:

Unter **Sicherstellung** versteht man die Begründung polizeilichen Gewahrsams an einer gefährdeten Sache.

100 Rechtstechnisch entsteht durch die Sicherstellung ein **öffentlich-rechtliches Verwahrungsverhältnis**, das dem „Schutz von Hab und Gut" Einzelner dient.[17] Die Sicherstellung dient somit als präventiv-polizeiliche Maßnahme dem Schutz privater Rechte, die über § 2 Abs. 2 PolG hinausgeht und daher spezialgesetzlich in § 37 PolG geregelt ist.[18] Die Sicherstellung ist insbesondere **von der Beschlagnahme und der Einziehung nach den §§ 38, 39 PolG zu unterscheiden**, die ihrerseits im öffentlichen Interesse liegen.

101 Die Sicherstellung nach § 37 Abs. 1 PolG ist darauf gerichtet, den Berechtigten (zumeist den Eigentümer oder den rechtmäßigen Inhaber der tatsächlichen Gewalt) vor Verlust oder Beschädigung der Sache zu bewahren. In jedem Fall ist aber Voraussetzung einer Sicherstellung, dass für die Sache eine **konkrete Gefahr droht**.

Beispiel Das von Fahrradfahrer F vor dessen Aufbruch zu einer mehrwöchigen Auslandsreise auf dem Gehweg vor dessen Haus abgestellte und nicht angeschlossene Mountainbike wird durch die Polizei sichergestellt und somit vor Entwendung oder einer sonstigen missbräuchlichen Verwendung durch Dritte geschützt. Durch die Sicherstellung entsteht ein öffentlich-rechtliches Verwahrungsverhältnis. ■

102 Das *Beispiel* illustriert den Regelfall der Sicherstellung, bei der der Eigentümer oder rechtmäßige Besitzer als Gewahrsamsinhaber nicht anwesend ist. Die von der Polizei veranlasste Sicherstellung ist in dieser Konstellation stets (nur) ein Realakt. Erst unter der Voraussetzung, dass eine Bekanntgabe an den Berechtigten nach § 37 Abs. 2 PolG erfolgt (Unterrichtung), erhält die Sicherstellung zugleich einen verfügenden bzw. regelnden Inhalt und stellt auch erst dann einen Verwaltungsakt i.S.v. § 35 S. 1 LVwVfG dar. Anders liegt es freilich dann, wenn die **Sicherstellung als Gewahrsamsnahme gegenüber dem anwesenden Berechtigten** verfügt wird. Dann handelt es sich von Anbeginn um einen Verwaltungsakt, der auch – nämlich sofort – gegenüber dem Adressaten bekanntgegeben ist. In diesen Fällen kommt

17 *Zeitler/Trurnit* Polizeirecht für Baden-Württemberg, Rn. 477.
18 *Belz/Mußmann/Kahlert/Sander* PolG, § 32 Rn. 1.

dann allerdings der tatsächlichen Gewahrsamsbegründung durch Mitnahme der Sache durch die Polizei der Charakter eines Realaktes zu.

In besonderen Konstellationen kann die Polizei auch bei unsicheren Eigentumsverhältnissen eine Sicherstellung zum Zwecke der Gefahrenabwehr nach § 37 PolG verfügen. Sie ist dann darauf gerichtet, dass der Polizeipflichtige die Sache zwecks Aufklärung des Sachverhalts herausgibt. 103

Beispiel A trägt nachts auf seinen Schultern ein Fahrrad durch die Stadt, dessen Schloss abgesperrt ist. Die Beamten des Polizeivollzugsdienstes beobachten dies und wittern einen möglichen Diebstahl. Zur Aufklärung des Sachverhalts und zur Vermeidung weiterer Nachteile des Eigentümers darf die Polizei in diesem Fall auch das Fahrrad sicherstellen, selbst wenn sich später herausstellt, dass der A der rechtmäßige Eigentümer ist und lediglich den Schlüssel verloren hatte. ■

Die Rechtsfolge der Sicherstellung ist die **Begründung eines öffentlich-rechtlichen Verwahrungsverhältnisses**. Soweit sich nicht aus § 37 Abs. 2 bis 4 PolG sowie § 3 DVO PolG etwas anderes ergibt, finden die privatrechtlichen Vorschriften über die Verwahrung nach den §§ 688 ff. BGB entsprechende Anwendung.[19] 104

Hinweis

Die Sicherstellung ist als polizeiliche Maßnahme der Gefahrenabwehr auch zulässig bei verlorenen Sachen (herrenlosen Sachen bzw. Fundsachen). Dies ergibt sich aus § 37 Abs. 5 PolG.

Die Sicherstellung erfolgt – im Unterschied zur Beschlagahme nach § 38 PolG und zur Einziehung nach § 39 PolG, die gegen den Willen des Berechtigten erfolgen – stets im (unterstellten) Interesse des jeweils betroffenen Berechtigten.[20] Daher ist die Sicherstellung nach § 37 PolG auch immer so durchzuführen, dass den Belangen des Betroffenen Rechnung getragen wird (§ 37 Abs. 3 PolG). Sie ist nach § 37 Abs. 4 PolG aufzuheben, wenn der Berechtigte dies verlangt oder die Voraussetzungen für die Sicherstellung entfallen sind. Höchstens darf die Sicherstellung für zwei Wochen erfolgen. 105

3. Die polizeirechtliche Generalklausel (§§ 1 Abs. 1, 3 PolG)

Die praktisch bedeutsamste Ermächtigungsnorm ist die sog. **polizeiliche (bzw. polizeirechtliche) Generalklausel**. Dies liegt vor allem darin begründet, dass die Generalklausel besonders flexibel und daher der Effektivität der Gefahrenabwehr besonders förderlich ist. Sie ist zwar gegenüber den spezialgesetzlichen Ermächtigungsgrundlagen und auch den Standardmaßnahmen nach dem PolG nachrangig. In der Praxis spielt sie aber eine erhebliche Rolle zur Bewältigung unterschiedlichster Gefahrenabwehrkonstellationen. Entsprechend bedeutsam ist ihre Rolle in Polizeirechtsklausuren. 106

19 *Belz/Mußmann/Kahlert/Sander* PolG, § 32 Rn. 7.

20 Zur Abgrenzung siehe auch *Belz/Mußmann/Kahlert/Sander* PolG, § 33 Rn. 3; *Zeitler/Trurnit* Polizeirecht für Baden-Württemberg, Rn. 480.

Hinweis

Bei der weitaus größten Zahl an Polizeirechtsklausuren findet die zu prüfende Primärmaßnahme der Polizei ihre Ermächtigungsgrundlage in der Generalklausel. Insofern bedarf es gerade hierzu besonders fundierter Kenntnisse. Überdies bilden die Prüfungsstationen zu Fällen, die auf der Prüfung der Generalklausel beruhen, den typischen Aufbau einer Polizeirechtsklausur im Sinne des oben aufgezeigten Prüfungsschemas ab.

107 Die polizeiliche Generalklausel dient dazu, der Polizei die Abwehr unspezifischer Gefahren flexibel zu ermöglichen. Ihre Rechtsgrundlage wird in einer Zusammenschau von Aufgabennorm und Befugnisnorm in § 1 Abs. 1 PolG und § 3 PolG gesehen. Die eigentliche Befugnis zum polizeilichen Handeln findet sich allerdings in § 3 PolG. Gemeinhin wird die Generalklausel aber zusammen mit der allgemeinen polizeilichen Aufgabenzuweisungsnorm des § 1 Abs. 1 PolG zitiert. Richtige Ermächtigungsgrundlage ist dann also immer: §§ 1 Abs. 1, 3 PolG.

108 Nach der polizeilichen Generalklausel (§§ 1 Abs. 1, 3 PolG) ist ein Einschreiten der Polizei immer dann zulässig, wenn keine speziellere Eingriffsbefugnis im jeweiligen Fall zur Seite steht und wenn eine **Gefahr** für die **öffentliche Sicherheit** oder die **öffentliche Ordnung** vorliegt. Die Gefahr (zum Begriff siehe näher unten Rn. 115 ff.) ist also immer auf die Schutzgüter entweder der öffentlichen Sicherheit oder (seltener) der öffentlichen Ordnung bezogen.

a) Öffentliche Sicherheit

109 Das Schutzgut der öffentlichen Sicherheit stellt den Kernbereich dar, auf den die polizeiliche Gefahrenabwehr bezogen ist. Es gibt allerdings keinen einheitlichen Begriff dessen, was unter öffentlicher Sicherheit zu verstehen ist. Vielmehr ist der Begriff der öffentlichen Sicherheit dreigeteilt.

Danach sind unter dem **Schutzgut der öffentlichen Sicherheit** zu verstehen
- die Unversehrtheit der gesamten geschriebenen Rechtsordnung,
- der Schutz der Rechtsgüter des Einzelnen (Individualrechtsgüter des Bürgers als subjektive Rechte),
- der Schutz des Staates und seiner Einrichtungen.

110 Für die Prüfung ist von Bedeutung, dass der Schutz der Unversehrtheit der gesamten Rechtsordnung bereits einen (bzw. „den") Teil des Schutzgutes der öffentlichen Sicherheit umfasst. Denn die allermeisten Rechte des Einzelnen (so z.B. hinsichtlich der Grundrechte) sind bereits positiviert, d.h. in geschriebenes Recht umgesetzt. Gleiches gilt für den Staat und seine Einrichtungen, von dem das Allermeiste sich auch in organisationsrechtlichen Regelungen des Verfassungs- und des einfachen Rechts bereits wiederfindet. Daraus folgt aber auch die wichtige Erkenntnis, dass in der Klausur festzustellen ist, ob ein Verstoß gegen irgendeine Norm droht. Dann ist bereits die Unversehrtheit der gesamten geschriebenen Rechtsordnung (bzw. eines Teiles davon) und damit einer (der maßgeblichen) Unterausprägung des Schutzgutes der öffentlichen Sicherheit einschlägig.

Beispiel Hebamme H wird zur Geburtsbegleitung eines Kindes in die städtische Kinderklinik gerufen. Der auf dem Parkplatz ihrer Hebammenpraxis geparkte PKW des P verunmöglicht ihr das Ausfahren. Hier kann die Polizei eingreifen, da eine Gefahr für die öffentliche Sicherheit zu beseitigen ist, die sich unter dem Aspekt der Unversehrtheit der gesamten geschriebenen Rechtsordnung ergibt. Das Zuparken durch den P stellt nämlich einen Verstoß gegen § 12 Abs. 3 Nr. 3 StVO dar. ■

Die öffentliche Sicherheit dient also als Schutzgut vor allem dazu, dass bei etwaigen Gefähr- **111**
dungslagen die Polizei zu ihrem Schutze tätig werden darf. Die meisten subjektiven Rechte Einzelner sind – wie dargestellt – ebenfalls normiert und damit Teil des geschriebenen Rechts (so insbesondere die Grundrechte). Entscheidend ist, dass unter den Begriff der **Rechtsgüter des Einzelnen** regelmäßig nur solche Individualrechtsgüter des Bürgers fallen, die sich als subjektiv-öffentliche Rechte darstellen. Der Schutz und die Durchsetzung subjektiver privater Rechte ist im Regelfall den ordentlichen Gerichten und deren Vollstreckungsorganen übertragen (vgl. § 13 GVG). Daher ist auch auf der Grundlage eines möglichen Einschreitens der Polizei auf der Grundlage der polizeirechtlichen Generalklausel stets § 2 Abs. 2 PolG zu beachten, die Polizei muss also Grenzen bei dem Schutz von Rechtsgütern Einzelner einhalten.

Der Schutz des Staates und seiner Einrichtungen unterfällt als eigenständiges Schutzgut dem **112**
Begriff der öffentlichen Sicherheit nur dann (und geht nicht ebenso wie die Rechte Einzelner bereits in der „Unversehrtheit der Rechtsordnung" auf), wenn es keine ausdrückliche geschriebene Grundlage gibt. Zu staatlichen Einrichtungen zählen vor allem öffentliche Einrichtungen wie Theater, Museen, Bibliotheken oder Bahnhöfe. Allerdings werden auch **„Veranstaltungen" des Staates** umfasst, die nicht räumlich begrenzt oder dauerhafter Natur sind.

Beispiele Staatsbesuche oder öffentliche Gelöbnisse der Bundeswehr. ■

Veranstaltungen des Staates sind aber auch solche der Verfassungsorgane oder der Polizeibehörden selbst.

Beispiel Die Fälle sog. „Radarwarnungen" werden ganz überwiegend als Störung der öffentlichen Sicherheit unter dem Aspekt des Schutzes des Staates und seiner Einrichtungen gewertet. Postiert sich also eine Person mit einem Warnschild in unmittelbarer Nähe zu einer Radarkontrolle, um die anderen Verkehrsteilnehmer zu warnen, handelt es sich um die Behinderung einer staatlichen Veranstaltung, nämlich einer solchen der Polizei, die im Rahmen ihrer Aufgaben und Befugnisse tätig wird. (Geschwindigkeitsmessung).[21] ■

JURIQ-Klausurtipp

Schauen Sie in der Klausur zunächst, ob es mit Blick auf das Schutzgut der öffentlichen Sicherheit im geschriebenen Recht eine Vorschrift gibt, deren Verletzung droht. Dann unterfällt dies bereits dem Schutz der Unversehrtheit der Rechtsordnung als Auffangtatbestand. Eine Prüfung, ob die Rechte Einzelner oder des Staates und seiner Einrichtungen in Rede stehen, erübrigt sich dann.

21 Zu den Radarwarnungen etwa *OVG Münster* NJW 1997, 1596.

b) Öffentliche Ordnung

113 Gegenüber dem Schutzgut der öffentlichen Sicherheit steht das ebenfalls von §§ 1 Abs. 1, 3 PolG erfasste Schutzgut der öffentlichen Ordnung zurück. Dies liegt vor allem darin begründet, dass der Begriff der öffentlichen Ordnung nur sehr schwer fassbar ist und auch verfassungsrechtlich – unter anderem wegen fehlender Bestimmtheit – seit langem in der Kritik steht. Trotz dieser Bedenken halten die h.M. und auch der für das Polizeirecht zuständige baden-württembergische Landesgesetzgeber an dem Schutzgut der öffentlichen Ordnung neben dem der öffentlichen Sicherheit fest.[22]

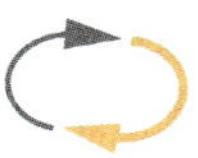

Öffentliche Ordnung ist die Gesamtheit der ungeschriebenen Regeln für das Verhalten des Einzelnen in der Öffentlichkeit, deren Beachtung nach den jeweils herrschenden Anschauungen als unerlässliche Voraussetzung eines geordneten staatsbürgerlichen Zusammenlebens innerhalb eines bestimmten Gebiets angesehen wird.[23]

Hinweis

Die Definition zeigt, dass es bei der Betroffenheit des Schutzgutes der öffentlichen Ordnung stets nur um ungeschriebene Regeln gehen kann. Ist eine bestimmte Handlungsweise, die potenziell auch die öffentliche Ordnung berühren könnte, bereits durch gesetzliche Regelung erfasst, kommt nur doch das vorrangige Schutzgut der öffentlichen Sicherheit in Betracht, und zwar in der Ausprägung der Unversehrtheit der gesamten geschriebenen Rechtsordnung. Fälle, in denen dies zum Tragen kommen kann, sind bspw. Exhibitionismus hinsichtlich § 183 StGB und § 118 OWiG oder die Verharmlosung von NS-Verbrechen hinsichtlich § 130 Abs. 3 StGB.

114 Der Begriff der öffentlichen Ordnung ist wegen seiner relativen Unbestimmtheit schon aus rechtsstaatlichen Gründen eng auszulegen. Es werden daher nur solche ungeschriebenen Regeln unter den Begriff der öffentlichen Ordnung gefasst, die nicht nur von einer Mehrheit anerkannt werden, sondern nur diejenigen, die für das geordnete Zusammenleben unerlässlich sind.[24]

Beispiel Simulierung von Tötungshandlungen in einem Spiel (sog. „Laserdromes")[25] ■

c) Gefahr

115 Ein polizeiliches Einschreiten ist nach §§ 1 Abs. 1, 3 PolG nur zulässig, wenn eine **konkrete Gefahr** vorliegt.

Hierzu gilt wiederum folgende Definition, die bereits oben (Rn. 8) Erwähnung gefunden hat:

22 Vgl. dazu *BVerfG* NJW 2004, 2814 (2815); *Kingreen/Poscher* Polizei- und Ordnungsrecht, § 7 Rn. 42 ff.
23 *BVerfG* NVwZ 2004, 90 (91); *BVerwG* NVwZ 2014, 883 (884); *VGH München* DVBl. 2013, 526 (527); näher auch *Kingreen/Poscher* Polizei- und Ordnungsrecht, § 7 Rn. 42.
24 *Schenke* Polizei- und Ordnungsrecht, Rn. 65; *Zeitler/Trurnit* Polizeirecht für Baden-Württemberg, Rn. 179.
25 *BVerwG* NVwZ 2002, 598 (602 f.); *OVG Münster* NWVBl. 2001, 94 f.

Konkrete Gefahr ist eine Sachlage, die bei ungehinderter Fortentwicklung mit hinreichender Wahrscheinlichkeit in absehbarer Zeit zu einer Beeinträchtigung der polizeilichen Schutzgüter – also der öffentlichen Sicherheit oder der öffentlichen Ordnung – führt.

JURIQ-Klausurtipp

Prüfen Sie in der Klausur stets erst, ob eines der polizeilichen Schutzgüter betroffen ist. Daher erfolgt die Darstellung der (konkreten) Gefahr auch hier erst nach der Behandlung der Schutzgüter der öffentlichen Sicherheit bzw. der öffentlichen Ordnung. Es gilt: Zuerst muss der jeweils betroffene Teilbereich der öffentlichen Sicherheit oder der öffentlichen Ordnung hinreichend präzisiert sein, damit Sie nachfolgend bestimmen können, ob für diesen tatsächliche eine (konkrete) Gefahr besteht.

Der maßgebliche Zeitpunkt dafür, ob eine konkrete Gefahr vorliegt, bemisst sich danach, ob **116**
die Polizei zum Entscheidungszeitpunkt von einer Gefährdung im beschriebenen Sinne ausgehen durfte. Es kommt also stets nur auf eine „ex ante-Betrachtung" an. Ob tatsächlich eine Gefahr vorgelegen hat, stellt sich zumeist erst später heraus (sog. **„ex post-Betrachtung"**). Darauf kommt es aber im Gefahrenabwehrrecht nicht an. Die Polizei ist folglich auch dann zu einem Einschreiten ermächtigt, wenn ein Schaden tatsächlich gar nicht drohte, sich aber die Sachlage „ex ante" als Gefahrenlage darstellte. In diesen Fällen spricht man von einer sog. **Anscheinsgefahr**, die ein Einschreiten in rechtlicher Hinsicht trägt, sofern sich die Sachlage im Entscheidungszeitpunkt objektiv als solche dargestellt hat.

Beispiel Die Polizei wird mittels anonymen Anrufs ins Einkaufszentrum am Hauptbahnhof gerufen, wo ein Unbekannter einen verdächtigen Trolley abgestellt haben soll. Es wird gemutmaßt, der Koffer könnte eine Bombe beinhalten. Später stellt sich heraus, dass sich in dem Trolley lediglich juristische Fachbücher befanden und der verwirrte Reisende den Trolley schlicht vergessen hatte. ■

Hinweis

Wichtig ist, dass für die Beurteilung der Sachlage im Entscheidungszeitpunkt auch die Bedeutung des möglicherweise bedrohten Rechtsguts zu beachten ist. Hier gilt: Je wichtiger das gefährdete Rechtsgut bzw. der prognostizierte Schaden, desto geringer sind die Anforderungen an die „Wahrscheinlichkeit" des Schadenseintritts.

Das zur Anscheinsgefahr Gesagte gilt allerdings dann nicht, wenn es sich um eine sog. **117**
Scheingefahr (auch: Putativgefahr) handelt. In diesen Fällen liegt eine korrekte Gefahreinschätzung durch die Polizei im Entscheidungszeitpunkt gerade nicht vor. Es fehlt in diesen Fällen überhaupt am Vorliegen objektiver Anhaltspunkte zur Einschätzung der Gefahrenlage.

Beispiel Die Polizei geht gegen den Fußballfan F, der auf dem Weg zum Stadion deutlich erkennbar die Insignien seines Vereins trägt, vor. Es ist polizeibekannt, dass die Fans des Vereins als besonders gewaltbereit gelten und auch schon sehr häufig durch Gewalttätigkeiten gegen Fans anderer Vereine in Erscheinung getreten sind. Die Polizei ist auch bei F der Überzeugung, dass die Fans „doch alle gleich seien und sofort

Gewalt ausüben würden." Tatsächlich bestehen keine Anhaltspukte, dass der grundsätzlich friedliebende F Gewalt ausüben würde. ■

118 Problematisch ist mit Blick auf den Gefahrbegriff weiter der sog. **Gefahrverdacht**. Es handelt sich hierbei um eine weitere Besonderheit des polizeilichen Gefahrbegriffs. Ein Gefahrverdacht ist dann gegeben, wenn die Behörde sich noch über die gefahrbegründenden Umstände im Unklaren ist oder sich Unsicherheiten bei der Prognose des Kausalverlaufs ergeben, was in der Folge dazu führt, dass der Schadenseintritt für ein Schutzgut sich nicht als hinreichend wahrscheinlich darstellt.[26]

Beispiel Auf dem Grundstück des alten Dorfgasthauses in der baden-württembergischen Gemeinde G steht eine über 200 Jahre alte Eiche. Diese hat in den vergangenen Jahren zahlreiche große Äste verloren und erweckt im Übrigen den Anschein, in ihrem Inneren morsch zu sein. Es besteht daher für die Polizei Anlass zu der Annahme, dass der Baum bei einem Unwetter auf das benachbarte Haus fallen könnte. Gastwirt W beteuert, nicht zu wissen, wie es um den Baum stehe. Tatsächlich ist der Baum aber gesund und verfügt über die notwendige Standsicherheit. ■

Hinweis

Am besten lässt sich der Gefahrverdacht erklären, indem man sich die Situation der Polizei im konkreten Fall klar macht: Es liegen – wie in dem *Beispielsfall* geschildert – zwar zunächst tatsächliche Anhaltspunkte vor, die den Verdacht einer Gefahr durchaus begründen (mögliches Umfallen des Baumes bei Sturm), aber der Polizei ist auch bewusst, dass noch nicht alle Erkenntnisse vorliegen, welche die Annahme einer konkreten Gefahr begründen. Aber erst bei Vorliegen einer solchen Gefahr dürfte sie gegenüber W einschreiten.

119 Die – auch sehr klausurrelevante – Frage lautet nun, ob die Polizei überhaupt (und, wenn ja, mit welchen Mitteln und auf welcher Ermächtigungsgrundlage) handeln darf, wenn bislang nur ein **Gefahrverdacht** (und nicht bereits eine Gefahr, d.h. auch keine Anscheinsgefahr) vorliegt. Einigkeit besteht insofern, als die Polizei zum Handeln befugt sein muss, da sich unstreitig am Ende auch herausstellen kann, dass eine Gefahr gegeben ist. Dieses Vorgehen, zu dem die Polizei als ermächtigt angesehen wird, bezeichnet man als sog. Gefahrerforschungseingriff. Dass dies möglich sein muss, folgt bereits daraus, dass für die Polizei der Amtsermittlungsgrundsatz nach § 24 LVwVfG gilt. Dieser ermächtigt aber nicht dazu, etwaige Eingriffe in die grundrechtlich geschützte Freiheitssphäre des Polizeipflichtigen vorzunehmen.

Beispiel In dem *Beispielsfall* mit der eventuell morschen Eiche auf dem Grundstück des W dürfte die Polizei also allein auf der Grundlage des § 24 LVwVfG nicht durch die Einleitung konkreter Maßnahmen gegenüber W tätig werden. ■

120 Umstritten ist, auf welcher Rechtsgrundlage die Polizei möglicherweise zu Gefahrerforschungseingriffen ermächtigt sein könnte. Nach einer **im Vordringen befindlichen Auffassung** sollen überhaupt jegliche Eingriffsbefugnisse bei Vorliegen eines Gefahrverdachts ausscheiden, da es erkennbar (jedenfalls noch) an einer konkreten Gefahr fehle.[27] Insbesondere sei eine entsprechende Anwendung der Generalklausel aus §§ 1 Abs. 1, 3 PolG abzulehnen,

26 *VGH Mannheim* DVBl. 2013, S. 119; *Stephan/Deger* PolG, § 1 Rn. 28.

27 *Belz/Mußmann/Kahlert/Sander* PolG, § 1 Rn. 44; *Stephan/Deger* PolG, § 1 Rn. 32; s. auch BVerwGE 72, 300 (315).

weil damit deren Anwendungsbereich unzulässig ausgeweitet würde.[28] Diese Auffassung verkennt, dass es in der Situation des Gefahrverdachts durchaus manifeste Anhaltspunkte gibt, die das Vorliegen einer konkreten Gefahr zumindest nicht ausschließen. Unter dem Aspekt einer effektiven Gefahrenabwehr muss es daher der Polizei möglich sein, diese Anhaltspunkte entweder auszuräumen oder – für den Fall, dass diese sich erhärten sollten – das Vorliegen einer Gefahr zumindest zweifelsfrei zu ermitteln, um dann zum Zwecke der Gefahrenabwehr schließlich eingreifen zu können. Die Situation des Gefahrverdachts stellt sich daher – schon wegen der Nähe zur Anscheinsgefahr, bei deren Vorliegen ein Einschreiten zulässig ist (s.o.) – so dar, dass er wie eine konkrete Gefahr zu behandeln ist. Daher ist der von einer a.A. vertretene Ansatz vorzuziehen, wonach als Ermächtigungsgrundlage für Gefahrerforschungsmaßnahmen bei Vorliegen eines Gefahrverdachts auf der Grundlage einer entsprechenden Anwendung der polizeilichen Generalklausel (§§ 1 Abs. 1, 3 PolG) zumindest Aufklärungs- und Sicherungsmaßnahmen angeordnet werden dürfen.[29] Mindestens sind entsprechende Maßnahmen von den Betroffenen zu dulden. Als rechtsstaatliches Korrektiv zur Vermeidung übermäßiger Eingriffe besteht ohnehin das Erfordernis, dass das polizeibehördliche Ermessen auch bei Maßnahmen der Gefahrerforschung pflichtgemäß auszuüben und dabei insbesondere der Grundsatz der Verhältnismäßigkeit zu beachten ist.

JURIQ-Klausurtipp 121

In der Klausur kommt es weniger darauf an, welcher Auffassung Sie letztlich folgen. Beide Auffassungen sind mit jeweils entsprechender Argumentation vertretbar. Wichtig ist, dass Sie diesen relevanten Streit beherrschen und im konkreten Fall mit entsprechender Argumentation problembewusst aufbereiten und durch einen Streitentscheid einer Lösung zuführen.

4. Sonstige polizeiliche Maßnahmen

Neben den Standardmaßnahmen sowie dem Erlass einer Polizeiverfügung auf der Grundlage 122
der Generalklausel nach §§ 1 Abs. 1, 3 PolG finden sich mit den **Warnungen** und der **sog. Gefährderansprache** noch weitere Erscheinungsformen polizeilichen Handelns. Sie stellen regelmäßig mangels konkreten Regelungsinhalts (noch) keine Verwaltungsakte im Sinne von § 35 S. 1 LVwVfG dar, sondern enthalten eine Information empfehlenden oder appellativen Charakters.[30] Mit § 29 PolG hat die Gefährderansprache eine Rechtsgrundlage erhalten, ohne dass damit ihr Charakter als Realakt aufgehoben wäre.

Warnungen stellen nach geläufiger Auffassung dabei solche Hinweise auf einen Nachteil – 123
bzw. im Kontext des allgemeinen Polizeirechts: auf eine Gefahr – gegenüber der Allgemeinheit dar, welche aus drei Elementen besteht: einer Information (in Form einer Tatsachenbehauptung), einem Werturteil (in Gestalt einer Meinungsäußerung) und einer Aufforderung (in Form eines Appells).[31] Grundsätzlich handelt es sich bei Warnungen der Bevölkerung nicht um eine belastende Maßnahme der Polizei, sondern eine Leistung. Insoweit ist es der Polizei ausnahmsweise erlaubt, allein auf der Grundlage der Aufgabennorm in § 1 PolG zu handeln, d.h. eine allgemeine Warnung auszusprechen.

28 *Ibler* in: Ennuschat/Ibler/Remmert, § 2 Rn. 113; *Schenke* Polizei- und Ordnungsrecht, Rn. 88a.

29 *VGH Mannheim* NVwZ 1990, 784; *VGH Mannheim* NVwZ 1991, 491; *OVG Lüneburg* NVwZ 2013, 1498; *OVG Münster* NVwZ 2001, 1341; *Kingreen/Poscher* Polizei- und Ordnungsrecht, § 8 Rn. 51.

30 *Ibler* in: Ennuschat/Ibler/Remmert, Öffentliches Recht in Baden-Württemberg, § 2 Rn. 156.

31 *Ibler* in: Ennuschat/Ibler/Remmert, Öffentliches Recht in Baden-Württemberg, § 2 Rn. 156.

Beispiel Die Polizei warnt vor den Tricks von Taschendieben am Hauptbahnhof oder der Teilnahme am sog. „Hütchenspiel" in der Innenstadt. ■

124 Anders liegt es allerdings, wenn sich die Warnung der Polizei auf eine konkrete Person bezieht. Dann greift die Polizei mit ihrer Maßnahme in die grundrechtlich geschützte Sphäre desjenigen ein, vor dem sie „warnt". In diesen Fällen genügt die polizeiliche Aufgabennorm nicht mehr, sondern die Polizei bedarf für ihre Warnung einer Befugnisnorm als Ermächtigungsgrundlage für ihr Tätigwerden. Neben spezialgesetzlichen Ermächtigungsgrundlagen kommt hier vor allem die polizeiliche Generalklausel nach §§ 1 Abs. 1, 3 PolG in Betracht.

Beispiel Sog. Gefährdetenanschreiben, mit denen etwaige Kontaktpersonen zu aus der Haft entlassenen Sexualstraftätern „gewarnt" werden.[32] ■

125 Gegenüber den polizeilichen Warnungen unter den sonstigen Erscheinungsformen polizeilichen Handelns gesondert hervorzuheben sind die sog. **Gefährderanschreiben,**[33] die von den soeben unter den polizeilichen Warnungen genannten Gefährdetenanschreiben zu unterscheiden sind. Dies gilt nach wie vor ungeachtet der ausdrücklichen Niederlegung in § 29 PolG im Kontext der Standardmaßnahmen. Mit dem Gefährderanschreiben (auch: **Gefährderansprache**) zielt die Polizei darauf ab, eine Person dazu zu veranlassen, sich von einer bestimmten Aktion (z.B. einem Rockkonzert, einem Fußballspiel oder auch einer Demonstration) fernzuhalten, da sie andernfalls Adressat eines polizeilichen Einschreitens werden könnte. [34] Das Gefährderanschreiben hat vordergründig empfehlenden (appellativen) Charakter und stellt **mangels Regelungsinhalt keinen Verwaltungsakt** nach § 35 S. 1 LVwVfG dar.[35] Allerdings überschreitet ein Gefährderanschreiben im Regelfall die Schwelle, ab der die Entscheidungsfreiheit des Adressaten beeinträchtigt wird. Daher bedarf es für eine solche Maßnahme, obschon sie – wie gesagt – nicht Verwaltungsakt ist, einer hinreichenden Befugnisnorm. War bislang insofern auf die polizeiliche Generalklausel nach §§ 1 Abs. 1, 3 PolG abzustellen,[36] ist nunmehr mit § 29 PolG eine ausdrückliche Rechtsgrundlage geschaffen.

JURIQ-Klausurtipp

Die Prüfung sowohl einer polizeilichen Warnung als auch – insbesondere – eines Gefährderanschreibens kann durchaus Gegenstand einer Polizeirechtsklausur sein. Dies ist aber kein Grund zur Beunruhigung, da es dann darauf ankommt, zu erkennen, dass es wegen der Grundrechtsbetroffenheit einer Ermächtigungsgrundlage bedarf. Diese steht mit der polizeilichen Generalklausel aber gerade auch für solches Realhandeln der Polizei zur Verfügung. Die Prüfung erfolgt nicht anders als bei einer auf §§ 1 Abs. 1, 3 PolG gestützten Polizeiverfügung auch. Lediglich Gefährderansprache, Gefährderanschreiben und Gefährdetenansprache haben nunmehr als polizeiliche Realakte eine ausdrückliche Regelung in § 29 PolG erfahren. (Vgl. den Hinweis in Rn. 126 bezüglich der Auswirkungen auf die verwaltungsprozessuale Einbindung)

32 *BVerfG* Beschluss vom 8.11.2012 – 1 BvR 22/12, juris Rn. 3; *Ibler* in: Ennuschat/Ibler/Remmert, Öffentliches Recht in Baden-Württemberg, § 2 Rn. 156. Für die „Gefährdetenansprache" enthält nunmehr § 29 Abs. 2 PolG eine geschriebene Rechtsgrundlage.

33 Vgl. *OVG Lüneburg* NJW 2006, 391.

34 *Ibler* in: Ennuschat/Ibler/Remmert, Öffentliches Recht in Baden-Württemberg, § 2 Rn. 157.

35 Ausführlich dazu, insbesondere zur Rechtsnatur, etwa *Hebeler* NVwZ 2011, S. 1361 ff.

36 *Ibler* in: Ennuschat/Ibler/Remmert, Öffentliches Recht in Baden-Württemberg, § 2 Rn. 157.

C. Formelle Rechtmäßigkeit

Im Prüfungsaufbau folgt nach der Herausarbeitung der im jeweiligen Fall einschlägigen („richtigen") Ermächtigungsgrundlage die Prüfung der formellen Rechtmäßigkeit der Polizeiverfügung als Gefahrenabwehrverfügung. Da es sich zumeist um einen Verwaltungsakt (VA) im Sinne des § 35 S. 1 LVwVfG handelt, gelten dementsprechend die Vorschriften des allgemeinen Verwaltungsverfahrensrechts, d.h. der §§ 9 ff. LVwVfG. Das bedeutet wiederum, dass das bekannte „dreischrittige" Prüfungsschema „Zuständigkeit, Verfahren, Form" gilt, welches bei jeder Prüfung der formellen Rechtmäßigkeit von Verwaltungsakten auch außerhalb des allgemeinen Polizeirechts zugrunde zu legen ist. Es wird lediglich ergänzt durch die – allerdings bei Polizeiverfügungen gegenüber herkömmlichen Verwaltungsakten zumeist anders gelagerten – Problempunkte betreffend die Begründung und die Bekanntgabe der polizeilichen Verfügung (Prüfungsschema Rn. 64) 126

Hinweis

Im Regelfall stellen die polizeilichen Maßnahmen Verwaltungsakte dar, weshalb das o.g. Schema (Rn. 64) zugrunde zu legen ist. Sollte es einmal ausnahmsweise um einen Realakt gehen, darf Sie dies nicht verwirren. Da auch die Ermächtigung zu polizeilichem Realhandeln (häufiges Beispiel: die bereits erwähnten sog. „Gefährderanschreiben"[37]) einer rechtlichen Grundlage bedarf, können (und müssen) Sie sich auch hierbei an dem vorgegebenen Schema orientieren. Lediglich prozessual wären dann diejenigen Klagen einschlägig, welche keinen Verwaltungsakt voraussetzen, also regelmäßig die allgemeine Leistungs- oder Feststellungsklage (§ 43 VwGO).

I. Zuständigkeit

Zunächst ist die Zuständigkeit der handelnden Polizeibehörde zu prüfen. Insoweit gilt die bekannte Differenzierung in die sachliche und die örtliche Zuständigkeit. 127

1. Sachliche Zuständigkeit

Unter sachlicher Zuständigkeit versteht man die Berechtigung zur Wahrnehmung eines bestimmten Aufgabenbereichs.[38] Die Bestimmung der sachlichen Zuständigkeit muss also immer daran ansetzen, dass dieser bestimmte Aufgabenbereich („die Sache") in einem bestimmten Gesetz geregelt ist. Da es hier der Sache nach um Gefahrenabwehr (spezielle oder allgemeine) geht, ist nach einer Zuweisungsnorm für die sachliche Zuständigkeit an die Polizeibehörden im jeweiligen Gesetz zu suchen, das die zuvor festgestellte Ermächtigungsgrundlage enthält. Sofern es sich – wie hier – um allgemeines Polizeirecht und daher die allgemeine Gefahrenabwehr handelt, ist die sachliche Zuständigkeit somit dem PolG zu entnehmen. 128

Die allgemeine sachliche Zuständigkeit der Polizei für die allgemeine Gefahrenabwehr folgt 129
zunächst aus der Aufgabenzuweisung in § 1 Abs. 1 PolG.[39] Allerdings ist insoweit zu berück-

37 Vgl. *Hebeler* NVwZ 2011, S. 1361 ff.

38 *Schenke* Polizei- und Ordnungsrecht, Rn. 453.

39 *Zeitler/Trurnit* Polizeirecht für Baden-Württemberg, Rn. 128.

sichtigen, dass diese sachliche Aufgabenzuweisung an „die Polizei" erfolgt. Da diese nach § 104 PolG wiederum in den Polizeivollzugsdienst und die Polizeibehörden unterteilt ist, muss geklärt sein, welche dieser beiden Teilorganisationen der Polizei im konkreten Einzelfall sachlich für die Aufgabe der allgemeinen Gefahrenabwehr – und damit das Einschreiten in der konkreten „Sache" – zuständig ist.[40]

130 Für die Zuständigkeitsabgrenzung zwischen Polizeivollzugsdienst und Polizeibehörden gilt § 105 PolG. Aus **§ 105 Abs. 1 PolG** ergibt sich insbesondere die **grundsätzliche Zuständigkeit der allgemeinen Polizeibehörden** für den Erlass polizeilicher Anordnungen.

Hinweis

Von dieser allgemeinen Zuständigkeitsbestimmung zugunsten der allgemeinen Polizeibehörden für den Regelfall polizeilichen Einschreitens dürfen Sie in der Polizeirechtsklausur typischerweise ausgehen. Ausnahmen ergeben sich nur dann, wenn das PolG ausdrücklich etwas anderes bestimmt, so etwa in § 105 Abs. 2 bis 5 PolG oder in § 49 Abs. 1 PolG. Lesen Sie am Besten diese abweichenden Bestimmungen einmal in Ruhe durch, damit Sie sie im „Fall der Fälle" im Gedächtnis haben.

131 Weitere Einzelheiten zur sachlichen Zuständigkeit der allgemeinen Polizeibehörden ergeben sich aus den §§ 111 und 112 PolG. Sie regeln – genau genommen – nicht mehr die sachliche Zuständigkeit, sondern die instanzielle Zuständigkeit. Es geht dabei um die Frage, welche Behörde unter den allgemeinen Polizeibehörden im jeweiligen Einzelfall sachlich zuständig ist. Es gibt m.a.W. eine Zuständigkeitsstufung innerhalb der sachlichen Zuständigkeit unter den allgemeinen Polizeibehörden, die mehrere Instanzen umfasst, die aber nicht parallel zuständig sein können. Für **instanziell grundsätzlich zuständig** erklärt § 111 Abs. 2 PolG unter den allgemeinen Polizeibehörden die **Ortspolizeibehörden**. Es gilt somit eine **sachlich-instanzielle Zuständigkeitsvermutung zugunsten der Ortspolizeibehörden** als allgemeinen Polizeibehörden.

JURIQ-Klausurtipp

Um bei der Bestimmung der sachlichen Zuständigkeit nicht zu viel Zeit zu verlieren, bietet es sich an, sich Folgendes zu merken: Soweit es an der Übertragung einer Aufgabe auf eine bestimmte Behörde fehlt, sind die Ortspolizeibehörden zuständig! Sie können dann die sachliche (und zugleich instanzielle) Zuständigkeit dadurch festlegen, dass Sie die §§ 1 Abs. 1, 105 Abs. 1, 111 Abs. 2 PolG zitieren. Nur ausnahmsweise ergibt sich etwa eine (auch klausurrelevante) Zuständigkeit etwa der Kreispolizeibehörde auf dem Gebiet des VersG nach § 1 VersG-ZuVO.

132 Für die sachliche Zuständigkeit der polizeilichen „Teilorganisation" (vgl. § 104 Nr. 2 PolG) des Polizeivollzugsdienstes gilt, dass dieser vor allem in den Fällen der sog. Eilzuständigkeit gegeben sein kann. Diese ergibt sich aus § 105 Abs. 2 PolG.

40 *Zeitler/Trurnit* Polizeirecht für Baden-Württemberg, Rn. 130.

Hinweis

Sofern der Polizeivollzugsdienst gehandelt haben sollte, dürfte es in der Polizeirechtsklausur dann stets immer darum gehen, dass Sie dies anhand der Eilzuständigkeit aus § 105 Abs. 2 PolG im Rahmen der sachlichen Zuständigkeit kurz darlegen. Vertiefte Kenntnis möglicher Probleme im Zusammenhang mit der Zuständigkeit des Polizeivollzugsdienstes sind regelmäßig nicht erforderlich. Gut zu wissen ist mitunter nur, dass der Polizeivollzugsdienst neben der Regelung in § 105 Abs. 2 PolG weiter nur dann zuständig ist, wenn sich dies aus einer jeweiligen Ermächtigungsnorm selbst ergibt.[41] Für die Zuständigkeitsverteilung innerhalb des Polizeivollzugsdienstes gelten wiederum die §§ 8 ff. DVO PolG.

2. Örtliche Zuständigkeit

Weiter ist die örtliche Zuständigkeit zu bestimmen. Örtliche Zuständigkeit meint den Bereich, **133**
innerhalb dessen eine sachlich und instanziell zuständige Behörde zu handeln befugt ist.[42] Im allgemeinen Polizeirecht des Landes Baden-Württemberg ergibt sich eine spezialgesetzliche Regelung der örtlichen Zuständigkeit aus § 113 PolG. Diese geht der allgemeinen Vorschrift des § 3 LVwVfG vor, so dass ein Rückgriff auf das allgemeine Verwaltungsverfahrensrecht ausgeschlossen ist.[43]

Hinweis

§ 113 PolG wird seinerseits verdrängt, wenn es auf dem Gebiet der Gefahrenabwehr selbst spezialgesetzliche Regelungen über die örtliche Zuständigkeit gibt. Eine solche relevante Regelung ist etwa § 2 VersG-ZuVO für das Versammlungsrecht.

Örtlich zuständig ist nach § 113 PolG eine Polizeibehörde, **in deren Dienstbezirk eine poli-** **134**
zeiliche Aufgabe wahrzunehmen ist. Es kommt insoweit allein auf den örtlichen Dienstbezirk an und nicht darauf, wo der Adressat der polizeilichen Maßnahme seinen Wohnsitz oder Aufenthalt hat.[44]

II. Verfahren

Wie jeder andere Verwaltungsakt nach § 35 S. 1 LVwVfG auch muss auch eine Polizeiverfü- **135**
gung die Verfahrensanforderungen beachten, die an einen Verwaltungsakt zu stellen sind. Insoweit gilt – da es sich zumeist um Verwaltungsakte i.S.v. § 35 S. 1 LVwVfG (und allenfalls ausnahmsweise um Realakte) handelt – der Grundsatz des nichtförmlichen Verwaltungsverfahrens (§ 9 LVwVfG), so dass die §§ 9 ff. LVwVfG Anwendung finden. Sofern sich nicht ausnahmsweise – etwa aus den Befugnisnormen polizeilicher Standardmaßnahmen – besondere Verfahrenserfordernisse ergeben, sind also die allgemeinen Verfahrensvorschriften des LVwVfG einzuhalten.

41 *Zeitler/Trurnit* Polizeirecht für Baden-Württemberg, Rn. 133 f.
42 *Schenke* Polizei- und Ordnungsrecht, Rn. 458.
43 Vgl. *Heinemann* in: Pautsch/Hoffmann, VwVfG, § 3 Rn. 3.
44 *Zeitler/Trurnit* Polizeirecht für Baden-Württemberg, Rn. 150.

136 Besondere Bedeutung hat im Zusammenhang mit Eingriffen der Polizei insoweit vor allem die **Anhörung nach § 28 Abs. 1 LVwVfG**. Nach dieser Vorschrift ist der **Betroffene vor Erlass eines ihn belastenden Verwaltungsaktes grundsätzlich anzuhören**. Unterbleibt die Anhörung, stellt dies einen Verfahrensfehler dar, der zur formellen Rechtswidrigkeit der polizeilichen Maßnahmen führt. Allerdings ist zu berücksichtigen, dass es nach § 28 Abs. 2 LVwVfG **Ausnahmen von der Anhörungspflicht** gibt. Die Polizei darf etwa dann von der an sich gebotenen Anhörung absehen, wenn z.B. **„Gefahr im Verzug"** gegeben ist, also besondere Eilbedürftigkeit des polizeilichen Handelns gegeben ist (§ 28 Abs. 2 Nr. 1 LVwVfG). Im Übrigen bleibt immer noch die Möglichkeit einer Heilung der unterbliebenen Anhörung durch Nachholung bis zum Abschluss der ersten Instanz des verwaltungsgerichtlichen Verfahrens (vgl. § 45 Abs. 1 Nr. 3, Abs. 2 LVwVfG).

III. Form

137 Wie für alle übrigen Verwaltungsakte, die außerhalb des allgemeinen Polizeirechts im Rahmen des nichtförmlichen Verwaltungsverfahrens nach §§ 9 ff. LVwVfG erlassen werden, gilt auch für Polizeiverfügungen, dass diese grundsätzlich an keine Form gebunden sind. Insoweit kommt § 37 Abs. 2 S. 1 LVwVfG zum Tragen, wonach ein Verwaltungsakt schriftlich, elektronisch, mündlich oder in anderer Weise erlassen werden kann. Aus Beweisgründen und im Interesse der Rechtssicherheit auch für den Betroffenen sind Verwaltungsakte grundsätzlich schriftlich zu erlassen.

138 Für das polizeiliche Handeln zum Zwecke der Gefahrenabwehr reicht hierfür – zumeist dann, wenn der Polizeivollzugsdienst tätig wird (insbesondere im Rahmen der Eilzuständigkeit nach § 105 Abs. 2 PolG) – allerdings die Zeit nicht aus. Dann verbleibt häufig nur noch die Möglichkeit der **mündlichen Polizeiverfügung**. Hier besteht dann aber die Möglichkeit (und das Recht des Betroffenen) nach § 37 Abs. 2 S. 2 LVwVfG. Danach ist ein mündlicher Verwaltungsakt schriftlich oder elektronisch zu bestätigen, wenn hieran ein berechtigtes Interesse besteht und der Betroffene dies unverzüglich verlangt.

JURIQ-Klausurtipp

In der Klausur dürfte die Frage der Einhaltung der Formvorschriften regelmäßig keine herausgehobene Rolle spielen. Umfängliche Ausführungen hierzu dürften somit eher nicht zu erwarten stehen. Man muss sich dennoch vergegenwärtigen, dass bei der allgemeinen Gefahrenabwehr jedenfalls in Eilfällen wegen der **Effektivität der Gefahrenabwehr** oftmals ein noch höheres Bedürfnis dafür besteht, von der Formfreiheit Gebrauch zu machen. Allerdings ist der Rahmen des § 37 Abs. 2 LVwVfG zu beachten.

IV. Insbesondere: Anforderungen an Begründung und Bekanntgabe

139 Ebenso wie bei der Form ergeben sich auch mit Blick auf die Begründung und die Bekanntgabe der Polizeiverfügung als Verwaltungsakt Unterschiede zu den herkömmlichen Verwaltungsakten.

140 Für die **Begründung** gilt grundsätzlich § 39 Abs. 1 LVwVfG, wonach ein Verwaltungsakt, der **schriftlich oder elektronisch** erlassen wurde, grundsätzlich zu begründen ist. Ausnahmen bestehen nur im Rahmen von § 39 Abs. 2 LVwVfG. Die Begründung dient vor allem dazu,

dem Adressaten der Polizeiverfügung die wesentlichen tatsächlichen und rechtlichen Gründe mitzuteilen, die die Behörde zu ihrer Entscheidung veranlasst haben (vgl. § 39 Abs. 1 S. 2 LVwVfG). Hinzu kommt bei Ermessensentscheidungen, zu denen Polizeiverfügungen angesichts der jeweiligen Ermächtigungsgrundlage (regelmäßig „Kann-Bestimmungen") insbesondere zählen, dass auch die Gesichtspunkte Berücksichtigung finden sollen, von denen die Behörde bei der Ermessensausübung ausgegangen ist (vgl. § 39 Abs. 1 S. 3 LVwVfG). Dies vorausgeschickt, ist bei schriftlichen (oder: bislang eher noch seltenen elektronischen) Polizeiverfügungen stets eine Begründung vorzusehen. Fehlt es an einer solchen, liegt ein Formfehler vor, der zur formellen Rechtswidrigkeit des polizeilichen Verwaltungsaktes führt. Anders liegt es diesbezüglich auch wieder bei der **mündlichen Polizeiverfügung**, etwa einer solchen, die durch den Polizeivollzugsdienst im Rahmen von dessen Eilzuständigkeit (§ 105 Abs. 2 PolG) ausgesprochen wurde. In diesen Fällen ist eine Begründung gerade nicht zwingend, da es sich weder um einen schriftlichen noch einen elektronischen Verwaltungsakt handelt. Allerdings ist auf die Möglichkeit des § 37 Abs. 2 S. 2 LVwVfG zu verweisen.

Hinweis

Auch bezüglich der ggf. notwendigen Begründung gilt, dass die verwaltungsverfahrensrechtliche Grundproblematik sowie die Besonderheiten, die sich hinsichtlich der Polizeiverfügung ergeben können (Stichwort: mündliche Polizeiverfügung), bekannt sein müssen. Häufig wird es aber auf die Begründung des Verwaltungsaktes nicht ankommen bzw. enthält der Klausursachverhalt die entsprechenden Hinweise.

Auch besteht für die **Polizeiverfügung als Verwaltungsakt** das Erfordernis einer ordnungsge- **141**
mäßen Bekanntgabe. Die Verpflichtung hierzu ergibt sich – wie bei allen übrigen Verwaltungsakten auch – aus der allgemeinen Bestimmung des § 41 LVwVfG. Nach § 41 Abs. 1 S. 1 LVwVfG ist ein Verwaltungsakt demjenigen Beteiligten bekanntzugeben, für den er bestimmt ist oder der von ihm betroffen wird. Daraus folgt die Verpflichtung einer Bekanntgabe gegenüber dem Adressaten der Polizeiverfügung. Andernfalls kann diese grundsätzlich keine Wirksamkeit erlangen. Verwaltungsverfahrensrechtlich liegt es so, dass ein nicht bekanntgegebener Verwaltungsakt keine Rechtswirkungen entfaltet (vgl. § 43 Abs. 1 LVwVfG). Erforderlich ist dafür, dass die polizeiliche Verfügung dem von ihr Betroffenen auch tatsächlich zugeht.

Hinweis

Eine rückwirkende Heilung der fehlenden Bekanntmachung ist ausgeschlossen. Fehlt es also an der Bekanntgabe, ist der entsprechende Verwaltungsakt hinsichtlich seines Regelungsgehalts nicht wirksam. Er muss erneut erlassen werden.

JURIQ-Klausurtipp **142**

Zu den besonders typischen Klausurthemen gehört die Problematik der **Bekanntgabe von Verkehrszeichen**. Dies gilt insbesondere für die sog. „Abschleppfälle" (dazu im Einzelnen unten Rn. 198 ff. sowie Übungsfall Nr. 2). Verkehrszeichen ergehen als Verwaltungsakte in Form der sog. Allgemeinverfügung i.S.v. § 35 S. 2 LVwVfG mit Dauerwirkung.[45] Sie werden

45 Vgl. BVerwGE 27, 181; 59, 221.

gemäß §§ 39 Abs. 1, 45 Abs. 4 Hs. 1 StVO bereits durch ihre öffentlich wahrnehmbare Aufstellung bekanntgegeben und folglich wirksam. Sie gelten damit gegenüber jedem, der sich in ihren Regelungsbereich begibt, und zwar unabhängig davon, ob eine tatsächliche Wahrnehmung vorliegt oder nicht. Es handelt sich daher um eine spezialgesetzlich geregelte Form der öffentlichen Bekanntmachung, welche § 41 Abs. 3 LVwVfG verdrängt.[46]

D. Materielle Rechtmäßigkeit

143 Die Polizeiverfügung muss schließlich auch materiell rechtmäßig sein. Dies lässt sich schon dem eingangs dargestellten Schema entnehmen (vgl. oben Rn. 64) und entspricht im Grunde jeder rechtlichen Überprüfung eines Verwaltungsaktes. Zu prüfen ist daher zunächst, ob die Voraussetzungen der Ermächtigungsgrundlage vorliegen, sodann, ob der richtige Polizeipflichtige in Anspruch genommen ist, und schließlich, ob die Polizei das ihr eingeräumte Ermessen ordnungsgemäß ausgeübt hat. Es wird hier also für die materielle Rechtmäßigkeitsprüfung ein aus drei Stationen bestehender Aufbau vorgeschlagen.

Hinweis

Über Aufbaufragen lässt sich besser nicht streiten. Es wird zum Teil vertreten, nur zweistufig zu prüfen und die Frage der Polizeipflichtigkeit in die Ermessensprüfung zu verlagern und dort unter dem Aspekt des Störerauswahlermessens zu erörtern. Das ist vertretbar, erscheint aber dann ein wenig praxisfremd, wenn von vornherein keine Störermehrheit gegeben ist (zum Störerbegriff sogleich näher unter Rn. 149). Außerdem dürfte die Polizei zunächst stets den Polizeipflichtigen bestimmen und gegen ihn vorgehen, wenngleich sie dabei bei Vorliegen einer Störermehrheit auch eine Auswahlentscheidung treffen muss. In der Klausur ist aber die ex post-Perspektive einzunehmen, d.h. Sie bewerten den Fall, nachdem alles „gelaufen" ist, auf seine Rechtmäßigkeit hin. Dies legt es nahe, unter dem Prüfungspunkt Polizeipflichtigkeit zunächst den tatsächlich herangezogenen Störer (oder ggf. Nichtstörer) zu bestimmen und später im Rahmen der Ermessensprüfung zu untersuchen, ob ggf. ein Ermessensfehler z.B. bei der Störerauswahl unterlaufen ist.

I. Tatbestandliche Voraussetzungen der Ermächtigungsgrundlage

144 Wie bei jeder Überprüfung der Rechtmäßigkeit eines Verwaltungsaktes ist auch in der materiellen Rechtmäßigkeitsprüfung von Polizeiverfügungen zunächst eine Subsumtion der tatsächlichen Anhaltspunkte des Falles unter die einschlägige (und eingangs bereits festgestellte, s.o.) Ermächtigungsgrundlage vorzunehmen.

Auch insoweit gilt wiederum die bereits bekannte Reihenfolge, die sich aus dem allgemeinen Spezialitätsgrundsatz („lex specialis derogat legi generali", s.o. Rn. 8) ergibt:

1. aus Spezialgesetz,
2. aus polizeirechtlicher Standardermächtigung,
3. aus polizeirechtlicher Generalklausel.

46 BVerwGE 102, 316; wohl auch *BVerwG* NJW 2016, 2353.

In der allgemeinen Polizeirechtsklausur werden Sie es selten mit einer **Ermächtigungsgrundlage aus Spezialgesetz** zu tun haben (Beispiel: § 35 Abs. 1 S. 1 GewO mit dem dort zu prüfenden Tatbestandsmerkmal der „Unzuverlässigkeit"). Eine **Ausnahme bildet nur das Versammlungsrecht**, d.h. es sind dann die tatbestandlichen Voraussetzungen einer Ermächtigungsgrundlage aus dem VersG zu prüfen (vgl. Rn. 75 ff.). Vor dem Hintergrund der Bekämpfung der Corona-Pandemie haben überdies auch das **Infektionsschutzrecht des Bundes** (IfSG) und v.a. die auf dessen Grundlage (§ 32 i.V.m. §§ 28 ff. IfSG) erlassenen „Corona-Schutzverordnungen" der Länder gefahrenabwehrrechtlich an Bedeutung zugenommen. 145

Bei den **polizeilichen Standardmaßnahmen** finden Sie die gegenüber der Generalklausel spezielleren Tatbestandsmerkmale direkt in der jeweiligen Befugnisnorm. Hier gilt es, die Tatbestandsmerkmale korrekt herauszuarbeiten und sodann sauber zu subsumieren. Die besonders relevanten Ermächtigungsgrundlagen für polizeiliche Standardmaßnahmen sind bereits oben dargestellt worden (insbesondere Identitätsfeststellung, Platzverweis usw. sowie Sicherstellung). Wichtig ist insoweit nur, dass gegenüber der Generalklausel zum Teil spezifische Anforderungen an das Vorliegen der polizeilichen Gefahr gelten. Ansonsten verläuft die materielle Rechtmäßigkeitsprüfung wie gewohnt, d.h. wie bei jedem anderen Verwaltungsakt auch. 146

Bei der **polizeirechtlichen Generalklausel aus §§ 1 Abs. 1, 3 PolG** – der in Klausuren wohl am Häufigsten zu prüfenden Ermächtigungsgrundlage – geht es ebenfalls darum, den Sachverhalt unter deren Tatbestandsvoraussetzungen zu subsumieren. Hierbei kommt es im Kern darauf an, festzustellen, ob eine **(konkrete) Gefahr für die öffentliche Sicherheit oder Ordnung** vorliegt. Insoweit sei noch einmal in Erinnerung gerufen, dass sich aus dem Zusammenspiel von § 1 Abs. 1 S. 1 PolG und § 3 PolG die Generalklausel ergibt. § 1 Abs. 1 S. 1 PolG formuliert die Tatbestandsvoraussetzungen in der **Aufgabennorm** wie folgt: 147

„(...) Die Polizei hat die Aufgabe, von dem einzelnen und dem Gemeinwesen Gefahren abzuwehren, durch die die öffentliche Sicherheit oder Ordnung bedroht wird, und Störungen der öffentlichen Sicherheit oder Ordnung zu beseitigen, soweit es im öffentlichen Interesse geboten ist. (...)"

§ 3 PolG bietet die stets erforderliche **Befugnisnorm**, um solche Gefahren abzuwehren, indem die Polizei ermächtigt ist, die hierzu erforderlichen Maßnahmen zu ergreifen. Auch insoweit sei noch einmal der Wortlaut der Befugnisnorm, ohne die ein Einschreiten zur Gefahrenabwehr als polizeilicher Aufgabe nach § 1 Abs. 1 PolG nicht zulässig wäre (da insoweit nur eine Aufgabennorm bestünde), in Erinnerung gebracht: 148

„Die Polizei hat innerhalb der durch das Recht gesetzten Schranken zur Wahrnehmung ihrer Aufgaben diejenigen Maßnahmen zu treffen, die ihr nach pflichtmäßigem Ermessen erforderlich erscheinen."

Hinweis

An der Generalklausel und der Prüfung, ob eine konkrete Gefahr für die öffentliche Sicherheit oder Ordnung als Schutzgut besteht, führt in den meisten Klausuren kein Weg vorbei. Vergegenwärtigen Sie sich daher immer, welche Anforderungen an den Begriff der konkreten Gefahr zu stellen sind (zur Definition siehe oben Rn. 115). Dies schließt auch die Beherrschung der Problemfelder der Anscheinsgefahr und der Scheingefahr sowie des Gefahrverdachts mit ein (auch hierzu näher oben Rn. 115 ff.).

II. Polizeipflichtigkeit

149 Im Weiteren ist zu prüfen, ob die von der Polizei in Anspruch genommene Person polizeipflichtig ist. Anstelle des Begriffes des Polizeipflichtigen wird auch der Begriff des **„Störers"** gebraucht. Polizeipflichtiger ist daher grundsätzlich, wer Störer ist.

Hinweis

Auch mit dem Begriff des „Störers" kommen Sie im Regelfall in der Klausur aus. Allerdings ist es stets vorzugswürdig, allgemein von dem etwas weiteren Begriff des Polizeipflichtigen zu sprechen. Denn: Ausnahmsweise können auch Nichtstörer polizeipflichtig sein, d.h. gegen sie eine polizeiliche Maßnahme gerichtet werden. Indem Sie bereits die richtige Überschrift „Polizeipflichtigkeit" in der Gliederung zu Ihrer Klausurbearbeitung wählen, setzen Sie in jedem Fall den zutreffenden Prüfungsmaßstab.

150 In der Klausur ist also festzulegen, ob die Polizei bei ihrer Maßnahme – der Polizeiverfügung – **gegen eine polizeirechtlich verantwortliche Person** (also einen Polizeipflichtigen) **vorgegangen ist**. Hierzu ist es erforderlich, sich einen Überblick über die unterschiedlichen Polizeipflichtigen zu verschaffen und dann im Einzelfall eine fallbezogene Bewertung vorzunehmen. Es existieren nach Maßgabe des PolG folgende Grundformen der Polizeipflichtigkeit:

- Handlungs- bzw. Verhaltensstörer (§ 6 PolG),
- Zustandsstörer (§ 7 PolG),
- Nichtstörer (§ 9 PolG).

1. Handlungsstörer

151 Beim Handlungsstörer (synonym auch: Verhaltensstörer) handelt es sich um eine Person, auf deren Handeln (Verhalten) eine Gefahr zurückgeht. Insoweit kann auf die Legaldefinition in § 6 PolG zurückgegriffen werden. In § 6 Abs. 1 PolG heißt es:

„(...) Wird die öffentliche Sicherheit oder Ordnung durch das Verhalten von Personen bedroht oder gestört, so hat die Polizei ihre Maßnahmen gegenüber demjenigen zu treffen, der die Bedrohung oder die Störung verursacht hat. (...)"

152 Das Gesetz geht also davon aus, dass eine polizeiliche Maßnahme (Polizeiverfügung) gegen denjenigen zu richten ist, der eine Gefahr selbst verursacht hat. Wichtig ist, dass es dabei – wie auch sonst im Polizeirecht – auf ein etwaiges **Verschulden nicht ankommt**. Das **Gefahrenabwehrrecht ist verschuldensunabhängig**, da andernfalls eine effektive Gefahrenabwehr auf der sog. Primärebene nicht möglich wäre.

Beispiel Die Fußballfans F und G halten sich nach dem verlorenen Auswärtsspiel ihres Fußballclubs laut skandierend und randalierend in der Nähe des Bahnhofs der Stadt auf, deren Fußballmannschaft gerade das Lokalderby für sich entschieden hat. ■

153 Für die Inanspruchnahme des „richtigen" Polizeipflichtigen ist wiederum die Einschätzung der Polizei im Zeitpunkt des Einschreitens maßgeblich. Insoweit ergibt sich eine **Spiegelbildlichkeit zum Vorliegen einer konkreten Gefahr**: Es kommt wie bei der Gefahr auch auf eine **ex ante-Sichtweise** an mit der Folge, dass es eben nicht nur eine Anscheinsgefahr, sondern auch einen **Anscheinsstörer** geben kann. Dieser ist dann auch Handlungsstörer, wenn er den

Anschein erweckt, dass sich infolge seines Verhaltens in absehbarer Zeit mit hinreichender Wahrscheinlichkeit eine Gefahr zu realisieren droht.

Problematisch sind die Fälle, in denen es sich um einen bloßen **Verdachtsstörer** handelt. **154** Hier besteht die Spiegelbildlichkeit ebenfalls, und zwar zum Gefahrverdacht (s.o. unter Rn. 118). Da der Gefahrverdacht die Polizei jedenfalls zu Gefahrerforschungsmaßnahmen ermächtigt, müssen diese auch gegen eine bestimmte Person gerichtet werden können. Umstritten ist, ob der Verdachtsstörer Handlungsstörer iSd § 6 Abs. 1 PolG – oder aber lediglich sog. Nichtstörer (dazu sogleich näher unten Rn. 165) – ist. Nach einer Auffassung handelt es sich nur um einen Nichtstörer, der nur unter den eingeschränkten Voraussetzungen des § 9 PolG in Anspruch genommen werden darf. Dies wird damit begründet, dass beim Vorliegen eines bloßen Gefahrverdachts noch nicht die Schwelle zu konkreten Anhaltspunkten für die Realisierung einer Gefahr überschritten ist.

Beispiel Entgegen den nunmehr geltenden Vorschriften ist das Abbrennen von Gartenabfällen nicht mehr zulässig (sog. Brenntage). Gleichwohl tut sich über der ländlichen Gemeinde G in Baden-Württemberg eine durch den aufkommenden starken Ostwind beförderte dichte Rauchwolke auf, die zu erheblicher Rußbildung führt. Die Ortspolizeibehörde ist alarmiert, weiß aber noch nicht, ob der Rauch aus dem Garten von Kleingärtner K oder aber vom Hof des Nebenerwerbslandwirtes N, die beide im Osten der Gemeinde liegen, stammt. ■

Die ganz h.M. geht in einem solchen Fall demgegenüber grundsätzlich davon aus, dass auch **155** auf den bloßen Verdachtsstörer (dies können im geschilderten Fall sowohl K als auch N sein) auf der Grundlage des § 6 PolG vorgegangen werden darf. Allerdings ist dies mit Einschränkungen verbunden, die wiederum Ausdruck des Verhältnismäßigkeitsgrundsatzes sind: Zum einen ist der solcherart in Anspruch Genommene nur dann kostentragungspflichtig, wenn er für die den Gefahrverdacht auslösenden Anhaltspunkte in zurechenbarer Weise verantwortlich ist (ansonsten besteht sogar ein Entschädigungsanspruch nach § 100 PolG); zum anderen darf der Verdachtsstörer – trotz der grundsätzlichen Möglichkeit zu Gefahrerforschungseingriffen nach entsprechender Anwendung der §§ 1 Abs. 1, 3 PolG (siehe oben unter Rn. 116) – nur dann zur Mitwirkung an Gefahrerforschungseingriffen herangezogen werden, wenn dies jedenfalls zu einem Teil auch in seinem eigenen Interesse liegt oder es nur noch darum geht, das Ausmaß der Störung festzustellen.

Für die Frage, ob jemand Handlungsstörer ist, kommt es auf einen **Kausalzusammenhang** **156** an. Die Frage lautet damit, ob ein bestimmtes Verhalten eine Gefahr für die polizeilichen Schutzgüter verursacht hat.

Hier gilt die sog. **Theorie der unmittelbaren Verursachung**.

Nach der **Theorie der unmittelbaren Verursachung** ist grundsätzlich nur derjenige verantwortlich, der die letzte steuerbare Ursache für den Eintritt der Gefahr gesetzt hat. Damit sind bloß mittelbare Ursachen im Regelfall unerheblich.

Es gilt daher grundsätzlich: Handlungsstörer ist, wer die Gefahrenschwelle unmittelbar überschreitet, wer in der Kausalitätskette das entscheidende Glied setzt.

157 Allerdings bestehen von der Theorie der unmittelbaren Verursachung zwei Ausnahmen: die Figur des sog. **Zweckveranlassers** und die des sog. **latenten Störers**.

Hinweis

Insbesondere die Figur des Zweckveranlassers, die auf den sog. „Borkumlied-Fall"[47] und die „Schaufenster"-Entscheidung[48] des *PreußOVG* zurückgeht, ist ein noch immer aktuelles Problemfeld in Klausuren. Die Grundsätze der Lehre vom Zweckveranlasser können daher durchaus eine Rolle in Klausuren spielen. Sie werden im Folgenden nachgezeichnet. Allerdings kommt es auch hier auf entsprechende Argumentation und nicht auf die „richtige Theorie" an. Es werden unterschiedliche Auffassungen vertreten, die man in ihren Grundlinien kennen muss.

158 **Zweckveranlasser** ist derjenige, der nur die **vorletzte steuerbare Ursache für den Gefahreneintritt gesetzt** hat.[49] Daher wird der Zweckveranlasser auch als mittelbarer Störer bezeichnet. Die Problematik besteht darin, ob dem Zweckveranlasser die später entstandene Gefahr seinem vorgelagerten (nur mittelbar ursächlichen) Verhalten zugerechnet werden kann.

Beispiel Ladeninhaber L stellt in dem Schaufenster seiner Zoohandlung lebensechte exotische Würgeschlangen zur Schau, welche zahlreiche Schaulustige anziehen. Die sich allmählich bildende Personentraube führt zu einer Verstopfung der vorbeiführenden Straße. Handlungsstörer sind an sich die schaulustigen Passanten; allerdings geht die Personenansammlung auf die „Schlangenpräsentation" des L zurück. ■

159 Legt man – etwa in dem genannten *Beispiel* – die herrschende Theorie der unmittelbaren Verursachung zugrunde, kommt der „Zweckveranlasser" als nur mittelbarer Verursacher an sich nicht in Betracht. Es bliebe allenfalls die Möglichkeit, diesen als sog. Nichtstörer in Anspruch zu nehmen. Zu einem gleichen Ergebnis führte die von einer Mindermeinung vertretene Theorie von der rechtswidrigen Verursachung.[50] Gleichwohl wird in Konstellationen wie in dem *Beispielsfall* der Zweckveranlasser als Handlungsstörer behandelt. Zum Teil wird hierzu lediglich verlangt, dass ein enger natürlicher Wirkungszusammenhang zwischen dem Verhalten des Zweckveranlassers und dem Gefahreneintritt bestehen muss, der das Verhalten geradezu zwangsläufig zu einer Gefahr steigern lässt (sog. objektive Theorie).[51] Die sog. subjektive Theorie fordert darüber hinaus noch das Vorliegen eines subjektiven Elements beim Zweckveranlasser in Form des Vorsatzes, wobei bedingter Vorsatz ausreichen soll.[52] Dem widerspricht allerdings der Umstand, dass das Gefahrenabwehrrecht grundsätzlich verschuldensunabhängig ist und es sich insoweit um eine unzulässige Ausdehnung der gefahrenabwehrrechtlichen Verantwortlichkeit handeln würde. Es spricht daher weit Überwiegendes dafür, der objektiven Theorie zu folgen und bei Vorliegen eines engen indirekten Zusammenhangs auch den Zweckveranlasser ausnahmsweise als Handlungsstörer in Anspruch zu nehmen.[53]

---

47 PreußOVGE 80, 176 (hier Störereigenschaft verneint).
48 PreußOVGE 85, 270 (hier Störereigenschaft bejaht).
49 *BVerwG* DVBl. 1989, 59 f.
50 Vgl. *Pietzcker* DVBl. 1984, S. 457 f.
51 *OVG Hamburg* NVwZ 2012, 1975.
52 *Würtenberger/Heckmann/Tanneberger* Polizeirecht in Baden-Württemberg, S. 231.
53 So wohl auch *Kenntner* Öffentliches Recht Baden-Württemberg, Rn. 86. A.A. wohl *VGH Mannheim* ZUR 2002, 227.

Gegenüber dem Zweckveranlasser spielt die Figur des **latenten Störers** keine relevante Rolle mehr. Sie ging ursprünglich auf den sog. **„Schweinemäster-Fall“**[54] zurück, in dem es um die Störung durch das Risiko der Gefahr einer Geruchsbelästigung durch einen Landwirt mit Schweinezuchtbetrieb für die „heranrückende Wohnbebauung“ ging. Nunmehr ist die Problematik aufgrund spezialgesetzlicher Regelung in § 5 Abs. 1 S. 2 BauNVO entschieden und jedenfalls kein Thema des allgemeinen Polizeirechts mehr. **160**

2. Zustandsstörer

Ebenfalls als Polizeipflichtiger einzustufen ist der sog. Zustandsstörer. Ansatzpunkt ist insoweit § 7 PolG. Danach hat die Polizei in den Fällen, in denen die **öffentliche Sicherheit oder Ordnung durch den Zustand einer Sache bedroht oder gestört** wird, ihre Maßnahmen gegenüber dem Eigentümer oder gegenüber demjenigen zu treffen, der die tatsächliche Gewalt über die Sache ausübt. **161**

Beispiel A hat in seinem Garten eine Vogelscheuche aufgestellt. Sein Nachbar N ist Taubenzüchter und hält in seinem Taubenschlag eine Vielzahl dieser Vögel, um sog. Taubensport zu betreiben, indem die Tauben ausgeschickt werden und dann wieder in ihren Taubenschlag zurückfliegen. Die Vogelscheuche im Garten des A hält die Tauben indes davon ab, tatsächlich zurückzukehren. Viele Tiere verenden ausgezehrt vor dem Grundstück des A. Hier ist A nicht in erster Linie durch sein Verhalten, sondern durch die von ihm aufgestellte Vogelscheuche als Sache, über die er mindestens die tatsächliche Sachherrschaft ausübt, Störer (genauer: Zustandsstörer). ■

Nach dem allgemeinen Polizeirecht gilt, dass der Zustandsstörer neben dem Handlungsstörer nach § 6 PolG herangezogen werden kann. Der maßgebliche Anknüpfungspunkt liegt darin, dass die Gefahr von der Beschaffenheit einer Sache oder deren räumlicher Lage ausgeht.[55] Die Polizeipflichtigkeit ist dabei nicht davon abhängig, ob der Betroffene Eigentümer ist.[56] Es kommt maßgeblich vielmehr bereits auf das **Innehaben der tatsächlichen Sachherrschaft** an. **162**

JURIQ-Klausurtipp

Wichtig zu wissen ist, dass etwa auch Miteigentümer zur Beseitigung der Störung herangezogen werden können.[57] Gegebenenfalls kann gegen diese eine **Duldungsverfügung** ergehen.

Die **polizeiliche Verantwortlichkeit des Rechtsnachfolgers** gilt jedenfalls für sachbezogene Verpflichtungen, d.h. umgekehrt nicht bei rein persönlichen Verpflichtungen.[58] Umstritten ist, ob die Polizeipflicht sich bereits durch eine erlassene Ordnungsverfügung verfestigt haben muss oder aber bereits der **Eintritt in eine nur abstrakte Gefahr** als ausreichend anzusehen ist. Hier dürfte wegen des rechtsstaatlichen Bestimmtheitsgrundsatzes indes Überwiegendes dafür sprechen, eine bereits konkretisierte Polizeipflicht als Voraussetzung für eine gefahrenabwehrrechtliche Verantwortlichkeit zu fordern. **163**

54 *OVG Münster OVGE* 11, 250.
55 *Kenntner* Öffentliches Recht Baden-Württemberg, Rn. 87.
56 *VGH Mannheim* VBlBW 2011, 425.
57 *BVerwG* NVwZ-RR 1999, 147.
58 Vgl. *VGH Kassel* NVwZ 1998, 1315.

Hinweis

Einen – allerdings spezialgesetzlich geregelten – Sonderfall bildet der Eintritt in die Polizeipflicht bei der Sanierung kontaminierter Grundstücke bzw. deren Grund und Bodens. Hier steht mit § 4 Abs. 3 BBodSchG eine speziellere Bestimmung über die Polizeipflichtigkeit zur Seite.

3. Anscheins-, Schein- und Verdachtsstörer

164 Entsprechend den oben bereits behandelten Gefahrbegriffen gibt es auf der Ebene der Polizeipflichtigkeit ebenfalls eine Unterscheidung in Anscheinsstörer, Scheinstörer und Verdachtsstörer. Hierzu gilt Folgendes:

- Der **Anscheinsstörer ist auf der Primärebene** – d.h. bei der Entscheidung der Polizei über das Einschreiten mittels Polizeiverfügung – **stets als Störer einzustufen**. Erst auf der **Sekundärebene** bei der Frage der Kostentragung bzw. Entschädigung wegen des Tätigwerdens der Polizei ist zu differenzieren.[59] Insoweit gilt, dass der Anscheinsstörer dann, wenn er **in zurechenbarer Weise den Anschein des Vorliegens einer Gefahr gesetzt** hat, auch auf der Sekundärebene als Störer gilt, wenn sich ex post herausstellt, dass objektiv gar keine Gefahr bestanden hat. Hat der Anscheinsstörer den Anschein demgegenüber nicht in zurechenbarer Weise gesetzt, ist er auf der Sekundärebene wie ein Nichtstörer zu behandeln.
- Der **Scheinstörer** ist bei Vorliegen einer Schein- bzw. Putativgefahr (siehe dazu bereits oben Rn. 117) sowohl auf der Primär- als auch auf der Sekundärebene **stets als Nichtstörer zu behandeln**.
- Für den sog. **Verdachtsstörer** gilt, dass dieser **bei Vorliegen eines Gefahrverdachts** (zum Begriff siehe oben unter Rn. 118) auf der Primärebene als Störer zu behandeln ist, da Gefahrerforschungsmaßnahmen gegen ihn gerichtet werden können (streitig, siehe oben dazu bereits zum Gefahrverdacht Rn. 118). Der Verdachtsstörer ist verpflichtet, solche Gefahrerforschungsmaßnahmen zu dulden. Dazu, diese selbst durchzuführen, ist er allerdings grundsätzlich nicht verpflichtet, es sei denn, dass etwaige Erforschungspflichten ausnahmsweise ausdrücklich gesetzlich vorgeschrieben sind. Sobald geklärt ist, ob sich der Gefahrverdacht bestätigt hat (oder nicht), ist die betreffende Person dann – je nach Ergebnis – entweder als Störer oder als Nichtstörer zu behandeln.

4. Nichtstörer

165 Das allgemeine Polizeirecht ermöglicht es auch in Baden-Württemberg, **zum Zwecke einer effektiven Gefahrenabwehr** im Einzelfall **unbeteiligte Personen in Anspruch zu nehmen**. Die rechtliche Grundlage hierfür bildet § 9 PolG, der es unter den dort genannten Voraussetzungen der Polizei ermöglicht, auch gegenüber anderen als den in den §§ 6 und 7 PolG bezeichneten Personen – d.h. Nichtstörern – Maßnahmen zu treffen. Die Voraussetzungen der Inanspruchnahme eines Nichtstörers sind jedoch nach § 9 PolG eng gefasst und müssen kumulativ gegeben sein. Danach ist eine Inanspruchnahme von Nichtstörern nur zulässig („kann die Polizei ihre Maßnahmen nur dann treffen"), wenn auf andere Weise eine unmittelbar bevorstehende Störung der öffentlichen Sicherheit oder Ordnung nicht verhindert oder

59 *VGH Mannheim* NJW 2011, 2748.

eine bereits eingetretene Störung nicht beseitigt werden kann, insbesondere wenn die eigenen Mittel der Polizei nicht ausreichen oder wenn durch Maßnahmen nach den §§ 6 bis 8 ein Schaden herbeigeführt würde, der erkennbar außer Verhältnis zu dem beabsichtigten Erfolg steht.

Beispiel Der Vermieter, der einen Räumungstitel gegen den säumigen Mietschuldner erwirkt hat, kann zur Abwendung drohender Obdachlosigkeit durch die Polizei als Nichtstörer in Anspruch genommen werden, obschon er die Obdachlosigkeit nicht herbeigeführt hat. Indem die Polizeibehörde zur Abwendung der Obdachlosigkeit – und damit zur Abwehr einer Gefahr für Leib und Leben des hiervon betroffenen Mieters – verfügen kann, macht sie von ihrem Recht nach § 9 PolG, eine unbeteiligte Person in Anspruch zu nehmen, Gebrauch. Der Vermieter hätte diese Verfügung – soweit sie rechtmäßig ist – zu dulden. ■

Hinweis

Der Begriff des Nichtstörers nach § 9 PolG ergibt sich also aus einer Gegenabgrenzung zu den in der Vorschrift ausdrücklich genannten Störern nach § 6 PolG (Handlungsstörer) bzw. § 7 PolG (Zustandsstörer). Kurz: Wer nicht Handlungs- oder Zustandsstörer ist, kann als Unbeteiligter Nichtstörer sein, wenn sich die Gefahr anderweitig und unter den restriktiveren Voraussetzungen nach § 9 Abs. 1 PolG nicht abwehren lässt. Bedenken Sie dabei auch, dass bereits aus dem Wortlaut des § 9 Abs. 1 PolG die Bindung an den Verhältnismäßigkeitsgrundsatz hervorgeht (siehe im Übrigen auch § 5 PolG).

Auch wenn die tatbestandlichen Voraussetzungen des § 9 PolG erfüllt sind, muss auf der 166
Rechtsfolgenseite – grundsätzlich im Rahmen des Ermessens (s.u.) – noch die Verhältnismäßigkeit geprüft werden, wenngleich einige Aspekte, welche die Verhältnismäßigkeit betreffen, zumeist schon hier auf der Tatbestandsseite im Zusammenhang mit der Polizeipflichtigkeit abzuhandeln sind.

III. Ermessen

Schließlich ist – da die polizeilichen Ermächtigungsgrundlagen den Polizeibehörden ein sol- 167
ches einräumen – zu prüfen, ob die jeweilige Polizeiverfügung in ordnungsgemäßer Ausübung des Ermessens ergangen ist.

Hinweis

Führen Sie sich vor Augen, dass Polizeiverfügungen im Regelfall Verwaltungsakte darstellen. Lediglich Standardmaßnahmen können – seltener – den Charakter von Realakten haben, für die es wegen deren Eingriffscharakters aber ebenso eine Ermächtigungsgrundlage geben muss. Daher gelten für die Ermessensausübung die Grundsätze, welche sich aus § 40 LVwVfG ergeben.

1. Pflichtgemäße Ermessensausübung

168 Den Maßstab für die Ermessensausübung bestimmt zunächst § 40 LVwVfG. Danach gilt, dass die Behörde, sofern sie ermächtigt ist, nach ihrem Ermessen zu handeln (d.h. wenn ihr Ermessen eingeräumt ist), ihr Ermessen entsprechend dem Zweck der Ermächtigung auszuüben und die gesetzlichen Grenzen des Ermessens einzuhalten hat. Diese allgemeinen verwaltungsverfahrensrechtlichen Anforderungen an eine ordnungsgemäße und damit pflichtgemäße Ermessensausübung gelten auch und gerade im allgemeinen Polizeirecht, wenn die Polizeibehörden Polizeiverfügungen erlassen.

169 Die Anforderungen an die Ermessensausübung werden durch den rechtsstaatlichen Grundsatz der Verhältnismäßigkeit flankiert, der im Rahmen der Ermessensprüfung besonders zu berücksichtigen ist und zudem in § 5 PolG seine eigenständige polizeirechtliche Ausformung erfahren hat. So heißt es in § 5 Abs. 1 PolG, dass dann, wenn für die Wahrnehmung einer polizeilichen Aufgabe mehrere Maßnahmen in Betracht kommen, die Polizei diejenige Maßnahme zu treffen hat, die den Einzelnen und die Allgemeinheit voraussichtlich am Wenigsten beeinträchtigt. Hier treffen Ermessensausübung und die Erforderlichkeitsprüfung nach dem Verhältnismäßigkeitsgrundsatz zusammen. Insgesamt handelt es sich um eine spezialgesetzliche Ausformung des Übermaßverbotes. Aus § 5 Abs. 2 PolG folgt schließlich, dass durch eine polizeiliche Maßnahme kein Nachteil herbeigeführt werden darf, der erkennbar außer Verhältnis zu dem beabsichtigten Erfolg steht. Hier kommt der Gedanke der Angemessenheit als Verhältnismäßigkeit im engeren Sinne zum Tragen, wonach ein Eingriff auch in der Gesamtschau und unter Berücksichtigung der Zweck-Mittel-Relation zumutbar sein muss.

170 Die Einräumung von Ermessen findet sich in allen Rechtsgrundlagen des PolG, die die Polizei zum Eingreifen ermächtigen. Damit wird dem Opportunitätsprinzip – in Abgrenzung zum Legalitätsprinzip, das für den Bereich der Strafverfolgung gilt – im Bereich der allgemeinen Gefahrenabwehr zur Geltung verholfen. Die Polizei ist demnach berechtigt („kann"), Maßnahmen der Gefahrenabwehr zu ergreifen; verpflichtet ist sie indes hierzu nicht. Damit verbleibt – auch zur Schonung der Grundrechte der von einer polizeilichen Maßnahme Betroffenen – der Polizei angesichts unterschiedlichster Lebenssachverhalte die Entscheidung, über das „Ob" und das „Wie" des Einschreitens unter Berücksichtigung der Grundsätze, die für die Ermessensausübung nach § 40 LVwVfG sowie überdies § 5 PolG gelten, im konkreten Einzelfall zu entscheiden.

JURIQ-Klausurtipp

Wichtig zu wissen ist, dass die Verwaltungsgerichte wegen § 114 VwGO nur eingeschränkt das Ermessen bzw. die Ermessensbetätigung der Polizeibehörden überprüfen können.[60] Im Unterschied zur Überprüfung der Auslegung unbestimmter Rechtsbegriffe auf Tatbestandsebene ist die Kontrolldichte auf der Rechtsfolgenseite – beim Ermessen – darauf beschränkt, ob der handelnden Behörde Ermessensfehler unterlaufen sind. Lesen Sie daher aufmerksam einmal die – freilich kurze und eingängige – Vorschrift des § 114 VwGO, deren Kerngehalt sich gut merken lässt.

60 *Pautsch* in: Pautsch/Hoffmann, VwVfG, § 40 Rn. 24.

Kommen demnach auf der Rechtsfolgenseite beim Ermessen nur **Ermessensfehler** in Betracht, lässt sich insoweit auf die allgemeinen Grundsätze zurückgreifen. Aus § 40 LVwVfG lassen sich somit drei Arten von Ermessensfehlern[61] herauslesen: 171

- die (komplette oder teilweise) Nichtausübung von Ermessen (sog. **Ermessensnichtgebrauch**),
- die Ermessensausübung auf der Grundlage gesetzesfremder Zwecke (sog. **Ermessensfehlgebrauch**),
- die Ermessensausübung unter Überschreitung der Ermessensgrenzen (sog. **Ermessensüberschreitung**).

Hinweis

Die Frage der ordnungsgemäßen – d.h. pflichtgemäßen – Ermessensausübung ist an sich eine Frage des allgemeinen Verwaltungsrechts. Verdeutlichen Sie sich die Unterschiede der einzelnen Arten der Ermessensfehler daher am Besten noch einmal anhand des Skriptes „Allgemeines Verwaltungsrecht".

2. Stufen der Ermessensausübung

Bei der Ausübung des Ermessens kommt es darauf an, grundsätzlich zwischen drei Ebenen zu unterscheiden: dem Entschließungsermessen, dem Handlungsermessen und dem Auswahlermessen.[62] Für die Prüfung gilt, dass die Ermessensausübung auch chronologisch – nach dieser Reihenfolge – zu untersuchen ist: 172

a) Entschließungsermessen

Die Prüfung beginnt grundsätzlich mit dem Entschließungsermessen. Es ist auf das „Ob" des Einschreitens gerichtet. Es geht also um die Frage, ob die Polizei einschreitet oder nicht. Es untersteht damit einer Opportunitätsentscheidung der Polizei, ob sie tätig wird oder eben nicht. Sie ist nur angehalten, diese Entscheidung ermessensfehlerfrei zu treffen. 173

Hinweis

Der mit dem Ermessen verbundene Opportunitätsgrundsatz lässt sich auch einfach so zusammenfassen, dass die Polizei einen Handlungsspielraum auf der Rechtsfolgenseite hat, wenn die tatbestandlichen Voraussetzungen der einschlägigen Ermächtigungsgrundlage gegeben sind. Darin unterscheidet sich das Opportunitätsprinzip vom Legalitätsprinzip, das etwa im Strafprozessrecht gilt, und welches eine Handlungspflicht vorsieht.

Das Entschließungsermessen kann sich freilich in besonders gelagerten Ausnahmekonstellationen zu einer Handlungspflicht verdichten. In diesen Fällen einer sog. Ermessensreduzierung auf Null ist die Polizei dann trotz Bestehens einer Ermessensnorm ausnahmsweise zum Einschreiten verpflichtet. 174

---

61 Dazu *Pautsch* in: Pautsch/Hoffmann, VwVfG, § 40 Rn. 19 ff.

62 Zu dieser Unterscheidung zutreffend auch *Schroeder* Polizei- und Ordnungsrecht Nordrhein-Westfalen, Rn. 279 ff.

Ermessensreduzierung auf Null bedeutet, dass trotz eingeräumten Ermessens jede andere Entscheidung als diejenige, einzuschreiten, rechtswidrig wäre.[63]

Von einer solchen Reduzierung des Ermessens ist etwa dann auszugehen, wenn schwere Gefahren für Leib oder Leben drohen oder ein erheblicher Vermögensschaden zu besorgen ist.[64] Nach der Rechtsprechung ist von einer Ermessensreduktion auf Null eher nur in Ausnahmefällen auszugehen, die den genannten Fallgruppen nahekommen.[65]

b) Handlungsermessen

175 Unter dem Handlungsermessen ist zu verstehen, dass das Ermessen auch mit Blick auf die einzusetzenden Mittel pflichtgemäß auszuüben ist. Insoweit spielen zwei aus dem Rechtsstaatsprinzip (Art. 20 Abs. 3 GG) abzuleitende maßgebliche Unterprinzipien eine bedeutsame Rolle: das Verhältnismäßigkeitsprinzip und das Bestimmtheitsgebot.

aa) Verhältnismäßigkeitsgrundsatz

176 Der Verhältnismäßigkeitsgrundsatz folgt aus dem Rechtsstaatsprinzip (Art. 20 Abs. 3 GG). Er verpflichtet auch im Verwaltungsrecht beim Erlass von Ermessens-Verwaltungsakten die Behörden dazu, die jeweilige Maßnahme an den folgenden Gesichtspunkten, die chronologisch und aufeinander aufbauend zu prüfen sind, auszurichten. Damit gilt, dass die Polizei beim Erlass von Polizeiverfügungen auf der Rechtsfolgenseite (Ermessen) dazu angehalten ist, dass die jeweilige Maßnahme

- einen **legitimen Zweck** verfolgt, m.a.W. einer solchen Zielsetzung zu dienen bestimmt ist, die ihrerseits nicht selbst rechtswidrig oder rechtlich verwerflich ist,
- **geeignet** zur Erreichung des legitimen Zwecks ist, was dann der Fall ist, wenn die Maßnahme wenigstens die Zweckerreichung fördert,
- **erforderlich** ist, was der Fall ist, wenn keine milderen, aber in gleicher Weise wie das eingesetzte Mittel geeigneten Maßnahmen zur Verfügung stehen, um den Zweck zu erreichen, und
- **angemessen** ist, was dann anzunehmen ist, wenn die mit der Maßnahme verfolgten (legitimen) Ziele und die für den Betroffenen mit der Maßnahme verbundenen Beeinträchtigungen nicht vollkommen außer Verhältnis stehen und daher für den Betroffenen unzumutbar sind).

177 Das Verhältnismäßigkeitsprinzip findet sich – hinsichtlich der Erforderlichkeit und der Angemessenheit einer polizeilichen Maßnahme – auch einfachgesetzlich in § 5 PolG niedergelegt. Wichtig ist, dass das polizeiliche Handeln, das unter Verstoß gegen den Verhältnismäßigkeitsgrundsatz erfolgt, einen Ermessensfehlgebrauch oder eine Ermessensüberschreitung (Rn. 171) darstellt und daher rechtswidrig ist.

63 BVerwGE 76, 243 (246); vgl. auch *Pautsch* in: Pautsch/Hoffmann, VwVfG, § 40 Rn. 18.

64 *Götz/Geis* Allgemeines Polizei- und Ordnungsrecht, § 11 Rn. 6.

65 BVerwGE 76, 243 (246).

bb) Bestimmtheitsgebot

Ebenfalls aus dem Rechtsstaatsprinzip abgeleitet ist der für den Erlass von Verwaltungsakten und somit auch Polizeiverfügungen bedeutsame Bestimmtheitsgrundsatz. Er gilt einfachgesetzlich bereits nach § 37 Abs. 1 LVwVfG. Nach dieser allgemeinen verwaltungsverfahrensrechtlichen Vorschrift muss ein Verwaltungsakt inhaltlich hinreichend bestimmt sein. Der solcherart niedergelegte Bestimmtheitsgrundsatz hat daher auch für das polizeiliche Handeln erhebliche Relevanz. Konkret folgt daraus die Anforderung, dass der von einer Polizeiverfügung Betroffene ohne Zuhilfenahme besonderen (juristischen) Sachverstands ersehen können muss, von welcher Polizeibehörde die Verfügung stammt, dass sie an den richtigen Adressaten gerichtet ist und welchen Inhalts sie ist.[66] 178

c) Auswahlermessen bei der Störerauswahl

Das Auswahlermessen betrifft die Störerauswahl. Die Polizeibehörde muss in pflichtgemäßer Ausübung ihres Ermessens nämlich auch entscheiden, gegen wen sie ihre polizeiliche Maßnahme richtet. Das Auswahlermessen spielt somit dann eine Rolle, wenn im jeweiligen Einzelfall eine **Mehrheit an potenziell Polizeipflichtigen** gegeben ist. In diesen Konstellationen kommt es darauf an, dass die Polizei den bzw. die **richtigen Adressaten für die Polizeiverfügung** auswählt. 179

Hinweis

Auf die unterschiedlichen Polizeipflichtigen ist bereits oben näher eingegangen worden (siehe Rn. 149 ff.). Diese Verantwortlichen im Sinne des Polizeirechts spielen also nochmals eine Rolle im Zusammenhang mit der Ermessensausübung. Auch insoweit gilt, dass die Polizei ermessensfehlerfrei handeln muss. Andernfalls kann auch eine nicht ordnungsgemäße (pflichtwidrige) Auswahl unter mehreren Polizeipflichtigen wegen eines Ermessensfehlers zur Rechtswidrigkeit der jeweils in Rede stehenden polizeilichen Maßnahme führen.

Für die Prüfung bedeutet dies, dass dann, wenn sich bei der Untersuchung der Polizeipflichtigkeit herausstellt, dass es mehrere polizeirechtliche Verantwortliche gibt, die Polizei in pflichtgemäßer Ermessensausübung den oder die „richtigen Verantwortlichen" für die Gefahrenabwehr auswählen muss.[67] Hierfür besteht keine rechtlich vorgegebene Reihenfolge.[68] Grundsätzlich kann die Polizei alle oder nur einen in Betracht kommenden polizeirechtlich Verantwortlichen heranziehen.[69] Der ganz maßgebliche Grundsatz ist freilich der der **Effektivität der Gefahrenabwehr**. Es ist danach grundsätzlich die polizeiliche Maßnahme gegen denjenigen zu richten, der nach Einschätzung der Polizei im jeweiligen Einzelfall die Gewähr dafür bietet, eine Gefahr möglichst wirksam und schnell zu beseitigen.[70] 180

66 *Schenke* Polizei- und Ordnungsrecht, Rn. 500; zutreffend so auch *Schroeder* Polizei- und Ordnungsrecht Nordrhein-Westfalen, Rn. 287.

67 Vgl. auch *Schroeder* Polizei- und Ordnungsrecht Nordrhein-Westfalen, Rn. 327.

68 *Mann* in: Erbguth/Mann/Schubert, Besonderes Verwaltungsrecht, Rn. 534.

69 Vgl. *OVG Münster* NWVBl. 2000, 306.

70 *Mann* in: Erbguth/Mann/Schubert, Besonderes Verwaltungsrecht, Rn. 534 ff.

JURIQ-Klausurtipp

In der Polizeirechtsklausur wird es häufig auf das Kriterium der Gefahrennähe ankommen. Danach ist derjenige polizeipflichtig, der der Gefahr am Nächsten steht. Allerdings können auch andere Kriterien – etwa die Leistungsfähigkeit der Polizeipflichtigen, die Gefahr zu beseitigen – herangezogen werden. Wichtig ist es daher, die Angaben hierzu im Sachverhalt genauestens zu erfassen und unter dem Grundsatz der Effektivität der Gefahrenabwehr zu bewerten.

Online-Wissens-Check

Welche Prüfungsstationen gelten für die Rechtmäßigkeit einer Polizeiverfügung?

Überprüfen Sie jetzt online Ihr Wissen zu den in diesem Abschnitt erarbeiteten Themen. Unter **www.juracademy.de/skripte/login** steht Ihnen ein Online-Wissens-Check speziell zu diesem Skript zur Verfügung, den Sie kostenlos nutzen können. Den Zugangscode hierzu finden Sie auf der Codeseite.

E. Übungsfall Nr. 1

Die Obdachloseneinweisung 181

Immobilienunternehmer I ist Eigentümer mehrerer großer Mehrparteienmietshäuser in der baden-württembergischen Großen Kreisstadt W. Eine in dem Mietshaus des I in W belegene Drei-Zimmer-Wohnung wird von der fünfköpfigen Familie M, d.h. Herrn und Frau M sowie den drei kleinen Kindern, bewohnt. Bereits Mitte 2019 hatte I den Mietvertrag wegen erheblichen Mietrückstandes der Familie M gekündigt und im Mai 2020 auch ein entsprechendes gerichtliches Räumungsurteil erwirkt, das er nun nach Eintritt von dessen Rechtskraft vollstrecken möchte. Hierzu hat I bereits die zuständige Gerichtsvollzieherin mit der Zwangsräumung beauftragt. Angesichts des sehr angespannten Wohnungsmarktes im Umfeld der Landeshauptstadt ist es der Familie M – auch wegen ihrer überaus angespannten finanziellen Lage und unter den Kontaktbeschränkungen in der Corona-Pandemie – nicht gelungen, eine neue Wohnung zu finden. Auch verfügt die Stadt W absehbar über keine Unterkunft, die sie der Familie M zur Verfügung stellen könnte. Auch kommt eine vorübergehende Unterbringung in einem Hotel nicht in Betracht, zumal die Familie M zur Verpflegung der drei kleinen Kinder auf eine Kochgelegenheit und somit eine hinreichend funktionsfähige Küche angewiesen ist. Kurzerhand weist die zuständige Behörde der W daher unmittelbar vor dem anstehenden Räumungstermin durch die beauftragte Gerichtsvollzieherin die Familie M in die Wohnung des I ein und erlässt – nach ordnungsgemäßer Anhörung des I – eine an diesen gerichtete und überdies ordnungsgemäß begründete Duldungsverfügung. Mit der Duldungsverfügung, die auf den 12.6.2020 datiert, wird I aufgegeben, die Einweisung der Familie M zunächst für einen Zeitraum vom 12.6.2020 bis zum 30.9.2020 zu dulden.

I möchte wissen, ob die gegen ihn ergangene Duldungsverfügung vom 12.6.2020 rechtmäßig ist.

Lösung 182

Zu prüfen ist, ob die gegen den I gerichtete Duldungsverfügung vom 12.6.2020 rechtmäßig ist.

I. Ermächtigungsgrundlage

Der rechtsstaatliche Grundsatz des Vorbehalts des Gesetzes verlangt, dass für belastende hoheitliche Maßnahmen eine entsprechende (parlamentsgesetzliche) Ermächtigungsgrundlage zur Verfügung steht. Insoweit kommt es auf den Spezialitätsgrundsatz an, wonach die speziellere polizeiliche Ermächtigungsgrundlage die allgemeinere verdrängt. Für den Erlass der Duldungsverfügung gegen den I stehen indes spezialgesetzliche Eingriffsgrundlagen weder nach besonderem Polizeirecht noch in Gestalt von polizeilichen Standardmaßnahmen der Behörde zur Seite.

Als einschlägige Ermächtigungsgrundlage für die Duldungsverfügung gegen I ist somit auf die polizeirechtliche Generalklausel aus den §§ 1 Abs. 1, 3 PolG abzustellen.

II. Formelle Rechtmäßigkeit

Laut Sachverhalt hat die zuständige Behörde gehandelt. Außerdem hat eine Anhörung des I gemäß § 28 Abs. 1 LVwVfG vor Erlass der diesen belastenden Duldungsverfügung stattgefunden. Außerdem ist nach dem Sachverhalt die Duldungsverfügung ordnungsgemäß begründet worden, § 39 Abs. 1 LVwVfG. Damit ist die Duldungsverfügung formell rechtmäßig.

III. Materielle Rechtmäßigkeit

Zu prüfen ist, ob die Duldungsverfügung auch materiell rechtmäßig ist. Dies ist der Fall, wenn die Voraussetzungen der Ermächtigungsgrundlage gegeben sind, die Maßnahme gegen die richtige Person gerichtet wurde und die Behörde überdies das ihr eingeräumte Ermessen ordnungsgemäß ausgeübt hat.

1. Voraussetzungen der Ermächtigungsgrundlage

Zunächst müssten die Voraussetzungen der Ermächtigungsgrundlage gegeben sein. Wie eingangs festgestellt, ist die richtige Ermächtigungsgrundlage für die Einweisung der Familie M und die damit verbundene und an I gerichtete Duldungsverfügung die polizeiliche Generalklausel der §§ 1 Abs. 1, 3 PolG. Nach der Generalklausel bedarf es tatbestandlich einer bestehenden Gefahr für die öffentliche Sicherheit oder Ordnung, die es abzuwehren gilt.

a) Gefahr für die öffentliche Sicherheit

Unter den Begriff der öffentlichen Sicherheit fallen die Unversehrtheit der objektiven Rechtsordnung, die subjektiven Rechte und Rechtsgüter des Einzelnen sowie die Einrichtungen und Veranstaltungen des Staates und anderer Hoheitsträger.

Als betroffenes Schutzgut kommt vorliegend die Gesundheit der Familie M als deren subjektives Recht in Betracht. Dieses wäre auch konkret gefährdet, wenn die Familie infolge der Zwangsräumung durch die Gerichtsvollzieherin ohne Möglichkeit der anderweitigen Wohnungsnahme wohnungslos würde. Außerdem kommt daneben auch eine drohende Beeinträchtigung des durch Art. 6 GG geschützten familiären Zusammenlebens in Betracht, das ein Mindestmaß an menschenwürdigem ehelichen und familiären Miteinanders erfordert.

Damit ist das Schutzgut der öffentlichen Sicherheit vorliegend betroffen. Insoweit besteht eine Gefahr für dieses Schutzgut, die abzuwehren ist.

b) Gefahr für die öffentliche Ordnung

Fraglich ist, ob auch eine Gefahr für die öffentliche Ordnung besteht. Unter den Begriff der öffentlichen Ordnung fällt die Gesamtheit aller ungeschriebenen Regeln für das Verhalten des Einzelnen in der Öffentlichkeit, deren Beachtung nach den jeweils herrschenden Anschauungen als unerlässlich für ein geordnetes staatsbürgerliches Gemeinschaftsleben anzusehen ist. Insoweit ist anerkannt, dass die Notwendigkeit eines Obdachs wesentliche Grundvoraussetzung für ein gedeihliches menschliches Zusammenleben darstellt. Das unfreiwillige Leben eines Einzelnen oder – wie hier – einer ganzen Familie ohne Wohnung stellt daher ebenfalls eine Gefahr für die öffentliche Ordnung dar.

c) Zwischenergebnis

Es besteht angesichts der unmittelbar bevorstehenden Obdachlosigkeit sowohl eine Gefahr für die öffentliche Sicherheit als auch für die öffentliche Ordnung. Die tatbestandlichen Voraussetzungen der Ermächtigungsgrundlage, der Generalklausel aus §§ 1 Abs. 1, 3 PolG, sind somit gegeben.

2. Polizeipflichtigkeit des I

Fraglich ist, ob die Behörde in der Person des I den richtigen Adressaten in Anspruch genommen hat. Dann müsste I Polizeipflichtiger sein. Grundsätzlich ist dies dann der Fall, wenn es sich um einen Verhaltens- bzw. Handlungsstörer (§ 6 PolG) oder aber einen Zustandsstörer (§ 7 PolG) handelt.

Die Zustandsstörereigenschaft kann hinsichtlich I ausgeschlossen werden, da die Gefahr nicht von der Sache – der Wohnung – ausgeht, sondern auf den Vorgang der drohenden Zwangsräumung und damit ein bestimmtes Verhalten zurückgeht.

Insoweit könnte I aber Verhaltensstörer nach § 6 PolG sein. Dies würde allerdings voraussetzen, dass I durch sein Verhalten die konkrete Gefahr der drohenden Obdachlosigkeit der Familie unmittelbar herbeigeführt haben muss. Dies wiederum ist dann auszuschließen, wenn der Betroffene lediglich von einer durch die Rechtsordnung vorgesehenen Möglichkeit zur Durchsetzung seiner Rechte Gebrauch macht und die Störung der öffentlichen Sicherheit und Ordnung hierauf beruht. In diesen Fällen handelte der vermeintliche Verhaltensstörer gerade sozialadäquat. Hier liegt es so, dass I sowohl mit der Kündigung als auch der Erlangung des gerichtlichen Räumungstitels sowie der anschließenden Beauftragung der Gerichtsvollzieherin mit der Zwangsräumung von seinem durch Art. 14 GG geschützten Eigentumsrecht Gebrauch macht. Daher verhält sich I sozialadäquat und ist mithin nicht Verhaltensstörer nach § 6 PolG.

Möglicherweise kommt aber eine rechtmäßige Inanspruchnahme des I zwecks Duldung der Einweisung als sog. Nichtstörer i.S.v. § 9 PolG in Betracht. Dann müssten die Voraussetzungen des § 9 PolG im vorliegenden Fall gegeben sein. Es dürfte somit auf andere Weise eine unmittelbar bevorstehende Störung der öffentlichen Sicherheit oder Ordnung nicht verhindert oder eine bereits eingetretene Störung nicht beseitigt werden können, was insbesondere der Fall ist, wenn die eigenen Mittel der Polizei nicht ausreichen oder wenn durch Maßnahmen nach den §§ 6 bis 8 ein Schaden herbeigeführt würde, der erkennbar außer Verhältnis zu dem beabsichtigten Erfolg steht. Nach Lage des Sachverhalts kommen anderweitige Maßnahmen zur Verhinderung der Obdachlosigkeit der Familie M nicht in Betracht. Insbesondere steht aktuell anderweitig weder Wohnraum noch ein Hotelzimmer zur Verfügung, so dass Maßnahmen nach den §§ 6 bis 8 PolG mit Blick auf die Abwehr der Gefahr der Obdachlosigkeit keinen Erfolg versprechen, da diese bereits tatsächlich nicht möglich sind. Die unmittelbar bevorstehende Störung der öffentlichen Sicherheit und Ordnung, welche sich – wie geprüft – in der drohenden Obdachlosigkeit der Familie M äußert, lässt sich somit anderweitig nicht verhindern. Damit kann I vorliegend in rechtmäßiger Weise als Nichtstörer in Anspruch genommen werden.

3. Pflichtgemäße Ermessensausübung

Schließlich müsste die Behörde das ihr durch die §§ 1 Abs. 1, 3 PolG eingeräumte Ermessen pflichtgemäß ausgeübt haben. Die Frage der ordnungsgemäßen Ausübung des Entschließungsermessens ist damit zu beantworten, dass jede andere Entscheidung die Gefährdung der Familie M weiter gesteigert hätte. Insbesondere war vor diesem Hintergrund ein Zuwarten, bis möglicherweise anderer Wohnraum zur Verfügung steht, nicht angezeigt. Die Behörde hat somit von ihrem Entschließungsermessen ordnungsgemäß Gebrauch gemacht.

Fraglich ist, ob die Behörde auch ihr Handlungsermessen pflichtgemäß ausgeübt hat. Dies betrifft vornehmlich die Frage, ob die gegenüber I getroffene Maßnahme verhältnismäßig ist. Insoweit ist zunächst zu beachten, dass laut Sachverhalt der ordnungswidrige Zustand nur durch das Zurverfügungstellen des Wohnraumes beseitigt werden kann. Zur Erreichung des legitimen Ziels, die Obdachlosigkeit der Familie M abzuwenden, ist die gegenüber I erfolgte Duldung der temporären Einweisung der Familie M in dessen Wohnung auch geeignet, erforderlich und angemessen. Dies ergibt sich bereits daraus, dass jedwede andere Form der Unterbringung im Zeitpunkt der behördlichen Entscheidung nicht möglich war. Überdies ist die vorübergehende Duldung der Zwangseinweisung der Familie M für I auch zumutbar, da die spätere zivilrechtliche Durchsetzbarkeit des Räumungstitels durch die polizeiliche Duldungsverfügung nicht berührt oder beeinträchtigt wird.

4. Zwischenergebnis

Die gegenüber I ergangene Duldungsverfügung betreffend die Einweisung der Familie M in seine Wohnung ist materiell rechtmäßig.

IV. Gesamtergebnis

Die an I gerichtete Duldungsverfügung vom 12.6.2020 ist insgesamt rechtmäßig.

3. Teil
Vollstreckung von Polizeiverfügungen und unmittelbare Ausführung

183 Im allgemeinen Polizeirecht kommt es vor allem darauf an, dass zum Zwecke der Wirksamkeit der Gefahrenabwehr polizeiliche Verfügungen besonders zügig um- bzw. durchgesetzt werden. Als Mittel zur Durchsetzung von Polizeiverfügungen steht zunächst die polizeiliche Zwangsvollstreckung im Mittelpunkt. Außerdem besteht das Instrument der unmittelbaren Ausführung.

184 Auf der Ebene der Vollstreckung polizeilicher Verfügungen kommt erst der Charakter der Zweistufigkeit polizeilichen Handelns richtig zum Ausdruck. Ausgangspunkt ist immer die Polizeiverfügung als sog. **Grundverfügung, die auch als Ausgangsverfügung bezeichnet wird.** Aus ihr ergibt sich je nach Regelungsinhalt, welche Vornahme, Duldung oder Unterlassung einer Handlung gegenüber dem Adressaten festgelegt wird. Da zunächst die Vermutung besteht, dass der „rechtstreue" Adressat der Grundverfügung Folge leistet, kommt es auf die zweite Stufe, nämlich die polizeilichen (Zwangs-)Maßnahmen, die der zwangsweisen Durchsetzung der Grundverfügung dienen, erst in einem zweiten Schritt an. Die Inanspruchnahme des Vollstreckungsrechtsregimes ist grundsätzlich immer erst dann erforderlich, wenn die Grundverfügung nicht befolgt wird oder zunächst nicht befolgt werden kann (etwa in den sog. Abschleppfällen bei Abwesenheit des Polizeipflichtigen, siehe *Beispielsfall* 2). Dieses Instrumentariums bedarf es deshalb, weil zwar zunächst der Polizeipflichtige als Adressat der Polizeiverfügung zur Befolgung der Grundverfügung angehalten ist, es jedoch auch für den Fall der Nichtbefolgung der Polizei möglich sein muss, unter Anwendung von Zwangsmitteln und ggf. gegen den Willen des betroffenen Polizeipflichtigen die erforderlichen Maßnahmen – Vornahme, Duldung oder Unterlassung, je nach Polizeimaßnahme – auch um- bzw. durchzusetzen.

A. Vollstreckung von Polizeiverfügungen

185 Polizeiverfügungen als Grundverfügungen stellen im Regelfall – und dies wird vor allem in der allgemeinen Polizeirechtsklausur der Fall sein – Verwaltungsakte im Sinne von § 35 S. 1 LVwVfG dar. Damit ist die Polizei in die Lage versetzt, sich mit dem Erlass eines vollziehbaren Grundverwaltungsakts einen eigenen Vollstreckungstitel zu verschaffen.[1] Man spricht insoweit von **Selbsttitulierung** und der damit verbundenen Titelfunktion des Verwaltungsakts.[2] Daraus folgt, dass die Grundverfügung grundsätzlich mit Bestandskraft mit Zwangsmitteln vollstreckt, d.h. zwangsweise durchgesetzt werden kann. Bei „unaufschiebbaren Maßnahmen von Polizeivollzugsbeamten" gilt dies bereits mit Bekanntgabe des Grundverwaltungsakts, wie sich aus § 80 Abs. 2 S. 1 Nr. 2 VwGO ausdrücklich ergibt. Die Bestimmung gilt allerdings nur für Verwaltungsakte der Polizeivollzugsbeamten, d.h. in Baden-Württemberg des Polizeivollzugsdienstes.[3]

1 *Kenntner* Öffentliches Recht in Baden-Württemberg, Rn. 95.

2 Vgl. *Pautsch* in: Pautsch/Hoffmann, VwVfG, § 35 Rn. 17.

3 Vgl. dazu *Kopp/Schenke* VwGO, § 80 Rn. 64; a.A. *OLG Karlsruhe* DVBl. 1980, 77.

Hinweis

Lesen Sie einmal genau § 80 Abs. 1 VwGO und dann § 80 Abs. 2 S. 1 Nr. 2 VwGO. Daran können Sie den engen Zusammenhang zwischen Verwaltungsverfahrens- und Verwaltungsprozessrecht sehr genau ablesen und zudem erkennen, weshalb der Gesetzgeber für den Bereich der Gefahrenabwehr in § 80 Abs. 2 S. 1 Nr. 2 VwGO eine Ausnahme vom Grundsatz des Eintritts der aufschiebenden Wirkung bei Widerspruch und Anfechtungsklage vorgesehen hat.

In den übrigen Fällen bildet der Grundverwaltungsakt die Grundlage der Vollstreckung, wenn die Polizeiverfügung nicht selbst durch den Betroffenen ausgeführt (d.h. die darin verfügte **Vornahme, Duldung oder Unterlassung** „befolgt" wird). Dies gilt grundsätzlich erst ab Bestandskraft, wenn also innerhalb der Monatsfrist für die Einlegung eines Rechtsbehelfs (§ 70 VwGO für den Widerspruch und § 74 VwGO für die Anfechtungsklage oder, im Polizeirecht selten, die Verpflichtungsklage) ein solcher nicht erhoben wurde. Im allgemeinen Polizeirecht kommt es deshalb außerhalb von § 80 Abs. 2 S. 1 Nr. 2 VwGO vor allem – gerade bei Verwaltungsakten der Polizeibehörden, d.h. außerhalb des Polizeivollzugsdienstes – auf § 80 Abs. 2 S. 1 Nr. 4, Abs. 3 VwGO an (siehe zum Rechtsschutz insoweit unten Rn. 247 f. und Übungsfall Nr. 4). Danach kann die aufschiebende Wirkung nach § 80 Abs. 1 VwGO durch besondere Anordnung der sofortigen Vollziehung des Verwaltungsakts – d.h. der Polizeiverfügung als Grundverfügung – im öffentlichen Interesse entfallen. Das besondere Interesse muss gesondert schriftlich begründet werden (§ 80 Abs. 3 VwGO), woraus sich für das allgemeine Polizeirecht bereits zwangsläufig ergibt, dass nur schriftlich erlassene Verwaltungsakte (§ 37 Abs. 2 VwGO) der allgemeinen Polizeibehörden in Betracht kommen. 186

Beispiel Die baden-württembergische Gemeinde G erlässt als Ortspolizeibehörde (und außerhalb von § 28 StrG) gegen A, von dessen Eiche ein morscher Ast auf den öffentlichen Gehweg der Gemeindestraße ragt, der allerdings abzubrechen und auf vorbeigehenden Passanten zu stürzen droht, eine Beseitigungsverfügung. Wegen der konkreten Gefahr ordnet sie die sofortige Vollziehung an. Wenn A der verfügten Vornahme, der Beseitigung, also nicht Folge leisten sollte, könnte die G sofort und nicht erst nach Verstreichenlassen der Rechtsbehelfsfrist – d.h. ab Eintritt der Bestandskraft des Verwaltungsakts – Zwangsmittel gegenüber A anwenden. ■

Die Rechtsgrundlage für die Zwangsvollstreckung bildet das **Landesverwaltungsvollstreckungsgesetz** (kurz: LVwVG). Es legt in § 1 Abs. 1 LVwVG zunächst fest, dass **nur Verwaltungsakte** (also nicht Realakte) **vollstreckt werden können**. Bei der Zwangsvollstreckung von polizeilichen Grundverfügungen kommt es dabei nicht darauf an, ob die Ausgangsverfügung rechtmäßig ist.[4] Es ist allein maßgeblich, ob der Verwaltungsakt unanfechtbar (§ 2 Nr. 1 LVwVG) oder vollziehbar (§ 2 Nr. 2 LVwVG) ist. Das bedeutet vor allem, dass Einwendungen gegen die Grundverfügung nicht im Vollstreckungsverfahren, sondern nur im Rahmen einer Anfechtung der Polizeiverfügung selbst (Anfechtungsklage oder – summarisch – vorläufiger Rechtsschutz nach § 80 Abs. 5 VwGO) geltend gemacht werden können. Die (ggf. fehlende) Rechtmäßigkeit der Grundverfügung berührt somit die Rechtmäßigkeit der Zwangsvollstreckung, also des Einsatzes von Zwangsmitteln, nicht.[5] 187

4 *Kenntner* Öffentliches Recht in Baden-Württemberg, Rn. 97.
5 *Kenntner* Öffentliches Recht in Baden-Württemberg, Rn. 97.

188 Die Zwangsvollstreckung setzt voraus, dass die **allgemeinen Vollstreckungsvoraussetzungen** vorliegen: Danach bedarf es eines vollziehbaren Grundverwaltungsaktes (§ 2 LVwVG) mit vollstreckungsfähigem Inhalt (§ 18 LVwVG), für den nicht bereits Erledigung eingetreten ist (§ 11 LVwVG). Soweit sich – etwa im Falle einer Miteigentümerschaft – rechtliche Hindernisse ergeben, müssen diese dadurch beseitigt werden, dass bspw. der Miteigentümer zur Duldung verpflichtet wird.[6]

Hinweis

Die Zwangsmittel dürfen keinen sanktionierenden, sondern nur „beugenden" Charakter haben. Daher kommt etwa die Beitreibung eines zuvor festgesetzten Zwangsgeldes nach Erledigung nicht mehr in Betracht.[7]

189 Für den Zwangsmitteleinsatz gilt, dass nur die in § 63 PolG und § 19 Abs. 1 LVwVG benannten Zwangsmittel in Betracht kommen. Die Aufzählung ist abschließend, weitere Zwangsmittel sind unzulässig. Danach gibt es die folgenden Zwangsmittel:

- Zwangsgeld,
- Zwangshaft,
- Ersatzvornahme,
- Unmittelbarer Zwang.

190 Die Zwangsmittel unterliegen dem Verhältnismäßigkeitsgrundsatz, was auch dadurch zum Ausdruck kommt, dass in § 19 Abs. 3 LVwVG ausdrücklich das Übermaßverbot niedergelegt ist. Es ist stets dasjenige Zwangsmittel einzusetzen, das den Betroffenen am Wenigsten belastet. Maßgeblich ist aber auch insofern immer eine Einzelfallbetrachtung; ein genereller Vorrang eines bestimmten Zwangsmittels gegenüber anderen Zwangsmitteln ist nicht angezeigt.[8]

JURIQ-Klausurtipp

Beachten Sie unbedingt auch in der Klausur, dass nicht jedes Zwangsmittel auf jeden Fall „passt". Insbesondere für sog. nicht vertretbare Handlungen (etwa die Abgabe persönlicher Erklärungen) kommen nur das Zwangsgeld und die Zwangshaft in Betracht, wobei das Zwangsgeld das mildere Mittel darstellt gegenüber dem Freiheitsentzug durch Zwangshaft. Letztere kann stets nur ultima ratio sein.

191 Das **Zwangsvollstreckungsverfahren ist dreistufig** aufgebaut:

- Zunächst muss das Zwangsmittel **angedroht** werden. Mit der Androhung, die übrigens gemäß § 20 Abs. 2 LVwVfG bereits in der Grundverfügung vorgesehen werden kann, soll dem Adressaten bedeutet werden, welche Konsequenzen die Nichtbefolgung der polizeilichen Verfügung zeitigt. Sie stellt einen eigenständigen Verwaltungsakt dar, gegen den Rechtsmittel wegen § 80 Abs. 2 S. 1 Nr. 3 VwGO allerdings keine aufschiebende Wirkung haben (vgl. auch § 12 S. 1 LVwVG). Nur in den Fällen, in denen eine Maßnahme unaufschiebbar ist, d.h. bei Gefahr im Verzug, kann von der Androhung abgesehen werden (§ 21 LVwVG).[9]

---

6 *VGH Mannheim* NVwZ-RR 1998, 553.

7 *Kenntner* Öffentliches Recht in Baden-Württemberg, Rn. 98; *VGH Mannheim* VBlBW 1996, 418.

8 *VGH Mannheim* VBlBW 2004, 226.

9 Vgl. dazu *VGH Mannheim* VBlBW 2005, 386.

- Das Zwangsmittel muss weiter **festgesetzt** werden. Eine ausdrückliche Regelung findet sich nur in § 23 LVwVG für das Zwangsgeld. Die Festsetzung ist gleichwohl wegen ihres klarstellenden Charakters aus rechtsstaatlichen Gründen auch bei den übrigen Zwangsmitteln geboten.
- Erst wenn die vorgenannten Voraussetzungen – insbesondere die Androhung – vorliegen, darf das Zwangsmittel **angewendet** werden. Auch für die Anwendung gilt der Verhältnismäßigkeitsgrundsatz.

Zu klären ist schließlich noch, **welche Behörde für die Zwangsvollstreckung** im allgemei- 192
nen Polizeirecht **zuständig** ist. Dies lässt sich freilich § 4 Abs. 1 LVwVG entnehmen, der hierfür die Ausgangsbehörde bestimmt. Es ist also stets die Behörde, welche die polizeiliche Grundverfügung als Ausgangsverfügung erlassen hat. Daher dürfte regelmäßig die Ortspolizeibehörde als allgemeine Polizeibehörde auch für die Vollstreckung „ihrer" Grundverfügung zuständig sein. Eine Zuständigkeit des Polizeivollzugsdienstes kommt daher nur dann in Betracht, wenn die allgemeine Polizeibehörde – etwa außerhalb der Behördenzeiten – nicht erreichbar ist.[10]

Hinweis

Problematisch kann dies in den – noch näher dazustellenden (siehe unten Rn. 198 ff.) – „Abschleppfällen" sein, denn die Aufstellung der Verkehrszeichen als Grundverfügungen obliegt der Straßenverkehrsbehörde. Der Polizeivollzugsdienst kann eine Zuständigkeitsbegründung auch nicht aus § 44 Abs. 2 StVO herleiten (lesen!). Hier müssen Sie sich ggf. damit behelfen, dass ein Eilfall vorliegt und daher die Eilzuständigkeit des Polizeivollzugsdienstes nach den bekannten Grundsätzen (Nichterreichbarkeit der allgemeinen Polizeibehörde) greift.

B. Unmittelbare Ausführung

Nach der bisherigen Darstellung liegt es so, dass Voraussetzung für die Anwendung von 193
Zwangsmitteln das Vorliegen eines vollstreckbaren Grundverwaltungsaktes ist. Es gibt demgegenüber Fälle, in denen eine solche Grundverfügung indes nicht mehr erlassen werden kann, ohne eine wirksame Gefahrenabwehr zu gewährleisten. Für diese besonderen Fälle biete das **Rechtsinstitut der unmittelbaren Ausführung**, das in Baden-Württemberg eigenständig in § 8 PolG geregelt ist, eine hinreichende Grundlage.

§ 8 Abs. 1 PolG lautet wie folgt:

„Die unmittelbare Ausführung einer Maßnahme durch die Polizei ist nur zulässig, wenn der polizeiliche Zweck durch Maßnahmen gegen die in den §§ 6 und 7 bezeichneten Personen nicht oder nicht rechtzeitig erreicht werden kann. Die von der Maßnahme betroffene Person ist unverzüglich zu unterrichten."

Bereits aus der Formulierung der Norm ergibt sich, dass der Tatbestand einer unmittelbaren 194
Ausführung nur dann gegeben ist, wenn der Erlass eines vollziehbaren Grundverwaltungsaktes nicht (mehr) bzw. gar nicht erst möglich ist. Die unmittelbare Ausführung einer Maßnahme – ohne Erlass eines vorangehenden Grundverwaltungsakts – kommt also nur unter den engen tatbestandlichen Voraussetzungen von § 8 Abs. 1 PolG überhaupt in Betracht. Das

10 *Kenntner* Öffentliches Recht in Baden-Württemberg, Rn. 101.

maßgebliche Tatbestandsmerkmal ist darin zu sehen, dass die **Polizei gerade nicht (mehr) in der Lage sein darf, eine Polizeiverfügung als Grundverfügung gegen einen Störer nach §§ 6, 7 PolG zu richten**. Nur dann darf die Polizei auf § 8 PolG zurückgreifen. Tut sie dies, ohne dass die Voraussetzungen des § 8 PolG vorliegen, handelt sie stets rechtswidrig.[11] In diesen Fällen ist auch eine Kostenerstattung unzulässig.[12]

195 Wichtig ist, dass § 8 PolG in Abs. 1 lediglich die Voraussetzungen für die Eilvornahme (und in Abs. 2 für den Kostenersatz) vorsieht. Es bedarf daher immer einer (hypothetischen) Ermächtigungsgrundlage für das Einschreiten selbst. Insoweit kommt es in den allermeisten Fällen auf die Generalklausel nach §§ 1 Abs. 1, 3 PolG an. Dies ist in der Prüfung (siehe das Schema in Rn. 197) auch herauszustellen.

196 Die **unmittelbare Ausführung** gemäß § 8 Abs. 1 S. 1 PolG selbst ist nach **ganz h.M. kein Verwaltungsakt**, sondern lediglich eine **besondere Form des polizeilichen Realakts**.[13] Dies wird damit begründet, dass es an einer Regelung im Sinne von § 35 S. 1 LVwVfG fehlt, was sich bereits daraus ergibt, dass eine vorausgehende und der Bekanntgabe fähige Polizeiverfügung mangels anwesenden Adressaten nicht ergehen kann.[14]

197 Für die Prüfung der Rechtmäßigkeit einer unmittelbaren Ausführung nach § 8 PolG gilt als Orientierung das nachfolgende Schema:

PRÜFUNGSSCHEMA

Rechtmäßigkeit einer unmittelbaren Ausführung nach § 8 PolG

I. Ermächtigungsgrundlage (§ 8 Abs. 1 S. 1 PolG)

II. Formelle Rechtmäßigkeit (insb. Zuständigkeit)

III. Materielle Rechtmäßigkeit
1. Nichterreichbarkeit des Polizeipflichtigen
2. Rechtmäßigkeit (eines hypothetischen Grundverwaltungsaktes)
   a) Formelle Rechtmäßigkeit (des hypothetischen Grundverwaltungsaktes)
   b) Materielle Rechtmäßigkeit (des hypothetischen Grundverwaltungsaktes)
3. Rechtsfolge: Ermessen (vgl. § 8 Abs. 1 S. 1 PolG i.V.m. §§ 1 Abs. 1, 3 PolG)

JURIQ-Klausurtipp

Die meisten Klausuren, in denen es um die unmittelbare Ausführung geht, nehmen als „Aufhänger“ die Überprüfung der Rechtmäßigkeit der Kostenentscheidung über die Kosten der unmittelbaren Ausführung. Diese Prüfung liegt auf der Sekundärebene der Gefahrenabwehr. Allerdings ist dann stets auch inzidenter die Primärmaßnahme – m.a.W. die Zulässigkeit der unmittelbaren Ausführung – zu prüfen. Als Rechtsgrundlagen kommen insoweit für die Kostenerstattung zum einen § 8 Abs. 2 PolG und zum anderen – bei Ersatzvornahme – § 63 Abs. 1 PolG i.V.m. §§ 31, 25 LVwVG in Betracht.

---

11 *Kenntner* Öffentliches Recht in Baden-Württemberg, Rn. 103.
12 *VGH Mannheim* ZUR 2002, 227.
13 *Ibler* in: Ennuschat/Ibler/Remmert, Öffentliches Recht in Baden-Württemberg, § 2 Rn. 158.
14 *Ibler* in: Ennuschat/Ibler/Remmert, Öffentliches Recht in Baden-Württemberg, § 2 Rn. 158.

Online-Wissens-Check

Worin besteht der Unterschied zwischen Vollstreckung von Polizeiverfügungen und unmittelbarer Ausführung?

Überprüfen Sie jetzt online Ihr Wissen zu den in diesem Abschnitt erarbeiteten Themen. Unter **www.juracademy.de/skripte/login** steht Ihnen ein Online-Wissens-Check speziell zu diesem Skript zur Verfügung, den Sie kostenlos nutzen können. Den Zugangscode hierzu finden Sie auf der Codeseite.

C. Insbesondere: sog. „Abschleppfälle"

In Polizeirechtsklausuren spielen vor allem die sog. „Abschleppfälle" eine herausragende Rolle. **198** Sie tauchen in unterschiedlichen Varianten immer wieder in der schriftlichen (aber auch der mündlichen) Prüfung im juristischen Staatsexamen auf. Kenntnisse der grundlegenden Strukturen sind daher unerlässlich. Im Kern geht es um die Rechtmäßigkeit von Maßnahmen, in denen die Polizei ein stehendes Kraftfahrzeug abschleppt bzw. abschleppen lässt. Insoweit ist Ausgangspunkt immer die Frage, ob ein Verstoß gegen ein Verkehrszeichen besteht. Dahinter steht die wichtige Erkenntnis, dass **Verkehrsschilder nicht nur Verwaltungsakte** – in Gestalt der sog. benutzungsbezogenen Allgemeinverfügung nach § 35 S. 2 Alt. 3 LVwVfG[15] – darstellen, sondern ihnen darüber hinaus **auch eine Doppelrolle** zukommt: sie enthalten **nicht nur ein Verbot** (z.B. das Verbot, an einer bestimmten Stelle zu parken), sondern **zugleich auch das Gebot**, das falsch bzw. **unrechtmäßig geparkte Fahrzeug zu entfernen.**[16] Dies entspricht der ständigen Rechtsprechung.[17] Daraus ist zunächst einmal zu schließen, dass ein Einschreiten im Wege der unmittelbaren Ausführung nach § 8 Abs. 1 PolG grundsätzlich ausscheidet, da mit dem Verkehrszeichen ein vollstreckbarer Grundverwaltungsakt vorliegt.

JURIQ-Klausurtipp

Damit gilt für die Polizeirechtsklausur, in der es um einen sog. „Abschleppfall" geht, Folgendes: Die Verfügung, die auf das Wegfahren des Autos gerichtet ist, kann als vertretbare Handlung im Wege der Ersatzvornahme nach § 25 LVwVG vollstreckt werden. Die Vollziehbarkeit der Grundverfügung (vgl. § 2 Nr. 2 LVwVG) ist gemäß § 80 Abs. 2 S. 1 Nr. 2 VwGO analog gegeben, da die Vorschrift für Verkehrszeichen entsprechend herangezogen werden kann. Auch die nach § 20 LVwVG an sich erforderliche Androhung der Ersatzvornahme ist gemäß § 21 LVwVG in diesen Konstellationen regelmäßig entbehrlich, da ein unverzügliches Einschreiten der Polizei erforderlich ist.[18]

Problematisch ist die Frage, ob das Verkehrszeichen, welches das Parkverbot enthält, dem **199** Halter des Fahrzeugs gegenüber wirksam geworden sein muss, was wiederum eine Bekannt-

15 *Pautsch* in: Pautsch/Hoffmann, VwVfG, § 35 Rn. 43. Eine Mindermeinung hingegen vertritt die Auffassung, dass es sich bei Verkehrszeichen um Rechtsverordnungen handele (siehe hierzu den Streitentscheid in Übungsfall Nr. 2).

16 BVerwGE 27, 181 f.

17 BVerwGE 27, 181 f.; s. auch *Kenntner* Öffentliches Recht Baden-Württemberg, Rn. 107.

18 Vgl. *VGH Mannheim* VBlBW 2005, 386.

gabe nach § 41 LVwVfG voraussetzt. Während es nach der früheren Lehre auf eine Entscheidung zwischen äußerer und innerer Wirksamkeit ankommen sollte, dürfte diese Frage nunmehr durch das *BVerwG* als entschieden gelten.[19] Danach gilt das Folgende: Ein Verkehrszeichen gilt als Allgemeinverfügung (§ 35 S. 2 Alt. 3 LVwVfG) gemäß § 41 Abs. 3 S. 2 LVwVfG mit der öffentlichen Bekanntgabe – d.h. dem Aufstellen des Verkehrszeichens nach den §§ 39 Abs. 1, 45 Abs. 4 StVO – als wirksam. Das *BVerwG* legt nunmehr den folgenden Maßstab für die Bekanntgabe (und damit die Kenntniserlangung) an: Wenn Verkehrszeichen so aufgestellt sind, dass sie ein durchschnittlicher Kraftfahrer unter Einhaltung der nach § 1 StVO erforderlichen Sorgfalt bereits mit einem „raschen und beiläufigen Blick" erfassen kann, erlangen diese ihre Rechtswirkung gegenüber jedem anderen von der Regelung betroffenen Verkehrsteilnehmer unabhängig davon, ob dieser das Verkehrszeichen tatsächlich wahrgenommen hat oder nicht.[20]

JURIQ-Klausurtipp

Hier kommt es auf eine lebensnahe Betrachtung an. Wie das *BVerwG* festgestellt hat, kommt es nicht nur auf den Fahrer des Kraftfahrzeugs und dessen Kenntnisnahme(-möglichkeit) von dem Verkehrszeichen an. Auch der Halter gilt als mitumfasst und kann ggf. als Zustandsstörer in Betracht kommen.

200 Als weiteres – klausurrelevantes – Problem ist die Frage anzusehen, **wann die Anfechtungsfrist bezüglich des Verkehrszeichens zu laufen beginnt.** Das *BVerwG* hat hierzu festgestellt, dass – zur Vermeidung einer Unanfechtbarkeit erst nach Ablauf der Jahresfrist gemäß § 70 Abs. 2 i.V.m. § 58 Abs. 2 VwGO – die Frist erst dann in Lauf gesetzt wird, wenn der jeweilige Verkehrsteilnehmer sich der Regelung erstmals gegenübersieht.[21] Dieser Auffassung dürfte zu folgen sein, wenngleich ihr gewichtige Argumente entgegengesetzt werden.[22]

201 Ein Sonderproblem stellen im Kontext der Abschleppfälle zudem solche Konstellationen dar, in denen **kurzfristige Änderungen in Bezug auf die Nutzung öffentlicher Verkehrsflächen** in Rede stehen. Hier lautet die Frage, ab wann und inwieweit ein Abschleppen rechtlich zulässig ist, wenn gegebenenfalls eine entsprechende polizeiliche Verfügung später erlassen wird. Dabei ist zu berücksichtigen, dass die Rechtsprechung das sog. „Dauerparken" durchaus als zulässig anerkennt. Gleichermaßen ist es aber auch Linie der Rechtsprechung, dass ein dauerhaftes Parken nicht ohne Begrenzung anerkannt werden kann und daher ein Verkehrsteilnehmer nicht auf den unveränderten Bestand der Verkehrssituation vertrauen darf. Er ist vielmehr aufgefordert, sich der aktuell geltenden Verkehrssituation zu vergewissern. Hierfür hat die Rechtsprechung – vor allem mit Blick auf die Kostenpflichtigkeit, auf die die entsprechenden Fälle meist zielen (siehe Übungsfall Nr. 2 Rn. 203) – einen Zeitraum von **gerade einmal drei Tagen** als „Karenzzeit" im Regelfall für angemessen gehalten, **mindestens** aber muss die Behörde **zwei volle Tage (48 Stunden)** dem Halter des Fahrzeugs zugestehen, um auf die geänderte Situation reagieren zu können.[23]

---

19 BVerwGE 102, 316.

20 BVerwGE 102, 316 (318); 130, 383.

21 BVerwGE 138, 21 (24).

22 *Ehlers* JZ 2011, S. 155; siehe auch *Kenntner* Öffentliches Recht Baden-Württemberg, Rn. 109.

23 BVerwGE 102, 316; *VGH Mannheim* NJW 2007, 2058.

Hinweis

Hier muss genau geprüft werden, ob es sich um eine kurzfristig verfügte Änderung – etwa in Form einer „Wanderbaustelle" – oder die Vorkehrung für eine alsbald bevorstehende, allgemein bekannte Veranstaltung – bspw. ein Volksfest – handelt.[24]

Im Zusammenhang mit den „Abschleppfällen" kann es überdies auch Konstellationen geben, in denen eine unmittelbare Ausführung in Betracht kommt. Auch insoweit ist auf § 8 PolG abzustellen. Die Vorschrift bildet allerdings nicht eine eigenständige Ermächtigungsgrundlage, sondern erlaubt es der Polizei vielmehr, auch ohne vorangehenden Grundverwaltungsakt vorzugehen. Hier kommt es darauf an, die Rechtmäßigkeitsvoraussetzungen jedenfalls eines „fiktiven Verwaltungsakts" zu prüfen.[25] Allerdings muss auch im Rahmen von § 8 PolG untersucht werden, ob die **Effektivität der Gefahrenabwehr** nicht ein rasches Einschreiten gebietet. Die Rechtsprechung hat sich darauf verlegt, dass es auf ein schnelles Entfernen des störenden Kraftfahrzeuges ankomme. Insoweit wird selbst in Fällen, in denen der Führer oder Halter seine Mobilfunknummer hinterlegt hat, angenommen, dass ein einziger Anruf oder gar nur fünf Minuten genügen sollen, um ein Einschreiten nach § 8 PolG zu ermöglichen.[26] **202**

JURIQ-Klausurtipp

Vergegenwärtigen Sie sich, dass insbesondere auch der Grundsatz der Verhältnismäßigkeit insoweit eine Rolle spielt. Allerdings steht diesem dann zumeist die Effektivität der Gefahrenabwehr gegenüber. Daher kann es zumindest auf der Primärebene angezeigt sein, einem Einschreiten der Polizei den Vorrang einzuräumen.

24 *VGH Mannheim* NJW 2007, 2058.

25 *Kenntner* Öffentliches Recht Baden-Württemberg, Rn. 111.

26 BVerwGE 149, 254; *VGH Mannheim* VBlBW 2003, 284; *OVG Hamburg* NJW 2005, 2247.

D. Übungsfall Nr. 2

203 **Abgeschleppt und umgeparkt**

Sportsfreund S parkte seinen roten Sportwagen am 9.4.2021 am späten Abend in der Uhlandstraße, einer Seitenstraße direkt am Hauptbahnhof in der baden-württembergischen Stadt T, um sich im Anschluss mit dem Zug zu einer Familienfeier nach Norddeutschland zu begeben, die am nächsten Tag in Flensburg stattfinden sollte. Im Anschluss plante S, noch ein paar Tage Urlaub an der dänischen Küste zu verbringen.

Während S die Frühjahrstage an der Küste bei Sonnenschein genießen konnte, kam es in T zu heftigen Frühjahrsregenfällen, in deren Folge es sich zutrug, dass die Kanalisation dem einfallenden Regen nicht mehr standhalten konnte. Insbesondere um den Hauptbahnhof in T herum, und hier vor allem in der Uhlandstraße, wo S seinen Sportwagen abgestellt hatte, musste wegen eines zunächst unbemerkt gebliebenen Rohrbruchs im Kanalsystem umgehend vorgegangen werden, da sich bereits andeutete, dass Wasser in den Straßenraum vordrang. Mitarbeiter M der zuständigen städtischen Behörde veranlasst daher am 10.4.2021 die Aufstellung von mobilen Halteverbotsschildern (Zeichen 283), die mit einem gut sichtbaren Zusatz versehen sind, wonach ein Halteverbot für den entsprechenden Bereich der Uhlandstraße, in dem sich auch das abgestellte Fahrzeug des S befindet, für den Zeitraum vom 13.4.2021 bis zum 15.4.2021 gilt.

Am Vormittag des 13.4.2021 stellte sich im Zuge der Kanalisationsarbeiten heraus, dass der Sportwagen des S den begonnenen Arbeiten im Wege stand. Der Wagen des S wurde sodann auf Geheiß der Stadt T noch am selben Tage durch den M umgesetzt.

S kam bereits einen Tag früher als geplant – nämlich am 14.4.2021 – von seiner Reise zurück und stellte sogleich fest, dass sein Sportwagen nicht mehr am ursprünglichen Ort vorzufinden ist. Umso mehr erzürnte sich S, als er wenige Tage später von der zuständigen Behörde der T einen Kostenbescheid zugestellt bekommt, mit dem ihm wegen der polizeilich erforderlich gewordenen Umsetzung des Sportwagens ein – in der Sache korrekt berechneter – Betrag von 415 € in Rechnung gestellt wird.

S hält sowohl den Kostenbescheid als auch die zugrunde liegende polizeiliche Maßnahme der Umsetzung seines Sportwagens für nicht rechtmäßig und erwägt, hiergegen vorzugehen.

Prüfen Sie in einem Gutachten die Erfolgsaussichten eines solchen Vorgehens.

204 Lösung

Fraglich ist, ob der Kostenbescheid der Stadt T gegenüber S über 415 € rechtmäßig ist. Dies ist dann der Fall, wenn der Bescheid auf einer wirksamen Ermächtigungsgrundlage beruht sowie formell und materiell rechtmäßig ist.

I. Ermächtigungsgrundlage

Die Auferlegung von Kosten durch die zuständige Behörde der Stadt T stellt sich als eine belastende Maßnahme der Verwaltung dar. Insoweit erfordert der Grundsatz des Vorbehalts des Gesetzes (Art. 20 Abs. 3 GG) eine wirksame Ermächtigungsgrundlage. Vorliegend handelt es sich um einen Kostenbescheid für das Umsetzen eines Kraftfahrzeugs, mithin einen sog. „Abschleppfall". Insoweit kommen im Regelfall zwei taugliche Ermächtigungsgrundlagen in Frage, nämlich § 31 Abs. 4 LVwVG i.V.m. § 6 LVwVGKO einerseits oder § 37 PolG i.V.m. § 3 Abs. 1 S. 3 DVO PolG. Die Einschlägigkeit der jeweiligen Ermächtigungsgrundlage für den Kostenbescheid steht in Abhängigkeit von der Maßnahme, welche die Kosten verursacht hat. Handelt es sich um eine Sicherstellung, ist auf § 37 PolG i.V.m. § 3 Abs. 1 S. 3 DVO PolG abzustellen. Anders liegt es hingegen, wenn es sich im eine Ersatzvornahme nach § 25 LVwVG handelt. In diesem Fall wäre § 31 Abs. 4 LVwVG i.V.m. § 6 LVwVGKO die einschlägige Ermächti-

Übungsfall Nr. 2

gungsgrundlage. Bereits an dieser Stelle ist daher die Rechtsnatur der Abschleppmaßnahmen zu klären. Dies ist streitig.

1. Sicherstellung nach § 37 PolG

Eine Auffassung geht davon aus, dass das Abschleppen eines Fahrzeugs, wie es vorliegend auch mit Blick auf das Umsetzen des Sportwagens des S der Fall ist, eine Sicherstellung nach § 37 PolG darstelle. Folgte man dieser Auffassung, wäre für den hier maßgeblichen Kostenbescheid § 37 PolG i.V.m. § 3 Abs. 1 S. 3 DVO PolG die richtige Ermächtigungsgrundlage.

2. Abstellen auf den Verbringungsort

Eine andere Auffassung stellt darauf ab, um welchen Verbringungsort es sich im Einzelfall handelt. Sofern das Fahrzeug auf einen Verwahrplatz verbracht wird, soll es sich um eine Sicherstellung nach § 37 PolG handeln, bei der Verbringung auf einen frei zugänglichen Parkplatz hingegen um eine Ersatzvornahme. Demnach läge nach dieser Auffassung eine Ersatzvornahme gem. § 25 LVwVG vor. Da der Sportwagen des S hier lediglich auf einen frei zugänglichen Parkplatz umgesetzt wurde, wäre nach dieser Auffassung § 31 Abs. 4 LVwVG i.V.m. § 6 LVwVGKO die richtige Ermächtigungsgrundlage, da es sich in der Sache um eine Ersatzvornahme handelt.

3. Ersatzvornahme nach § 25 LVwVG

Eine weitere Auffassung qualifiziert das Abschleppen eines Fahrzeuges aus dem Halteverbot stets als Ersatzvornahme nach § 25 LVwVG, sofern die Maßnahme nicht der Abwehr einer das Falschparken übersteigenden Gefahr dienen soll. Folgte man dieser Auffassung, wäre § 31 Abs. 4 LVwVG i.V.m. § 6 LVwVGKO richtige Ermächtigungsgrundlage für den hier maßgeblichen Kostenbescheid.

4. Streitentscheid

Vorliegend bedarf es bereits an dieser Stelle – der Bestimmung der richtigen Ermächtigungsgrundlage des Kostenbescheids für die zugrunde liegende polizeiliche Maßnahme – eines Streitentscheids, da die zuerst dargestellte und die folgenden beiden Auffassungen zu unterschiedlichen Ergebnissen führen. Im Kern geht es hier um die Rechtsnatur der Abschleppmaßnahme. Gegen die Annahme einer Sicherstellung im Sinne der erstgenannten Auffassung spricht, dass es im Falle des Abschleppens – und damit im hiesigen Fall des Umsetzens – nicht zu einer Gewahrsamsbegründung kommt, die freilich wesentliche Voraussetzung einer Sicherstellung wäre. Dagegen spricht vor allem, dass die Gefahr eines entgegen dem Halteverbot aufgestellten PKW sich in dem Verstoß gegen die StVO manifestiert. Wird das Fahrzeug entfernt, ist die Gefahr nicht mehr vorhanden. Der Begründung eines fortwährenden Gewahrsams, wie er sich in der Sicherstellung gerade äußert, ist daher zum Zwecke der Gefahrenabwehr in den Abschleppfällen grundsätzlich nicht mehr erforderlich. Somit spricht weit Überwiegendes dafür, mit den beiden abweichenden Auffassungen eine Ersatzvornahme nach § 25 LVwVG anzunehmen.

5. Ergebnis zu I

Vorliegend ist § 31 Abs. 4 LVwVG i.V.m. § 6 LVwVGKO richtige Ermächtigungsgrundlage für den Kostenbescheid gegen S.

II. Formelle Rechtmäßigkeit

Im Weiteren ist zu prüfen, ob der Kostenbescheid auch formell rechtmäßig ist.

1. Zuständigkeit

Die Zuständigkeit ist gegeben. Laut Sachverhalt hat vorliegend die zuständige Behörde der Stadt T den Kostenbescheid erlassen.

2. Verfahren

Aus § 28 Abs. 1 LVwVfG folgt, dass es vor dem Erlass eines belastenden Verwaltungsakts einer Anhörung des Betroffenen bedarf. Die Auferlegung einer Kostenpflicht stelle eine belastende Maßnahme dar mit der Folge, dass es vorliegend einer Anhörung grundsätzlich bedurfte. Dies folgt überdies auch daraus, dass es sich bei der Kostenfestsetzung durch Bescheid gerade nicht um eine reine Maßnahme der Verwaltungsvollstreckung handelt, für die nach § 28 Abs. 2 Nr. 5 VwVfG auf eine Anhörung verzichtet werden dürfte. Die an sich erforderliche Anhörung hat somit nicht stattgefunden. Es besteht aber die Heilungsmöglichkeit nach § 45 Abs. 1 Nr. 3 LVwVfG durch Nachholung. Ein Anhörungsfehler ist somit nicht anzunehmen.

3. Form

Nach Lage des Sachverhalts sind Formfehler nicht ersichtlich.

4. Ergebnis zu II

Der Kostenbescheid ist formell rechtmäßig.

III. Materielle Rechtmäßigkeit

Zu prüfen ist nunmehr, ob der Kostenbescheid auch materiell rechtmäßig ist. Dies ist dann gegeben, wenn die Ersatzvornahme als Vollstreckungsmaßnahme ihrerseits rechtmäßig ist, der S als Adressat des Kostenbescheids der richtige Kostenschuldner ist und die in Ansatz gebrachten Kosten für die Ersatzvornahme erstattungsfähig sind.

1. Rechtmäßigkeit der Ersatzvornahme

Fraglich ist, ob die Ersatzvornahme ihrerseits rechtmäßig war. Dann müsste sie auf einer wirksamen Ermächtigungsgrundlage beruhen sowie formell und materiell rechtmäßig sein.

a) Ermächtigungsgrundlage

Als Ermächtigungsgrundlage für die Ersatzvornahme kommen §§ 19 Abs. 1 Nr. 2, 25, 18 LVwVG in Betracht.

b) Formelle Rechtmäßigkeit

aa) Zuständigkeit

M hat als Mitarbeiter der zuständigen Behörde der Stadt T veranlasst, dass der PKW des S abgeschleppt – d.h. vorliegend auf einen freien Parkplatz umgesetzt – wird. Nach Maßgabe des Sachverhalts ist die Zuständigkeit für das Umsetzen nach § 4 Abs. 1 LVwVG somit gegeben.

bb) Verfahren

Möglicherweise könnten hinsichtlich des zu beobachtenden Verfahrens verwaltungsverfahrensrechtliche Erfordernisse bestehen. Nach § 28 Abs. 1 LVwVfG könnte es möglicherweise einer Anhörung des von der Ersatzvornahme Betroffenen bedürfen. Allerdings ist insoweit zu bemerken, dass es einer Anhörung nur vor Erlass eines belastenden Verwaltungsaktes bedarf, d.h. eine direkte Anwendung des Anhörungserfordernisses nur dann in Betracht kommt, wenn die Ersatzvornahme einen Verwaltungsakt i.S.v. § 35 S. 1 LVwVfG darstellt. Dies ist umstritten, da die Ersatzvornahme eine Vollstreckungsmaßnahme ist. Insoweit wird sowohl die Verwaltungsakts-Qualität angenommen als auch die Qualität eines bloßen Realakts. Indes kann der Streit hier offen bleiben, da es nach beiden Auffassungen keiner Anhörung bedarf. Nimmt man lediglich einen Realakt an, ist § 28 Abs. 1 LVwVfG schon gar nicht anwendbar, weil die Vorschrift nach ihrem Wortlaut nur auf „Verwaltungsakte" abhebt. Ordnet man demgegenüber die Ersatzvornahme (als Vollstreckungsmaßnahme) als Verwaltungsakt ein, gilt § 28 Abs. 2 Nr. 5 LVwVfG. Eine Anhörung ist in diesem Fall dann deshalb entbehrlich, weil die Ersatzvornahme (lediglich) eine Maßnahme „in der Verwaltungsvollstreckung" darstellt. Es ist somit nach beiden Auffassungen keine Anhörung erforderlich.

cc) Form

Formverstöße sind nach Lage des Sachverhalts nicht gegeben.

dd) Ergebnis zu b)

Die Ersatzvornahme ist formell rechtmäßig.

c) Materielle Rechtmäßigkeit

Die Ersatzvornahme wäre rechtmäßig, wenn die Vollstreckungsvoraussetzungen vorliegen, S auch der richtige Vollstreckungsschuldner ist und die Vollstreckung ihrerseits in rechtmäßiger Weise erfolgt ist.

aa) Vorliegen der Vollstreckungsvoraussetzungen

Es müssten zunächst die Vollstreckungsvoraussetzungen gegeben sein. Das ist der Fall, wenn ein sog. Grundverwaltungsakt vorliegt, der seinerseits wirksam und vollstreckbar und ggfls. auch rechtmäßig ist.

(1) Grundverwaltungsakt

Es bedürfte also zunächst eines Grundverwaltungsaktes. Dies könnte mit dem im Sachverhakt bezeichneten Verkehrszeichen 283 (Halteverbot) der Fall sein. Es kommt allerdings dann darauf an, ob ein solches Verkehrszeichen auch einen Verwaltungsakt darstellt. Hierzu werden unterschiedliche Auffassungen vertreten.

(a) Verkehrszeichen als Rechtverordnung

Nach einer Ansicht haben Verkehrsschilder den Rechtscharakter einer Rechtsverordnung, da sie durch Ge- und Verbote das Verkehrsverhalten einer unbestimmten Anzahl von Personen in einer unbestimmten Anzahl von Fällen regelten und damit, im Gegensatz zum Verwaltungsakt, eine abstrakt-generelle Regelung darstellen würden. Folgte man dieser Auffassung, würde es an einem wirksamen Grundverwaltungsakt vorliegend fehlen.

(b) Verkehrszeichen als Verwaltungsakt

Die herrschende Auffassung qualifiziert Verkehrszeichen hingegen als Verwaltungsakte. Zur Begründung wird angeführt, dass diese mit Ausnahme der Einzelfallbezogenheit an sich alle Merkmale nach § 35 S. 1 LVwVfG erfüllten. Der Generalität von Verkehrszeichen bezogen auf den Adressatenkreis ließe sich vielmehr dadurch begegnen, dass man diese als Benutzungsregelung einer Straße i.S.v. § 35 S. 2 Alt. 3 LVwVfG – und damit als Allgemeinverfügung – wertet. Nach der h.M. würde es sich vorliegend bei dem Verkehrszeichen mit der Nr. 238 um einen Verwaltungsakt nach § 35 S. 2 Alt. 3 LVwVfG handeln.

(c) Stellungnahme

Der Auffassung, wonach Verkehrszeichen Allgemeinverfügungen und damit Verwaltungsakte nach § 35 S. 2 Alt. 3 LVwVfG darstellen, ist der Vorzug zu geben. Denn die besseren Argumente streiten für diese Ansicht. Die Gegenauffassung lässt außer Acht, dass die Anforderungen an eine Rechtsverordnung bei Verkehrsschildern nicht vorliegen. Es fehlt gerade an einer ausdrücklichen Nennung der Rechtsgrundlage (§ 45 Abs. 1 StVO), was aber nach Art. 80 Abs. 1 S. 3 GG aus rechtsstaatlichen Gründen erforderlich ist. Es handelt sich also bei dem hier in Rede stehenden Verkehrszeichen, dem aufgestellten Halteverbotszeichen mit der Nr. 238, um eine Allgemeinverfügung nach § 35 S. 2 Alt. 3 LVwVfG.

(d) Zwischenergebnis

Ein Grundverwaltungsakt liegt in Form der Allgemeinverfügung somit vor.

(2) Wirksamkeit

Fraglich ist, ob dieser Grundverwaltungsakt auch für S wirksam ist. Dann müsste er diesem ordnungsgemäß bekanntgegeben worden sein, § 43 Abs. 1 VwVfG. Eine solche ordnungsgemäße Bekanntgabe wird bei Verkehrszeichen mit deren Aufstellung angenommen, sofern sie sodann für alle von ihnen betroffenen Verkehrsteilnehmern auch wahrgenommen werden können. Laut Sachverhalt wurde das Verkehrszeichen (Nr. 238) aufgestellt und konnte auch von jedermann wahrgenommen werden. Von der Wirksamkeit des Grundverwaltungsaktes ist somit auszugehen.

(3) Vollstreckbarkeit

Des Weiteren müsste der Grundverwaltungsakt auch vollstreckbar sein. Dies richtet sich nach § 2 LVwVG, wonach Verwaltungsakte erst vollstreckt werden können, wenn sie unanfechtbar geworden sind oder wenn die aufschiebende Wirkung eines Rechtsbehelfs entfällt. Vorliegend ist der Grundverwaltungsakt aber noch nicht unanfechtbar geworden. Es könnte aber die aufschiebende Wirkung des Rechtsbehelfs, mithin eines möglichen Widerspruchs des S, von Gesetzes wegen entfallen. Dies wiederum bemisst sich nach § 80 Abs. 2 S. 1 Nrn. 1–4 VwGO, wobei vorliegend § 80 Abs. 2 S. 1 Nr. 2 VwGO in Betracht kommt. Danach entfällt die aufschiebende Wirkung bei unaufschiebbaren Anordnungen und Maßnahmen von Polizeivollzugsbeamten. Zwar handelt es sich vorliegend um ein Verkehrsschild, welches das Halteverbot ausspricht, und damit nicht um eine Anordnung oder Maßnahme eines Polizeivollzugsbeamten, weshalb § 80 Abs. 2 S. 1 Nr. 2 VwGO nicht direkte Anwendung finden kann. Es wird jedoch in diesen Fällen eine analoge Anwendung der Vorschrift angenommen. Die Voraussetzungen für eine Analogie sind ebenfalls gegeben. So liegt zunächst eine Regelungslücke vor, da ein Widerspruch gegen ein Verkehrszeichen andernfalls, also bei Ablehnung einer Analogie, stets aufschiebende Wirkung hätte. Das hätte die nicht beabsichtigte Konsequenz, dass durch das bloße Erheben des Widerspruchs ein Verkehrszeichen – anders als die ausdrückliche Anordnung oder Maßnahme eines Polizeivollzugsbeamten – keine aufschiebende Wirkung hätte und somit nicht beachtet zu werden bräuchte. Auch die Planwidrigkeit der Regelungslücke ist anzunehmen, da davon auszugehen ist, dass der Gesetzgeber das dargestellte Ergebnis, wenn er es denn erkannt hätte, nicht in Kauf genommen hätte. Schließlich ist auch von einer gleich gelagerten Interessenlage auszugehen. Hierfür streitet vor allem die Erkenntnis, dass es für den Adressaten des Verwaltungsaktes wie hier den S keinen Unterschied macht, ob das Halteverbot durch einen Polizeivollzugsbeamten oder das Verkehrsschild ausgesprochen wird. Die Vollstreckbarkeit ist damit vorliegend gegeben, da ein Fall des § 80 Abs. 2 S. 1 Nr. 2 VwGO analog vorliegt und ein möglicher Widerspruch des S gegen das Haltverbotszeichen grundsätzlich keine aufschiebende Wirkung hätte.

(4) Rechtmäßigkeit des Grundverwaltungsaktes

Ob der zu vollstreckende Grundverwaltungsakt überdies seinerseits auch rechtmäßig sein muss oder ob auch ein rechtswidriger Verwaltungsakt der Vollstreckung zugänglich ist, ist streitig. Allerdings bräuchte der Streit nicht entschieden zu werden, wenn vorliegend das Aufstellen des Verkehrszeichens rechtmäßig wäre. Dies ist dann der Fall, wenn das Verkehrszeichen selbst auf einer wirksamen Ermächtigungsgrundlage beruht sowie formell und materiell rechtmäßig ist.

(a) Ermächtigungsgrundlage

Als Ermächtigungsgrundlage für das Aufstellen von Verkehrszeichen zur Durchführung von Arbeiten im Straßenraum kommt § 45 Abs. 1 S. 2 Nr. 1 StVO in Betracht.

(b) Formelle Rechtmäßigkeit

Laut Sachverhalt hat die im Sinne der §§ 44, 45 StVO nach näherer landesrechtlicher Bestimmung zuständige Behörde gehandelt. Weiter ist fraglich, ob es beim Aufstellen eines Halteverbotszeichens wie vorliegend einer Anhörung nach § 28 Abs. 1 LVwVfG bedurfte. Wie oben geprüft, handelt es sich bei dem Verkehrsschild um einen Verwaltungsakt in Form der Allgemeinverfügung nach § 35 S. 2 Alt. 3 LVwVfG. In diesem Fall ist wegen § 28 Abs. 2 Nr. 4 LVwVfG eine Anhörung entbehrlich. Gleiches gilt für die etwaige Begründungspflicht als Formanforderung (§ 39 Abs. 1 LVwVfG). Bei Allgemeinverfügungen bedarf es nach § 39 Abs. 2 Nr. 5 VwVfG ebenfalls keiner Begründung. Das Verkehrszeichen Nr. 238 – d.h. das Halteverbot – ist somit formell rechtmäßig.

(c) Materielle Rechtmäßigkeit

(aa) Voraussetzungen der Ermächtigungsgrundlage

Zu prüfen ist nunmehr, ob das Verkehrszeichen auch materiell rechtmäßig ist. Dazu müssten die Voraussetzungen der Ermächtigungsgrundlage – mithin also von § 45 Abs. 1 S. 2 Nr. 1 StVO – gegeben sein. Nach dieser Vorschrift können die Straßenverkehrsbehörden die Benutzung bestimmter Straßen oder Straßenstrecken zur Durchführung von Arbeiten im Straßenraum beschränken. Vorliegend wurde der Straßenbereich der Uhlandstraße in T mit einem Halteverbot versehen, um Kanalisationsarbeiten durchzuführen und insbesondere den Rohrbruch zu beseitigen. Es liegt daher vorliegend so, dass das Halteverbot zur Durchführung von Arbeiten im Straßenraum ergangen ist. Die tatbestandlichen Voraussetzungen nach § 45 Abs. 1 S. 2 Nr. 1 StVO liegen vor.

(bb) Rechtsfolge

Als Rechtsfolge räumt § 45 Abs. 1 S. 2 Nr. 1 StVO Ermessen ein. Laut Sachverhalt sind Ermessensfehler nicht ersichtlich.

(cc) Zwischenergebnis

Das Halteverbot ist als Grundverwaltungsakt in Form der Allgemeinverfügung formell und materiell rechtmäßig. Der Streit über die Vollstreckungsfähigkeit von rechtswidrigen Verwaltungsakten braucht somit nicht entschieden zu werden. Vielmehr sind somit die Vollstreckungsvoraussetzungen gegeben.

bb) Richtiger Vollstreckungsschuldner

Die Vollstreckung müsste gegen den richtigen Vollstreckungsschuldner gerichtet sein. Pflichtig im Sinne des Vollstreckungsrechts ist dabei derjenige, gegen den sich der Verwaltungsakt richtet. Hier richtet sich das Halteverbot an die Halter bzw. Führer der Fahrzeuge, deren PKWs sich im Geltungsbereich des Halteverbots befinden. Hierzu gehörte auch der S, der seinen Sportwagen in dem mit dem Halteverbot versehenen Straßenraum der Uhlandstraße parkte. S ist damit richtiger Vollstreckungsschuldner.

cc) Ordnungsgemäße Durchführung

Im Übrigen sind die Anforderungen an eine ordnungsgemäße Vollstreckung einzuhalten. Dies ist der Fall, wenn die Behörde das richtige Zwangsmittel eingesetzt hat, die Zwangsmittelanwendung angedroht wurde und als weitere Vollstreckungsvoraussetzung auch der Grundsatz der Verhältnismäßigkeit beachtet wurde.

(1) Einsatz des richtigen Zwangsmittels

Die Behörde müsste das richtige Zwangsmittel eingesetzt haben. Welche Zwangsmittel zulässigerweise überhaupt gewählt werden können, ergibt sich aus § 19 Abs. 1 Nrn. 1 bis 3 LVwVG. Vorliegend kommt mit Blick auf das Umsetzen des PKW eine Ersatzvornahme gemäß § 19 Abs. 1 Nr. 2 LVwVG in Betracht. Ersatzvornahme bedeutet nach § 25 LVwVG die Ausführung der dem Pflichtigen obliegenden Handlung durch die Vollstreckungsbehörde oder in ihrem Auftrage durch einen Dritten. Im Unterschied zum unmittelbaren Zwang kommt es bei der Ersatzvornahme somit auf eine vertretbare Handlung an, die dem Pflichtigen – hier dem S – obliegt. Als vertretbare Handlung gilt eine solche, die auch durch einen anderen als den Pflichtigen grundsätzlich möglich ist. In der vorliegenden Konstellation steht das Wegverschaffen des Sportwagens des S in Rede. Diese Handlung ist sowohl durch S selbst, aber auch durch jeden anderen möglich. Damit liegt eine vertretbare Handlung vor, so dass eine Ersatzvornahme nach § 25 LVwVG das vorliegend richtige Zwangsmittel darstellt.

(2) Androhung

§ 20 Abs. 1 S. 1 LVwVG verpflichtet grundsätzlich die Vollstreckungsbehörde dazu, Zwangsmittel schriftlich anzudrohen. Dies ist hier nicht erfolgt. Allerdings ist die Androhung des Zwangsmittels, der Ersatzvornahme, nach § 21 LVwVG vorliegend entbehrlich. Nach Lage des Sachverhalts ist vom Vorliegen von Gefahr im Verzug auszugehen.

(3) Verhältnismäßigkeit als sonstige Vollstreckungsvoraussetzung

Als sonstige Vollstreckungsvoraussetzung müsste die gewählte Ersatzvornahme als Maßnahme der Vollstreckungsbehörde auch verhältnismäßig sein. Sie müsste also einem legitimen Zweck dienen und zur Erreichung dieses Zwecks geeignet, erforderlich und angemessen sein.

(a) Legitimer Zweck

Mit dem Umsetzen des Fahrzeugs des S sollte ein Zugang zum öffentlichen Kanalsystem geschaffen werden, um einen Rohrbruch zu beseitigen. Es handelt sich somit um eine Vollstreckungsmaßnahme im Zusammenhang mit der Abwehr eine Gefahr, von der eine Störung der öffentlichen Sicherheit ausgeht. Damit dient die Maßnahme der Verfolgung eines – öffentlichen – legitimen Zwecks.

(b) Geeignetheit

Die Maßnahme diente zumindest der Förderung der Zweckerreichung, indem durch das Umsetzen des PKW des S der Zugang zum Kanalsystem an der entscheidenden Stelle hergestellt wurde. Sie war damit auch geeignet.

(c) Erforderlichkeit

Fraglich ist, ob die Ersatzvornahme als Maßnahme auch erforderlich war. Dies ist dann der Fall, wenn kein milderes, gleich geeignetes Mittel zur Zweckerreichung zur Verfügung steht.

Als milderes Mittel käme etwa ein Zuwarten der Behörde in Betracht, bis S nach T zurückgekehrt ist. Dies wäre indes ein nicht in gleicher Weise geeignetes Mittel, um der Gefahr, die sich wegen des hervortretenden Wassers in den Straßenraum bereits zu realisieren begonnen hatte, im Rahmen der Gefahrenabwehr effektiv zu begegnen. Das Umsetzen des PKW des S war mithin auch erforderlich.

(d) Angemessenheit

Es ist abschließend im Rahmen der Verhältnismäßigkeit zu prüfen, ob die Ersatzvornahme auch angemessen – also verhältnismäßig im engeren Sinne – war. Es kommt insofern auf die Wahrung der Zweck-Mittel-Relation an. Die Zwecksetzung der Maßnahme muss in einem ausgewogenen Ausgleich mit dem berechtigten Interesse des S stehen. Grundsätzlich gilt, dass im Interesse der Allgemeinheit die Effektivität der Gefahrenabwehr wie vorliegend höher zu gewichten ist als die mit der Maßnahme verbundene Beeinträchtigung von Privatinteressen des S, die in der Auferlegung eines überschaubaren Geldbetrages als Kosten für die Umsetzung des PKW bestehen.

Allerdings muss im Rahmen der Angemessenheit zumindest auch die Frage Berücksichtigung finden, wie es sich auswirkt, dass S das Verkehrszeichen ja tatsächlich gar nicht wahrgenommen hatte, weil er mehrere Tage ortsabwesend war. Unter dem Eindruck der Rechtsprechung hat sich hierzu die Auffassung als Grundsatz durchgesetzt, wonach der Halter eines im öffentlichen Straßenraum abgestellten Fahrzeugs jederzeit damit rechnen muss, dass sich die Verhältnisse vor Ort ändern können. Es gelten in der Folge auch für einen etwaig ortsabwesenden Fahrzeughalter gewisse Nachschaupflichten. Der Halter – so auch S – ist nach Maßgabe der einschlägigen Rechtsprechung somit gehalten, in bestimmten zeitlichen Abständen nach seinem Fahrzeug zu schauen bzw. schauen zu lassen. Bei der Aufstellung von mobilen Verkehrszeichen wie im vorliegenden Fall gilt anerkanntermaßen hierfür eine Vorlauffrist von mindestens zwei vollen Tagen, d.h. 48 Stunden, um den Haltern die Möglichkeit zu geben, auf die veränderte Situation zu reagieren und damit letztlich die Verhältnismäßigkeit im engeren Sinne zu wahren. Hier ließ die Behörde das Halteverbotsschild am 10.4.2021 aufstellen. Das Auto des S wurde am 13.4.2021 und damit mit hinreichendem zeitlichen Abstand zu den von der Rechtsprechung geforderten 48 Stunden umgesetzt. Daher ist das Umsetzen des Fahrzeugs des S im Wege der Ersatzvornahme auch angemessen.

(e) Zwischenergebnis

Die Maßnahme des Umsetzens im Wege der Ersatzvornahme ist insgesamt verhältnismäßig.

2. Richtiger Kostenschuldner

Der Kostenbescheid müsste sich auch an den richtigen Kostenschuldner richten. Dies ergibt sich aus § 31 Abs. 2 LVwVG. Danach ist richtiger Kostenschuldner derjenige, gegen den sich die Vollstreckungsmaßnahme gerichtet hat. Da die Ersatzvornahme als Vollstreckungsmaßnahme gegen S gerichtet war, ist dieser der richtige Kostenschuldner.

3. Erstattungsfähigkeit der Kosten

An der Erstattungsfähigkeit der Kosten bestehen nach Lage des Sachverhalts keine Zweifel, insbesondere räumt § 31 Abs. 4 LVwVG i.V.m. § 6 LVwVGKO kein Ermessen ein, so dass bei Vorliegen der Tatbestandsvoraussetzungen die zuständige Behörde die Kosten grundsätzlich vom Kostenschuldner verlangen kann. Hinweise auf eine unverhältnismäßige Kostenfestsetzung bestehen vorliegend überdies nicht. Der Betrag von 415 € ist damit vollständig erstattungsfähig.

IV. Gesamtergebnis

Der Kostenbescheid ist rechtmäßig. Ein Vorgehen des S hiergegen hätte keine Aussicht auf Erfolg.

4. Teil
Die Polizeiverordnung

A. Allgemeines

Die bisherige Darstellung zielte darauf, im Schwerpunkt die zur Abwehr konkreter Gefahren wichtige und auch praktisch sehr bedeutsame Polizeiverfügung als Handlungsinstrument – einschließlich ihrer Durchsetzung mit Zwangsmitteln – darzustellen. Daneben existiert mit der Polizeiverordnung ein weiteres – im Übrigen auch klausurrelevantes – Instrument der polizeilichen Gefahrenabwehr, welches als Rechtssatz darauf angelegt ist, **abstrakte Gefahren** (auch als allgemeine Gefahren bezeichnet) abzuwehren. Die Polizeiverordnung steht allerdings nur zur Verfügung, um durch eine abstrakt-generelle Regelung für eine nicht bestimmte Vielzahl von Gefahrenlagen und potenziell Betroffener eigenständige Rechtsgrundlagen für die Gefahrenabwehr zu schaffen.[1] Die Polizeiverordnung ist vor allem als flexibles Instrument zu verstehen, um ortsbezogen typische Gefahrenlagen in den Griff zu bekommen.[2] Das PolG sieht hierfür eine entsprechende **Rechtsgrundlage in § 17 Abs. 1 i.V.m. § 1 Abs. 1 PolG** vor. **205**

> **Hinweis**
>
> Problematisch kann im Einzelfall die Abgrenzung zur (gefahrenabwehrenden) Allgemeinverfügung nach § 35 S. 2 LVwVfG sein. Als Beispiel kann die Bestimmung einer Gemeinde (als Ortspolizeibehörde) angeführt werden, die Eisfläche eines zugefrorenen Sees im Gemeindegebiet nicht zu betreten. Für diesen Fall dürfte nicht eine Polizeiverordnung nach § 17 Abs. 1 i.V.m. § 1 Abs. 1 PolG, sondern (nur) eine Allgemeinverfügung gemäß § 35 S. 2 LVwVfG in Betracht kommen. Abgrenzungskriterium ist die Frage, ob es nur um die generelle Regelung einer kleinräumigen Angelegenheit (dann ist die Allgemeinverfügung das einschlägige Instrument) oder aber die gefahrenabwehrrechtliche Erfassung eines größeren Bereichs mit unterschiedlichen örtlichen Verhältnissen geht.[3]

Wie angedeutet, ist der Erlass einer Polizeiverordnung nur zulässig, wenn es um die **Abwehr einer abstrakten Gefahr** geht. **206**

Nach der einschlägigen Definition handelt es sich bei **einer abstrakten Gefahr** – im Unterschied zur konkreten Gefahr, auf die es bei Polizeiverfügungen ankommt (siehe zur Definition oben Rn. 8, 115) – um solche Gefahrenlagen, die nach den Erfahrungen des täglichen Lebens mit hinreichender Wahrscheinlichkeit zu einer Störung der öffentlichen Sicherheit oder Ordnung führen.

---

1 Vgl. *VGH Mannheim* VBlBW 2003, 31; siehe auch *Kenntner* Öffentliches Recht Baden-Württemberg, Rn. 127.

2 *Kenntner* Öffentliches Recht Baden-Württemberg, Rn. 127.

3 Zutreffend so auch *Kenntner* Öffentliches Recht Baden-Württemberg, Rn. 127, mit Verweis auf *VGH Mannheim* VBlBW 1987, 377; VBlBW 1988, 168; VBlBW 1998, 25. Grundlegend zu dieser Abgrenzungsfrage *BVerwG* NJW 1961, 2077 („Endiviensalatfall").

Abstrakte Gefahr ist eine Gefahrenlage, die nach den Erfahrungen des täglichen Lebens mit hinreichender Wahrscheinlichkeit zu einer Störung der öffentlichen Sicherheit oder Ordnung führt.

Daraus ist zu schließen, dass für die Annahme einer abstrakten Gefahr der Schadenseintritt nur regelmäßig und typischer Weise zu erwarten stehen muss, demgegenüber ein Nachweis im Einzelfall gerade nicht erforderlich ist.[4]

JURIQ-Klausurtipp

Die Definition der abstrakten Gefahr sollten Sie sich merken, um sie in der Klausur im Gutachten wiedergeben zu können. Sie lautet in der ausführlichen Formulierung: Eine abstrakte Gefahr liegt vor bei Sachlagen, in denen bei abstrakt-genereller Betrachtung nach allgemeiner Lebenserfahrung oder den Erkenntnissen fachkundiger Stellen bzw. Personen bestimmte Verhaltensweisen oder Zustände typischerweise zu einer konkreten Gefahr führen können.[5]

207 Wichtig anzumerken ist, dass Polizeiverordnungen – auch wenn sie lediglich der Abwehr abstrakter Gefahren dienen – stets **nur zur Abwehr von Gefahren für ein polizeiliches Schutzgut** erlassen werden dürfen.[6] Es kann in einer Polizeiverordnung auf der Grundlage von § 17 Abs. 1 i.V.m. § 1 Abs. 1 PolG also lediglich die Abwehr von polizeirechtlich relevanten Störungen und Gefahren geregelt werden.[7]

Hinweis

Insoweit muss man sich vergegenwärtigen, dass etwa bloße Benutzungsregelungen von kommunalen öffentlichen Einrichtungen (vgl. § 10 Abs. 2 GemO) oder Straßen, Wegen und Plätzen grundsätzlich nicht der Bestimmung durch eine Polizeiverordnung zugänglich sind.[8] Dies gilt selbst dann, wenn sie ein Verbot regeln oder, wie z.B. § 41 Abs. 1 S. 1 StrG, einen polizeilichen Bezug haben.

208 Die einschlägige Rechtsgrundlage für den Erlass einer Polizeiverordnung ist in Baden-Württemberg regelmäßig die Generalklausel nach § 17 Abs. 1 i.V.m. § 1 Abs. 1 PolG, sofern sich nicht aus einer spezialgesetzlichen Bestimmung eine vorrangige Rechtsgrundlage ergibt. Mögliche spezialgesetzliche Ermächtigungsgrundlagen zum Erlass gefahrenabwehrrechtlicher Verordnungen finden sich etwa in § 15 Abs. 2 BestattG, Art. 297 EGStGB, §§ 9, 11 GastVO, § 19 Abs. 1 KurorteG, § 32 InfektionsschutzG, in den §§ 23 Abs. 1, 32 ff. BImSchG oder in § 21 Abs. 2 WG.[9] In Betracht kommen diese spezielleren Ermächtigungsgrundlagen allerdings in der polizeirechtlichen Klausur eher nicht. Es wird vielmehr regelmäßig auf § 17 Abs. 1 i.V.m. § 1 Abs. 1 PolG abzustellen sein,

---

4 *Kenntner* Öffentliches Recht Baden-Württemberg, Rn. 132.
5 Vgl. etwa BVerwGE 116, 347.
6 *Kenntner* Öffentliches Recht Baden-Württemberg, Rn. 128.
7 *Kenntner* Öffentliches Recht Baden-Württemberg, Rn. 135.
8 Siehe etwa *VGH Mannheim* NVwZ 2000, 457.
9 So auch die Beispiele bei *Ibler* in: Ennuschat/Ibler/Remmert, § 2 Rn. 317; *Kenntner* Öffentliches Recht Baden-Württemberg, Rn. 129.

auf dessen Grundlage typischerweise Rechtsverordnungen[10] etwa zum Beispiel über das Anbringen von Hausnummern[11], einen Leinenzwang für Hunde[12], ein Taubenfütterungsverbot[13] oder zur Begrenzung des Alkoholkonsums im öffentlichen Raum[14] erlassen wurden.

Ein **Sonderfall** besteht in Baden-Württemberg mit der speziellen Ermächtigung zum Erlass **209**
von **Verordnungen zum Alkoholkonsumverbot im öffentlichen Raum**. Unter dem Eindruck der oberverwaltungsgerichtlichen Rechtsprechung ist § 18 (vorab seit 2017 bereits mit § 10a PolG a.F. umgesetzt) in das PolG eingefügt worden. Es handelt sich bei § 18 PolG um eine gegenüber der allgemeinen Verordnungsermächtigung in § 17 PolG um die speziellere Ermächtigung. In § 18 PolG sind – insbesondere, um dem Bestimmtheitsgrundsatz und dem Verhältnismäßigkeitsgrundsatz zu genügen – die konkreten Voraussetzungen benannt, unter denen die Ortspolizeibehörde durch Polizeiverordnung ein örtliches Alkoholkonsumverbot regeln darf. Die früher herangezogene Ermächtigung aus § 17 PolG (zuvor § 10 PolG) wird im Falle des Regelungsgegenstandes eines Alkoholkonsumverbots somit von § 18 PolG (zuvor § 10a PolG) vollständig verdrängt.

§ 18 PolG ermächtigt zum Erlass eines örtlichen Alkoholkonsumverbots nur dann, wenn die **210**
nachfolgenden Voraussetzungen des § 18 Abs. 1 S. 1 PolG *kumulativ* gegeben sind:

- Die Belastung hebt sich in dem örtlichen Bereich, für den das Alkoholkonsumverbot ausgesprochen wurde, durch die Häufigkeit alkoholbedingter Straftaten oder Ordnungswidrigkeiten oder deren Bedeutung von der des übrigen Gemeindegebiets deutlich ab (Nr. 1),
- es ist dort regelmäßig eine Menschenmenge anzutreffen (Nr. 2),
- es kann dort mit anderen polizeilichen Maßnahmen keine nachhaltige Entlastung erreicht werden (Nr. 3) und
- es rechtfertigen Tatsachen die Annahme, dass dort auch künftig mit der Begehung alkoholbedingter Straftaten oder Ordnungswidrigkeiten zu rechnen ist (Nr. 4).

Nur dann, wenn alle genannten Voraussetzungen erfüllt sind, kann eine entsprechende Poli- **211**
zeiverordnung von ihren Tatbestandsvoraussetzungen her rechtmäßig erlassen werden (siehe hierzu auch Übungsfall Nr. 3). Überdies hat der Gesetzgeber in § 18 Abs. 2 PolG und § 18 Abs. 3 PolG weitere Vorkehrungen zur Einhaltung rechtsstaatlicher Standards, vor allem der Verhältnismäßigkeit, getroffen: So soll das Verbot auf bestimmte Tage und an diesen zeitlich beschränkt werden (§ 18 Abs. 2 PolG). Dies bedeutet („soll"), dass im Regelfall eine solche zeitliche Begrenzung vorgesehen werden muss und nur in vollkommen atypisch gelagerten Konstellationen ausnahmsweise hiervon abgesehen werden darf. Außerdem müssen Polizeiverordnungen, mit denen ein örtliches Alkoholkonsumverbot ausgesprochen wird, zwingend befristet werden (§ 18 Abs. 3 PolG).

JURIQ-Klausurtipp

Merksatz: Nur dann, wenn es in der Klausur um eine Polizeiverordnung zur Regelung eines Alkoholkonsumverbots geht, ist auf § 18 PolG abzustellen. In allen anderen Fällen wird es zur Abwehr abstrakter Gefahren auf § 17 PolG hinauslaufen.

10 *VGH Mannheim* NVwZ-RR 2010, 55; siehe auch *OVG Bautzen* SächsVBl. 2017, 278.
11 *VGH Mannheim* NVwZ-RR 2012, 393.
12 *VGH Mannheim* VBlBW 2008, 134.
13 *VGH Mannheim* NVwZ-RR 2006, 398.
14 *VGH Mannheim* NVwZ-RR 2010, 55.

212 Die Prüfung der Rechtmäßigkeit einer Polizeiverordnung sollte sich in der Polizeirechtsklausur – da ein Rechtssatz als abstrakt-generelle Norm zu prüfen ist – an dem folgenden Schema orientieren:

PRÜFUNGSSCHEMA

Rechtmäßigkeit einer Polizeiverordnung

I. Ermächtigungsgrundlage

II. Formelle Rechtmäßigkeit
1. Zuständigkeit
2. Verfahren
3. Form
4. Verkündung

III. Materielle Rechtmäßigkeit
1. Tatbestandsvoraussetzungen der Ermächtigungsgrundlage
2. Wirksamkeit der Ermächtigungsgrundlage
3. Pflichtgemäße Ermessensausübung
4. Einhaltung des Bestimmtheitsgrundsatzes
5. Kein Verstoß gegen höherrangiges Recht

B. Rechtmäßigkeitsanforderungen an eine Polizeiverordnung

213 Die Überprüfung der Rechtsmäßigkeitsvoraussetzungen einer Polizeiverordnung weist in den einzelnen Prüfungsschritten zwar Parallelen zur Polizeiverfügung auf. Allerdings muss man sich dabei stets vor Augen führen, dass es sich bei der Polizeiverfügung um einen unterparlamentsgesetzlichen Rechtssatz – mithin eine abstrakt-generelle Norm – zur Gefahrenabwehr handelt. Dies bedingt in Teilen auch wieder Unterschiede.

I. Ermächtigungsgrundlage

214 Zunächst ist die einschlägige Rechtsgrundlage zu bestimmen. Hier gilt ebenfalls der Spezialitätsgrundsatz, wie bereits oben (unter A.) ausgeführt wurde. Im absoluten Regelfall ist in der Klausur auf § 17 Abs. 1 i.V.m. § 1 Abs. 1 PolG abzustellen. Lediglich dann, wenn es um ein örtliches Alkoholkonsumverbot geht, ist unter den Vorschriften des PolG § 18 PolG die speziellere Norm (siehe oben Rn. 209 f.).

Hinweis

Es bedarf einer zum Zeitpunkt des Erlasses der Polizeiverordnung gültigen Ermächtigungsgrundlage. Tritt die einschlägige Rechtsgrundlage nachträglich außer Kraft, führt dies allerdings nicht zur Unwirksamkeit der Verordnung. Diese besteht dann fort.

II. Formelle Rechtmäßigkeit

Die formelle Rechtmäßigkeit betrifft im Wesentlichen die Frage der Zuständigkeit. Für nach der Generalermächtigung des § 17 Abs. 1 i.V.m. § 1 Abs. 1 PolG erlassene Polizeiverordnungen sind die **allgemeinen Polizeibehörden** zuständig, d.h. dass eine Zuständigkeit des Polizeivollzugsdienstes ausgeschlossen ist (vgl. §§ 17 Abs. 1, 21, 106 f. PolG). Im Regelfall ist die Ortspolizeibehörde – d.h. die Gemeinde – als allgemeine Polizeibehörde zuständig. Hier ist zu beachten, dass die Organzuständigkeit im Innern beim Bürgermeister liegt (§ 21 S. 2 PolG), und der Gemeinderat gemäß § 23 Abs. 2 PolG nur zuzustimmen hat, wenn die Polizeiverordnung eine Gesamtgeltungsdauer von mehr als einem Monat hat (was freilich regelmäßig der Fall sein wird). Damit steht aber auch fest, dass für die Organzuständigkeit eine spezialgesetzlich angeordnete Ausnahme von der ansonsten grundsätzlichen (ausschließlichen) Zuständigkeit des Gemeinderates nach § 39 Abs. 2 Nr. 3 GemO gegeben ist. 215

Für das **Verfahren des Verordnungserlasses** enthalten die §§ 23 f. PolG besondere Anforderungen; **besondere Formerfordernisse** ergeben sich aus § 20 PolG. § 17 Abs. 2 PolG bestimmt zudem, dass die Vorschriften des PolG über Polizeiverordnungen auch dann anzuwenden sind, wenn ein anderes Gesetz ausdrücklich zum Erlass von Polizeiverordnungen ermächtigt.

III. Materielle Rechtmäßigkeit

» Bereits dann, wenn Sie als Ergebnis Ihrer Prüfung feststellen, dass die formellen Rechtmäßigkeitsvoraussetzungen nicht gegeben sind, ist die Folge die Nichtigkeit der Polizeiverordnung. «

1. Tatbestandsvoraussetzungen der Ermächtigungsgrundlage

Den ersten Schritt der Prüfung bildet die Subsumtion der Angaben des Falles unter die Tatbestandsvoraussetzungen der Ermächtigungsgrundlage. Dies wird regelmäßig § 17 Abs. 1 i.V.m. § 1 Abs. 1 PolG sein. Danach können die allgemeinen Polizeibehörden zur Wahrnehmung ihrer Aufgaben nach diesem Gesetz polizeiliche Gebote oder Verbote erlassen, die für eine unbestimmte Anzahl von Fällen an eine unbestimmte Anzahl von Personen gerichtet sind. 216

Es muss also zunächst eine Gefahr vorliegen, und zwar in Form der abstrakten (auch: allgemeinen) Gefahr. Eine abstrakte Gefahr liegt gemäß der oben genannten Definition bei Sachlagen vor, in denen bei abstrakt-genereller Betrachtung nach allgemeiner Lebenserfahrung oder den Erkenntnissen fachkundiger Stellen bzw. Personen bestimmte Verhaltensweisen oder Zustände typischerweise zu einer konkreten Gefahr führen können. Danach ist zu prüfen, ob im jeweiligen Fall der Polizeiverordnung die in dieser geregelten Gebote oder Verbote nach der allgemeinen Lebenserfahrung im Regelfall dazu führen, dass sich eine konkrete Gefahr realisiert. 217

Beispiele Der in einer Polizeiverordnung vorgesehene Maulkorb- oder Leinenzwang für bissige Hunde dient der Abwehr einer abstrakten Gefahr ebenso wie die auch von der Rechtsprechung entschiedenen Fälle des Fütterns von Tauben[15] in einer entsprechenden Verordnung oder des Ansprechens von Prostituierten durch Freier im Sperrbezirk, der durch eine Sperrbezirksverordnung festgelegt ist.[16] Verneint wurde das Vorliegen einer abstrakten Gefahr hingegen bei einem allgemeinen Bettelverbot, das in einer Polizeiver-

15 *VGH Mannheim* NVwZ-RR 2006, 398.

16 *VGH Mannheim* NVwZ 2001, 1299. Vgl. zu den *Beispielen* auch *Schroeder* Polizei- und Ordnungsrecht Nordrhein-Westfalen, Rn. 438.

ordnung zur Vermeidung von Belästigungen durch „still bettelnde" Menschen geregelt worden war. Als abstrakte Gefahr im Sinne von § 17 Abs. 1 PolG gilt somit nur das sog. „aggressive Betteln"[17], zu dessen Abwehr Verbotsregelungen in Polizeiverordnungen in rechtmäßiger Weise vorgesehen werden können. Problematisch sind auch Regelungen von Alkoholverboten[18] oder „Glasverboten"[19] in einer Polizeiverordnung, wobei für Alkoholkonsumverbote nunmehr eine konkrete Ermächtigungsgrundlage mit § 18 PolG vorliegt, welche den Begriff der abstrakten Gefahr insoweit ausdifferenziert. ■

218 Für die Beurteilung, ob eine abstrakte Gefahr nach der relevanten Definition gegeben ist, **steht dem Verordnungsgeber ein Einschätzungs- und Prognosespielraum zu**, der gerichtlicher Überprüfung nicht zugänglich ist.[20]

Hinweis

Für die Unterscheidung zwischen konkreter Gefahr (als Tatbestandsvoraussetzung bei Polizeiverfügungen) und abstrakter Gefahr (als Tatbestandsvoraussetzung bei Polizeiverordnungen) kommt es nicht auf die Wahrscheinlichkeit des Schadenseintritts, sondern auf den Bezugspunkt der Gefahrenprognose an.[21]

219 Die abstrakte Gefahr, zu deren Abwehr Regelungen in einer Polizeiverordnung getroffen werden können, muss überdies – wie die auf die Generalklausel nach §§ 1 Abs. 1, 3 PolG gestützte Polizeiverfügung auch – **auf die Schutzgüter der öffentlichen Sicherheit und Ordnung bezogen** sein. Insoweit kann auf die Ausführungen oben verweisen werden (Rn. 109 ff. bzw. 113 f.).

2. Wirksamkeit der Ermächtigungsgrundlage

220 Weiterhin muss die Ermächtigungsgrundlage wirksam sein. Hier dürfte in der Prüfung regelmäßig kein Problem liegen, da Fragen der Gültigkeit der parlamentsgesetzlichen Rechtsgrundlage für den Erlass der Polizeiverordnung in der allgemeinen Polizeirechtsklausur wohl nicht erwartet werden. Dies liefe auf eine verfassungsrechtliche Prüfung hinaus, die an anderer Stelle besser aufgehoben ist. Machen Sie aber deutlich, dass Sie diesen Prüfungspunkt nicht übersehen haben, indem sie kurz darstellen, dass mangels anderslautender Hinweise die Wirksamkeit der Ermächtigungsgrundlage zu unterstellen ist.

3. Pflichtgemäße Ermessensausübung

221 Dem Verordnungsgeber ist nach § 17 Abs. 1 i.V.m. § 1 Abs. 1 PolG Ermessen eingeräumt, das er pflichtgemäß ausüben muss. Dies folgt aus der Formulierung *„(...) können (...) polizeiliche Gebote oder Verbote erlassen (...)"* in § 17 Abs. 1 PolG. Das Ermessen des Verordnungsgebers gliedert sich wiederum in die drei Ermessensbestandteile **Entschließungsermessen, Handlungsermessen und Auswahlermessen**.

17 *VGH Mannheim* NVwZ 1999, 560.

18 *BVerwG* NVwZ-RR 2013, 387; *VGH Mannheim* NVwZ-RR 2010, 55. *OVG Lüneburg* NordÖR 2013, 113.

19 *VGH Mannheim* BWGZ 2013, 77.

20 *BVerfG* (K) NVwZ 2005, 975. Siehe auch *Schroeder* Polizei- und Ordnungsrecht Nordrhein-Westfalen, Rn. 426.

21 *VGH Mannheim* NVwZ-RR 2010, 55; *Schroeder* Polizei- und Ordnungsrecht Nordrhein-Westfalen, Rn. 441.

Das **Entschließungsermessen betrifft das „Ob" des Tätigwerdens** durch den Verordnungsgeber. Dieser muss in ermessensfehlerfreier Weise entscheiden, ob er zur Abwehr abstrakter Gefahren eine Polizeiverordnung erlässt oder nicht. Auch insoweit steht dem Verordnungsgeber ein gewisser Spielraum zur Seite, der allerdings seine Grenze in etwaigen Ermessensfehlern findet (z.B. bei einem Ermessensfehlgebrauch dergestalt, dass das Entschließungsermessen nicht zur Abwehr einer Gefahr ausgeübt wird). **222**

Das **Handlungsermessen ist auf das „Wie" des Verordnungsgebers** gerichtet. Hier kommt vor allem der **Verhältnismäßigkeitsgrundsatz** zum Tragen. Die in der Polizeiverordnung vorgesehene Gebots- oder Verbotsregelung muss somit einem legitimen Zweck dienen, zur Erreichung dieses Zwecks geeignet und erforderlich und überdies angemessen – d.h. verhältnismäßig im engeren Sinne – sein. Regelt der Verordnungsgeber also etwas „Unverhältnismäßiges" in der Polizeiverordnung, liegt insoweit ein Ermessensfehler vor. **223**

Außerdem ist der Verordnungsgeber verpflichtet, auch sein **Auswahlermessen** pflichtgemäß zu betätigen. Das Auswahlermessen betrifft die Frage, ob der Verordnungsgeber den bzw. die richtigen Polizeipflichtigen zur Gefahrenabwehr vorsieht, mit anderen Worten also die Frage, „gegen wen" die in der Verordnung geregelten Gebote oder Verbote gerichtet sind. Dies ergibt sich aus § 17 Abs. 1 PolG, indem es dort lautet: *„(...) an eine unbestimmte Anzahl von Personen gerichtet sind."* Insoweit gelten die allgemeinen Bestimmungen der §§ 6, 7 PolG über die Polizeipflichtigkeit, weshalb auf die obigen Ausführungen hierzu grundsätzlich verwiesen werden kann. Auch insoweit muss das verordnungsgeberische Ermessen pflichtgemäß ausgeübt werden, d.h. es dürfen auch insoweit keine Ermessensfehler unterlaufen. Ein **Sonderproblem** in diesem Zusammenhang ist die **Inanspruchnahme von Nichtstörern** im Rahmen eines in der Polizeiverordnung geregelten Gebots oder Verbots zur Abwehr einer abstrakten Gefahr. Dies ist nur in eng umrissenen Ausnahmefällen (z.B. in extremen Notlagen wie einem Katastrophenfall) zulässig, da in der der abstrakten Gefahr zugrunde liegenden Situation zu Lasten des Nichtstörers gerade nicht die allgemeine Lebenserfahrung dafür spricht, dass sich die Person des Nichtstörers oder eine diesem gehörende Sache zu einer konkreten Gefahr entwickeln könnte. Jedenfalls müssen in den eng zu bemessenden Ausnahmefällen die in der Verordnung zu regelnden Voraussetzungen für die Inanspruchnahme Nichtverantwortlicher restriktiv gefasst werden und sich auf das unbedingt Notwendige beschränken. **224**

Beispiel Für den Katastrophenfall wird in einer Polizeiverordnung geregelt, dass auch Nichtverantwortliche zur Aufnahme Obdachloser unter konkret zu bestimmenden Voraussetzungen verpflichtet sind.[22] ■

4. Einhaltung des Bestimmtheitsgrundsatzes

Das **rechtsstaatliche Bestimmtheitsgebot** gilt auch für den Erlass von Rechtsverordnungen und damit auch für Polizeiverordnungen, die etwa auf der Grundlage der Generalklausel nach § 17 Abs. 1 i.V.m. § 1 Abs. 1 PolG ergehen. Der Bestimmtheitsgrundsatz verlangt, dass das Handeln des Staates messbar und in gewissem Ausmaß für den Staatsbürger voraussehbar und berechenbar ist.[23] Daraus folgt für den Erlass von Rechtsvorschriften – und somit **225**

22 Zu diesem *Beispiel* auch *Schenke* Polizei- und Ordnungsrecht, Rn. 627; *Schroeder* Polizei- und Ordnungsrecht Nordrhein-Westfalen, Rn. 449.

23 BVerfGE 56, 12; 110, 53; BVerwGE 113, 375. Zum Ganzen auch *Antoni* in: Hömig/Wolff, GG, Art. 20 Rn. 12.

auch für Polizeiverordnungen –, dass sie so genau zu fassen sind, „wie dies nach der Eigenart der zu ordnenden Lebenssachverhalte und mit Rücksicht auf den Normzweck möglich ist."[24] Eine Rechtsverordnung, die den Umfang der Grundrechtsbeschränkung völlig dem Verwaltungsermessen überlässt, verstößt gegen rechtsstaatliche Grundsätze.[25]

Beispiel Das in einer Polizeiverordnung enthaltene Verbot, sich im öffentlichen Straßenraum „nach Art eines Land- oder Stadtstreichers herumzutreiben" ist inhaltlich zu unbestimmt.[26]

» Stellt sich am Ende der materiellen Rechtmäßigkeitsprüfung heraus, dass die Polizeiverordnung materiell rechtswidrig ist, führt dies zur Nichtigkeit der Verordnung! «

5. Kein Verstoß gegen höherrangiges Recht

226 Schließlich muss im fünften Schritt der materiellen Rechtmäßigkeitsprüfung untersucht werden, ob ein Verstoß gegen (sonstiges) höherrangiges Recht vorliegt. Polizeiverordnungen müssen im Einklang mit höherrangigem Bundesrecht (Art. 31 GG) und Landesrecht stehen. Maßstab sind zuvörderst die Grundrechte, die nach Art. 2 Abs. 1 LV auch Bestandteil des Landesverfassungsrechts sind, sowie die Staatszielbestimmungen.

Online-Wissens-Check

Zur Abwehr welcher Gefahren dient die Polizeiverordnung?

Überprüfen Sie jetzt online Ihr Wissen zu den in diesem Abschnitt erarbeiteten Themen. Unter **www.juracademy.de/skripte/login** steht Ihnen ein Online-Wissens-Check speziell zu diesem Skript zur Verfügung, den Sie kostenlos nutzen können. Den Zugangscode hierzu finden Sie auf der Codeseite.

24 BVerfGE 49, 81; 87, 263; 102, 237; *Antoni* in: Hömig/Wolff, GG, Art. 20 Rn. 12.

25 BVerfGE 8, 71.

26 *VGH Mannheim* NJW 1984, 507; zum Beispiel auch *Schroeder* Polizei- und Ordnungsrecht Nordrhein-Westfalen, Rn. 450.

C. Übungsfall Nr. 3

Die Alkoholabwehr in T 227

In der baden-württembergischen Universitätsstadt T hat sich in den letzten Jahren rund um den Bahnhof und in den unmittelbar um den Bahnhof gelegenen Grünanlagen der Stadt ein beliebter Szenetreffpunkt entwickelt. Dieser ist vor allem dadurch geprägt, dass die Szenemitglieder sich ab den frühen Abendstunden dem öffentlichen Genuss von alkoholischen Getränken hingeben. Neben der Lärmentwicklung und dem stärkeren Anfall von Abfällen – zumeist leeren Flaschen, welche die von der Stadt aufgestellten Mülleimer überquellen lassen – ist es der Stadtverwaltung zusehends ein Ärgernis, dass die zum Teil stark angetrunkenen Szenemitglieder Passanten und Reisende am Bahnhof unflätig beschimpfen. Bisherige Maßnahmen wie die Erteilung von Platzverweisen bei routinemäßigen Streifengängen von Mitarbeitern des Ordnungsamtes haben bislang für keine nennenswerte Abhilfe gesorgt.

Um die „Szene" ordnungsrechtlich in den Griff zu bekommen, entschließt sich der Oberbürgermeister zum Handeln, nachdem ihm auch durch den Gemeinderat der Rücken gestärkt wurde, endlich gegen den öffentlichen Alkoholkonsum vorzugehen.

Gesagt, getan. Nach Einholung der Zustimmung des Gemeinderates erlässt der Oberbürgermeister am 3.5.2021, nachdem es am vorherigen Wochenende abermals zu einem erheblichen Anstieg der Szeneaktivitäten gekommen war, eine auf § 18 PolG i.V.m. § 1 Abs. 1 PolG gestützte Änderung der in T bestehenden Polizeiverordnung, mit der ein neuer § 9a in die Verordnung eingeführt wird, der folgenden Wortlaut hat:

„§ 9a Verbot übermäßigen öffentlichen Alkoholkonsums; Zuwiderhandlungen

(1) Auf öffentlichen Straßen, Wegen und Plätzen sowie in öffentlichen Grünanlagen im Umkreis von 500 Metern Luftlinie zum Hauptbahnhof in der Stadt T ist es verboten, sich an Werktagen in der Zeit von 17 Uhr bis 23 Uhr überwiegend zum Zwecke des übermäßigen Alkoholkonsums aufzuhalten.

(2) Ordnungswidrig handelt, wer dem Verbot nach Absatz 1 zuwiderhandelt. Die Ordnungswidrigkeit kann nach § 26 PolG mit einem Bußgeld bis zu 800 € geahndet werden."

Die Bekanntmachung der geänderten Polizeiverordnung erfolgt ordnungsgemäß am 10.5.2021.

Im Nachgang kommen Stadtrat S, der sich selbst gern zu einem Feierabendbier in der von dem Alkoholverbot betroffenen Grünanlage am idyllischen Fluss N aufhält, Zweifel an der Rechtmäßigkeit der neuen Regelung in § 9a der geänderten Polizeiverordnung.

Er bittet seinen Rechtsanwalt R, gegen die Regelung des § 9a der Polizeiverordnung gerichtlich vorzugehen. Hat ein solches Vorgehen Aussicht auf Erfolg?

Lösung 228

Zu prüfen sind die Erfolgsaussichten eines gegen § 9a der Polizeiverordnung der Stadt T gerichteten Normenkontrollantrages gemäß § 47 Abs. 1 Nr. 2 VwGO an den *VGH Mannheim*.

I. Zulässigkeit

1. Eröffnung des Verwaltungsrechtsweges

Vorliegend handelt es sich beim dem beabsichtigten Vorgehen des S gegen § 9a der Polizeiverordnung um eine öffentlich-rechtliche Streitigkeit nichtverfassungsrechtlicher Art, da der Normenkontrollantrag gegen eine Verordnung auf dem Gebiet des Polizeirechts, das zum besonderen Verwaltungsrecht und damit zum öffentlichen Recht zählt, gerichtet ist. Außerdem ist Gegenstand ein unterparlamentsgesetzlicher Rechtssatz. Damit ist nach der Generalklausel des § 40 Abs. 1 S. 1 VwGO der Verwaltungsrechtsweg eröffnet.

2. Statthaftigkeit des Normenkontrollantrages

Die Statthaftigkeit richtet sich nach dem Begehren des Antragstellers, § 88 VwGO. Dabei muss das Begehren auf die Kontrolle von Rechtsnormen gerichtet sein, wobei es sich nach § 47 Abs. 1 Nr. 2 VwGO i.V.m. § 4 AGVwGO um solche Rechtsvorschriften handeln muss, die im Range unter dem Landesrecht stehen. Hier wendet sich S gegen § 9a einer Polizeiverordnung der Stadt T i.S.v. § 18 PolG. Es handelt sich somit – wie dargelegt – um eine unterparlamentsgesetzliche Norm, für die nach § 4 AGVwGO in Baden-Württemberg der Rechtsweg zum Oberverwaltungsgericht – den *VGH Mannheim* – gegeben ist. Jedenfalls soweit sich S gegen § 9a Abs. 1 der geänderten Polizeiverordnung wendet, ist der Normenkontrollantrag nach § 47 Abs. 1 Nr. 2 VwGO i.V.m. § 4 AGVwGO die statthafte Antragsart.

Problematisch ist allerdings, dass sich S gegen den kompletten § 9a der Polizeiverordnung und damit auch gegen § 9a Abs. 2 wendet. Insoweit könnte der Antrag unstatthaft sein. S verfolgt insoweit, eine ordnungswidrigkeitsrechtliche Bestimmung der Verordnung für unwirksam erklären zu lassen. Das Ordnungswidrigkeitenrecht unterliegt allerdings der Kontrolle durch die ordentliche Gerichtsbarkeit, so dass ein Rechtsweg – mangels Existenz einer Normenkontrolle im Rahmen der ordentlichen Gerichtsbarkeit – insoweit nicht gegeben ist.

Statthaft ist daher als tauglicher Gegenstand des Normenkontrollantrags des S nur die Bestimmung des § 9a Abs. 1 der geänderten Polizeiverordnung. Insoweit kann der S mit seinem Antrag nach § 47 Abs. 1 Nr. 2 i.V.m. § 4 AGVwGO gegen das dort geregelte – und nach seiner Auffassung rechtswidrige – Alkoholverbot vorgehen, um zu erreichen, dass dieses für unwirksam erklärt wird.

3. Antragsbefugnis

Auch im Rahmen von § 47 VwGO gilt, dass Popularklagen ausgeschlossen sind. S müsste folglich nach § 47 Abs. 2 VwGO antragsbefugt sein. Antragsteller können alle natürlichen oder juristischen Personen sein, soweit sie durch die angegriffene Rechtsvorschrift oder deren Anwendung einen Nachteil erleiden. Als Nachteil im Sinne von § 47 Abs. 2 VwGO gilt unter anderem die Betroffenheit in subjektiven Rechten. Vorliegend kann S geltend machen, durch die neugefasste Polizeiverordnung in seinem Grundrecht aus Art. 2 Abs. 1 GG (allgemeine Handlungsfreiheit) verletzt zu sein bzw. in absehbarer Zeit verletzt zu werden (§ 47 Abs. 1 S. 1 VwGO). Denn es ist nicht auszuschließen, dass Maßnahmen gegen S ergriffen werden, sobald er mit alkoholischen Getränken im öffentlichen Raum nach § 9a der Polizeiverordnung angetroffen wird. Jedenfalls ist er in Art. 2 Abs. 1 GG schon allein deshalb betroffen, weil es ihm – ohne gegen den Verbotstatbestand zu verstoßen – unmöglich gemacht wird, im öffentlichen Raum alkoholische Getränke zu sich zu nehmen. S ist folglich antragsbefugt nach § 47 Abs. 2 VwGO.

4. Antragsfrist

Die Antragsfrist nach § 47 Abs. 2 VwGO, welche ein Jahr ab Bekanntmachung der in Rede stehenden Rechtsvorschrift beträgt, ist vorliegend eingehalten.

5. Sonstige Zulässigkeitsvoraussetzungen

Dass die übrigen Zulässigkeitsvoraussetzungen für den Normenkontrollantrag des S gegeben sind, kann nach Lage des Sachverhalts unterstellt werden.

6. Ergebnis zu I

Der Normenkontrollantrag des S an den *VGH Mannheim* ist zulässig, soweit er sich gegen § 9a Abs. 1 der Polizeiverordnung und das darin geregelte öffentliche Alkoholverbot richtet.

II. Begründetheit

Der Normenkontrollantrag des S ist begründet, wenn die gerügte Norm – hier also allein § 9a Abs. 1 der Polizeiverordnung der Stadt T – gegen höherrangiges Recht verstößt und daher nichtig ist.

1. Ermächtigungsgrundlage

Die maßgebliche Rechtsgrundlage für den Erlass der geänderten Verordnung in § 9a ist allein danach zu bestimmen, worauf der Verordnungsgeber den Verordnungserlass konkret gestützt hat (vgl. Art. 61 Abs. 1 S. 3 LV). Laut Sachverhalt hat der Oberbürgermeister die Änderung der Polizeiverordnung zutreffend auf § 18 PolG i.V.m. § 1 Abs. 1 PolG gestützt. Eine hinreichende Ermächtigungsgrundlage für den Verordnungserlass – d.h. die Änderung in § 9a – ist damit gegeben.

2. Formelle Rechtmäßigkeit

Die Zuständigkeit des Oberbürgermeisters für den Erlass der Änderung der Polizeiverordnung der Stadt T ergibt sich aus § 21 S. 2 PolG. Auch wurde der Gemeinderat über dessen Zustimmung ordnungsgemäß nach § 23 Abs. 2 PolG zutreffend beteiligt. Auch die übrigen Anforderungen an den Verordnungserlass aus höherrangigem Recht (Art. 63 Abs. 2 LV) – insbesondere hinsichtlich Ausfertigung und Verkündung – sind eingehalten. Die Verordnung ist formell rechtmäßig.

3. Materielle Rechtmäßigkeit

a) Vorliegen der Tatbestandsvoraussetzungen

Nach § 18 Abs. 1 PolG können die Ortspolizeibehörden durch Polizeiverordnung untersagen, an öffentlich zugänglichen Orten außerhalb von Gebäuden und Außenbewirtschaftungsflächen von Gewerbebetrieben, für die eine Erlaubnis oder Gestattung nach gaststättenrechtlichen Vorschriften vorliegt, alkoholische Getränke zu konsumieren oder zum Konsum im Geltungsbereich des Verbots mitzuführen, wenn die weiteren tatbestandlichen Voraussetzungen der Norm kumulativ vorliegen. Zu prüfen ist also vorliegend, ob der mit der Statuierung des Alkoholverbots in § 9a Abs. 1 der insoweit neu gefassten Polizeiverordnung der Stadt T zu unterbindende Alkoholkonsum auf öffentlichen Straßen, Wegen und Plätzen und in öffentlichen Grünanlagen ein Verhalten darstellt, welches von den Voraussetzungen des § 18 PolG gedeckt ist.

aa) Öffentlich zugänglicher Ort i.S.v. § 18 Abs. 1 PolG

Zunächst müsste es sich bei dem Bereich, für den das Alkoholkonsumverbot in der Polizeiverordnung ausgesprochen wurde, um einen öffentlich zugänglichen Ort im Sinne der Norm handeln. Dies ist dann der Fall, wie § 18 Abs. 1 PolG selbst hervorhebt, wenn dieser außerhalb von Gebäuden und Außenbewirtschaftungsflächen, insbesondere also auch außerhalb von Gaststättenbetrieben, belegen ist. Die Verordnung bestimmt in § 9a Abs. 1 das betreffende Gebiet mit „öffentlichen Straßen, Wegen und Plätzen sowie in öffentlichen Grünanlagen im Umkreis von 500 Metern Luftlinie zum Hauptbahnhof in der Stadt T". Somit handelt es sich um einen hinreichend deutlich abgegrenzten Bereich als öffentlich zugänglichem Ort.

bb) Weitere Voraussetzungen nach § 18 Abs. 1 Nr. 1 bis 4 PolG

(1) Deutliche Belastung durch alkoholbedingte Straftaten oder Ordnungswidrigkeiten (§ 18 Abs. 1 Nr. 1 PolG)

Der Bereich, für den das Alkoholverbot in § 9a der Verordnung der Stadt T gelten soll, bezieht sich auf öffentliche Straßen, Wege und Plätze sowie in öffentlichen Grünanlagen im Umkreis von 500 Metern Luftlinie zum Hauptbahnhof. Für diesen Bereich ist im Zusammenhang mit dem Erlass der Polizeiverordnung zwar belegt, dass es mindestens zu Beleidigungen von Passanten und daher einer Erfüllung des Straftatbestandes des § 185 StGB gekommen ist, welche auf den Alkoholkonsum der Szenemitglieder zurückzuführen sind. Fraglich ist aber, ob diese – wie von § 18 Abs. 1 Nr. 1 PolG gefordert – deutlich über der Belastung in anderen Teilen der Stadt T liegen. Insoweit bedürfte es eines entsprechenden Nachweises auf der Grundlage eines belastbaren Belegs, der aber nach Lage des Sachverhalts vorliegend nicht geführt wurde. Somit liegt ein Verstoß gegen § 18 Abs. 1 Nr. 1 PolG vor.

(2) Regelmäßig anzutreffende Menschenmenge (§ 18 Abs. 1 Nr. 2 PolG)

Weiterhin müsste in dem Bereich, für den das Alkoholkonsumverbot nach § 9a der Verordnung ausgesprochen wurde, regelmäßig eine Menschenmenge anzutreffen sein. Nach den Angaben des Sachverhalts hält sich in dem in der Verordnung bezeichneten Bereich, vor allem in den Grünanlagen, gewöhnlich eine „Szene" auf, die dem Alkoholkonsum nachgeht, so dass vom Vorliegen dieser Tatbestandsvoraussetzung auszugehen ist. Dies wird noch verstärkt durch den in Bahnhofsnähe ohnehin zu verzeichnenden Publikumsverkehr. Eine regelmäßig anzutreffende Menschenmenge i.S.v. § 18 Abs. 1 Nr. 2 PolG ist damit jedenfalls gegeben.

(3) Keine nachhaltige Entlastung durch andere polizeiliche Maßnahmen (§ 18 Abs. 1 Nr. 3 PolG)

Fraglich ist weiter, ob es der Stadt T nicht möglich wäre, als Ortspolizeibehörde durch andere polizeiliche Maßnahmen die Störungen durch die „Szene" abzuwehren, ohne ein komplettes Alkoholkonsumverbot auszusprechen. Insoweit bedarf es einer Prognose, die auf die Effektivität anderer (milderer) polizeilicher Maßnahmen gerichtet ist. In Betracht kämen regelmäßigere Streifengänge und die Verhängung von Platzverweisen. Die im Sachverhalt geschilderte Lage verdeutlicht indes, dass bisherige Maßnahmen nicht für Abhilfe gesorgt haben. Somit ist davon auszugehen, dass andere, vor allem auch mildere Maßnahmen der Polizei nicht für nachhaltige Entlastung sorgen würden. Dem könnte zwar entgegengehalten werden, dass auch das durch die Verordnung verhängte Verbot zu seiner Wirksamkeit einer regelmäßigen Vollzugskontrolle bedarf. Allerdings ist davon auszugehen, dass die mit der Statuierung des Verbots verbundene Sanktionsdrohung die Wahrscheinlichkeit erhöht, dass es zu weniger Verstößen gegen dieses Verbot und damit zu einem Rückgang der Störungen kommt. Die Voraussetzung nach § 18 Abs. 1 Nr. 3 PolG ist somit eingehalten (a.A. mit entsprechender Argumentation vertretbar).

(4) Künftige Begehung alkoholbedingter Straftaten und Ordnungswidrigkeiten (§ 18 Abs. 1 Nr. 4)

Weiter müssten i.S.v. § 18 Abs. 1 Nr. 4 PolG Tatsachen die Annahme rechtfertigen, dass in dem betreffenden Bereich auch künftig mit der Begehung alkoholbedingter Straftaten oder Ordnungswidrigkeiten zu rechnen ist. Wie bereits unter (1) dargelegt, ist es zumindest zu Beleidigungen von Passanten gekommen. Mangels entgegenstehender Sachverhaltsangaben ist davon auszugehen, dass dieses Fehlverhalten der Szenemitglieder sich bei unveränderter Lage auch künftig in dem betreffenden Bereich um den Hauptbahnhof in T fortsetzen würde. Es ist somit im Sinne von § 18 Abs. 1 Nr. 4 PolG auch künftig mit der Begehung alkoholbedingter Straftaten und Ordnungswidrigkeiten zu rechnen.

(5) Zwischenergebnis

Die weiteren Voraussetzungen nach § 18 Abs. 1 Nr. 1 bis 4 PolG, welche kumulativ gegeben sein müssen, sind nicht erfüllt.

cc) Ergebnis zu a)

Die Tatbestandsvoraussetzungen der Ermächtigungsgrundlage, § 18 PolG, liegen nicht vor.

b) Bestimmtheit

Fraglich ist, ob neben dem Fehlen aller Voraussetzungen der Ermächtigungsgrundlage möglicherweise mit Blick auf § 9a Abs. 1 der neu gefassten Polizeiverordnung auch ein Verstoß gegen das rechtsstaatliche Bestimmtheitsgebot als Teil sonstigen höherrangigen Rechts gegeben ist. Das Bestimmtheitsgebot bindet den jeweiligen Normgeber bei dem Erlass von Rechtssetzungsakten, Gebote und Verbote hinreichend klar und somit in einer Weise zu fassen, dass die Adressaten der Norm deren Inhalt und Grenzen erkennen und ihr Verhalten hierauf ausrichten können. Dies schließt es nicht per se aus, dass der Normgeber sich auch unbestimmter Rechtsbegriffe bedient, solange diese nach den anerkannten Auslegungsregeln ohne Weiteres näher bestimmt werden können. Vorliegend ist daher fraglich, ob es noch mit dem Bestimmtheitsgebot vereinbar ist, wenn es in § 9a Abs. 1 der Polizeiverordnung heißt, dass die Regelung offenkundig nur den „überwiegenden Aufenthalt" zum Zwecke des „übermäßigen Alkoholkonsums" dem Verbot unterstellen will. Während sich das Merkmal des „überwiegenden Aufenthaltes" gerade bestimmen lässt – etwa dergestalt, dass danach abgegrenzt wird, ob etwa der Konsum alkoholischer Getränke den eigentlichen Zweck des Aufenthalts ausmacht oder nicht –, ist jedenfalls nicht ohne Weiters zu ermitteln, wann von „Übermäßigkeit" mit Blick auf den Alkoholkonsum auszugehen ist. Da es in der Verordnung selbst an Kriterien fehlt, die zur Auslegung beitragen könnten bzw. es mitunter ohnehin schwierig erscheint, das Merkmal „übermäßig" an objektivierbaren Kriterien festzumachen, liegt in Ansehung von § 9a der Polizeiverordnung auch ein Verstoß gegen den Bestimmtheitsgrundsatz vor.

c) Zwischenergebnis

§ 9a Abs. 1 der neu gefassten Verordnung und das darin geregelte Alkoholverbot ist materiell rechtswidrig.

4. Ergebnis zu II

Der Normenkontrollantrag des S ist begründet, soweit er die Verbotsregelung in § 9a Abs. 1 der Polizeiverordnung betrifft.

III. Gesamtergebnis

Der Normenkontrollantrag des S hat mit Blick auf § 9a Abs. 1 der Polizeiverordnung der Stadt T Aussicht auf Erfolg, weil er insoweit zulässig und begründet ist. Der *VGH Mannheim* wird insoweit die Polizeiverordnung für unwirksam erklären. Im Übrigen – soweit es um § 9a Abs. 2 der Polizeiverordnung geht – wird er den Antrag des S ablehnen.

5. Teil
Kostentragung und polizeiliches Haftungsrecht

A. Allgemeines

229 Die nachfolgend behandelten Fragen nach der Kostentragung sowie einer etwaigen Haftung für polizeiliches Handeln betreffen die sog. **Sekundärebene**, welche von der bislang behandelten Primärebene – dem polizeilichen Handeln selbst – zu unterscheiden ist.

230 **Grundsätzlich** gilt für die Kostentragung, dass das **Handeln der Polizei kostenfrei** ist. Eine Inanspruchnahme von Personen kommt folglich nur dann in Betracht, wenn dies ausdrücklich gesetzlich vorgesehen ist. Ohne eine entsprechende Rechtsgrundlage kann also eine Einzelperson wegen des Einschreitens der Polizei auf der Sekundärebene nicht in Anspruch genommen werden.

B. Ersatzansprüche der Polizei

231 Das PolG sowie auch das LVwVG enthalten allerdings einige Vorschriften, über die ein Kostenersatz möglich ist:

- § 8 Abs. 2 PolG (für die unmittelbare Ausführung)
- § 39 Abs. 4 PolG (für die Einziehung)
- § 63 PolG i.V.m. §§ 25, 31 LVwVG (für die Ersatzvornahme)
- § 130 S. 1 Nr. 4 PolG i.V.m. § 3 Abs. 1 S. 3, Abs. 3 DVO PolG (für die Verwahrung)

232 Eine Kostenerstattung nach diesen Vorschriften greift allerdings nur dann ein, wenn das **polizeiliche Handeln rechtmäßig** war. Daneben ist im allgemeinen Polizeirecht eine Anwendung der Grundsätze über die (öffentlich-rechtliche) Geschäftsführung ohne Auftrag[1] oder den allgemeinen öffentlich-rechtlichen Erstattungsanspruch[2] wegen des abschließenden Charakters der ausdrücklich geregelten Erstattungsansprüche ausgeschlossen.[3]

JURIQ-Klausurtipp

Auch das Bestehen von Ersatzansprüchen auf der Sekundärebene eignet sich gut für Klausuraufgaben. Der Kostenbescheid ist dann regelmäßig nur der „Aufhänger". Inzidenter ist dann die eigentliche Primärmaßnahme – also regelmäßig eine Polizeiverfügung oder, in Ermangelung einer solchen, die Rechtmäßigkeit der unmittelbaren Ausführung – zu prüfen. Daran ändert sich auch dann nichts, wenn sich – was im allgemeinen Polizeirecht nicht selten vorkommt – die eigentliche Maßnahme bereits erledigt hat (auch und gerade vor Ablauf der Rechtsbehelfsfrist).[4]

---

1 *BGH* DÖV 2004, 300.
2 *VGH Mannheim* NJW 2003, 1066.
3 Dazu auch *BGH* DÖV 2004, 300.
4 Dazu *VGH Mannheim* VBlBW 2011, 350.

Für die **Inzidentprüfung der Primärmaßnahme im Rahmen eines Kostenerstattungsanspruches** gilt grundsätzlich das oben zur Polizeiverfügung ausführlich dargestellte Schema. In den Fällen der unmittelbaren Ausführung ist zu beachten, dass ein Kostenerstattungsanspruch der Polizei nur dann besteht, wenn der Kostenschuldner in rechtmäßiger Weise zur Beseitigung der ursprünglichen Störung auf der Primärebene hätte herangezogen werden dürfen. **233**

Beispiel: Wenn E zum Zeitpunkt des polizeilichen Einschreitens noch nicht Eigentümer der Sache gewesen wäre, von der die Störung ausging, hätte er auf der Primärebene (noch) nicht rechtmäßig als Zustandsstörer in Anspruch genommen werden dürfen. Dann besteht auch kein Erstattungsanspruch.[5] ■

Die Entscheidung auf der Sekundärebene, ob von einem Störer Ersatz für die polizeiliche Maßnahme gefordert wird, steht im **Ermessen der Behörde**. Zuständig für die Geltendmachung des Ersatzanspruches ist dabei stets die Behörde, welche die Handlung vorgenommen hat. Dies folgt aus § 4 Abs. 1 LGebG. Für die Beurteilung kommt es **auf der Sekundärebene** allerdings auf eine **ex post-Perspektive** an – im Unterschied zur Primärebene, bei der im Interesse einer effektiven Gefahrenabwehr allein die ex ante-Perspektive maßgeblich ist. Es wird insoweit auf den Grundsatz der gerechten Lastenverteilung abgehoben.[6] Das bedeutet, dass dem Störer in den gesetzlich geregelten Fällen die Kostentragung grundsätzlich stets auferlegt werden kann, weil es nach diesem Grundsatz gerade nicht hinzunehmen wäre, die Kosten der Allgemeinheit aufzuerlegen, wenn die Verursachung der Störung gleichwohl einem Störer zurechenbar ist.[7] **234**

Wichtig ist, sich dabei die folgenden Konstellationen vor Augen zu führen, die bereits aus der Darstellung zur Primärebene (siehe oben zur Polizeiverfügung) bekannt sind: **235**

- Der **Verdachtsstörer bei Gefahrverdacht** haftet nur dann, wenn sich aus der ex post-Betrachtung die ursprüngliche Gefahr nach etwaigen Gefahrerforschungsmaßnahmen bestätigt hat. Dann ist er gleichsam Handlungsstörer geworden.
- Der **Anscheinsstörer** haftet ebenfalls, wenn sich bei der ex post-Betrachtung auf der Sekundärebene bestätigt, dass – wovon die Polizei bereits zu Recht auf der Primärebene ausgegangen ist – eine Störung tatsächlich vorgelegen hat. Den Anscheinsstörer trifft insoweit regelmäßig ein „Irreführungsrisiko".[8] Ist dies aus der ex post-Perspektive demgegenüber (ausnahmsweise) nicht der Fall, ist der Anscheinsstörer auf der Sekundärebene bei der Kostentragung wie ein Nichtstörer zu behandeln.

Umstritten ist, ob die Haftung des Zustandsstörers in den sog. „Aufopferungsfällen" zu begrenzen ist. Dabei handelt es sich um Fälle, in denen der Zustandsstörer deshalb in eine „Opferrolle" geraten ist, weil durch das Zutun anderer sich die Gefahr überhaupt erst realisiert hat. **236**

Beispiel Der bekannte „Tanklastzugfall" bildet ein solches typisches *Beispiel*. Wegen ungeschickten Rangierens ist ein Tanklaster auf dem Grundstück des bislang unbeteiligten Grundstückseigentümers E umgekippt und Heizöl in das Erdreich ausgelaufen. E ist somit plötzlich zum Zustandsstörer für den kontaminierten Boden geworden. Umfang-

5 *VGH Mannheim* VBlBW 2002, 161.
6 *VGH Mannheim* NVwZ-RR 2012, 387.
7 *Kenntner* Öffentliches Recht Baden-Württemberg, Rn. 116 f.
8 *VGH Mannheim* VBlBW 2011, 350.

reiche Sicherungsmaßnahmen müssen zum Zwecke der sofortigen Dekontamination eingeleitet werden. ■

237 In solchen Fällen wird diskutiert, ob nicht eine Haftungsbegrenzung des Zustandsstörers auf der Sekundärebene angenommen werden muss. Das *BVerfG* hat hierzu angenommen, dass eine Haftungsbegrenzung jedenfalls bis zur Höhe des Wertes des Eigentums anzunehmen sei.[9] Diese Haftungsbegrenzung lässt freilich – jedenfalls dann, wenn sie pauschal angenommen wird – außer Betracht, dass zumindest bei **Störermehrheit** auch eine vorrangige Inanspruchnahme des Handlungsstörers in Erwägung zu ziehen ist. Dafür spricht insbesondere die gesteigerte Gefahrennähe des Handlungsstörers gegenüber dem Zustandsstörer. Daher wird man wohl in den Fällen, in denen der Handlungsstörer ohne Zweifel feststeht bzw. dieser festgestellt werden kann, von einem grundsätzlichen Vorrang des Handlungsstörers vor dem Zustandsstörer auszugehen haben. Eine Korrekturmöglichkeit ergibt sich freilich unter dem Aspekt einer Orientierung an den unterschiedlichen Verursachungsbeiträgen.[10] Insoweit lassen sich nicht nur sachgerechte, sondern auch verhältnismäßige Lösungen bei der Verteilung der polizeilichen Verantwortlichkeit auf der Sekundärebene bei der Kostentragung erzielen.

JURIQ-Klausurtipp

Bei der Frage, in welcher Reihenfolge bei einer Störermehrheit eine Auswahl für die Kostentragung zu erfolgen hat, gibt es – wie dargelegt – weder in der Rechtsprechung noch in der Literatur eine einheitliche Linie. Es kommt weniger auf das schließlich gefundene (und zumeist gut vertretbare) Ergebnis, sondern die eigentliche Argumentation an. Gerade der Gedanke der Bemessung nach unterschiedlichen Verursachungsbeiträgen kann hier durchaus weiterhelfen. Bedenken Sie mit Blick auf den Zustandsstörer unter anderem neben dem „Opfergedanken" (wie im „Tanklastzugfall") andererseits auch die Sozialpflichtigkeit des Eigentums (Art. 14 Abs. 2 GG).

C. Ersatzansprüche des Betroffenen

238 Das Spiegelbild der zuvor dargestellten Kostenersatzansprüche der Polizei für polizeiliche Maßnahmen bilden die möglichen Ersatzansprüche, die der durch die Polizei in Anspruch genommene Betroffene haben kann. Es handelt sich dabei durchweg um Ausprägungen der staatshaftungsrechtlichen Institute. Als Grundsatz ist dabei festzuhalten, dass ein Betroffener nur dann einen Ersatzanspruch gegenüber dem Staat für die Inanspruchnahme durch die Polizei geltend machen kann, wenn es sich **um eine rechtswidrige polizeiliche Maßnahme handelt**. Demgegenüber ist die Staatshaftung in Form eines Ersatzanspruches für rechtmäßiges polizeiliches Handeln grundsätzlich ausgeschlossen, das sich gegen einen Störer richtet. Maßnahmen, die die Polizei rechtmäßig gegen einen Störer als Polizeipflichtigen gerichtet hat, führen gerade nicht zu einem Sonderopfer des Betroffenen. Vielmehr liegt es so, dass der Störer in die Schranken seines Rechts verwiesen wird.[11]

9 BVerfGE 102, 1.
10 Zutreffend dazu *Würtenberger/Heckmann/Tanneberger* Polizeirecht in Baden-Württemberg, Rn. 509 ff.
11 *Kenntner* Öffentliches Recht Baden-Württemberg, Rn. 123.

Dies vorausgeschickt, kommt als zentrale – und prüfungsrelevante – **Rechtsgrundlage für Entschädigungsansprüche** vor allem **§ 100 PolG** in Betracht. Die Vorschrift gilt direkt nur als Rechtsgrundlage für den in Anspruch genommenen **Nichtstörer im Sinne von § 9 PolG**. Danach kann, wer als Nichtstörer gemäß § 9 PolG von der Polizei in Anspruch genommen wird, eine **angemessene Entschädigung** verlangen. Bei der Anwendung der Vorschrift – insbesondere bei der Bemessung der Entschädigung und ihrer Angemessenheit – sind gemäß § 100 Abs. 1 S. 2 und 3 PolG alle Umstände zu berücksichtigen. Es ist dabei auf Art und Vorhersehbarkeit des Schadens ebenso abzustellen wie darauf, ob der Geschädigte und sein Vermögen durch die polizeiliche Maßnahme etwa (auch) geschützt worden sind (vgl. § 100 Abs. 1 S. 2 PolG). Haben Umstände, die der Geschädigte zu vertreten hat, auf die Entstehung oder Erhöhung des Schadens eingewirkt, so hängt der Umfang des Ausgleichs insbesondere davon ab, inwieweit der Schaden vorwiegend von dem Geschädigten oder durch die Polizei verursacht worden ist (vgl. § 100 Abs. 1 S. 3 PolG). 239

Hinweis

Die Voraussetzungen des sowie die Anforderungen an einen Entschädigungsanspruch des Nichtstörers nach § 100 PolG ergeben sich – wie gezeigt – bereits sehr detailliert aus dem Gesetz. Es erschließt sich somit alles Notwendige aus der Lektüre der Norm. Wichtig ist aber noch etwas anderes: Für den Entschädigungsanspruch sind nach **§ 103 PolG** die **ordentlichen Gerichte** (vgl. § 13 GVG) – und nicht die Verwaltungsgerichte – zuständig. Es handelt sich dabei um eine **abdrängende Sonderzuweisung**, die Sie kennen müssen.

Der Anwendungsbereich des **§ 100 PolG** umfasst nach ganz h.M. nicht nur den Entschädigungsanspruch des betroffenen Nichtstörers, sondern schließt **in analoger Anwendung** auch die Entschädigungspflicht **für die folgenden Konstellationen** mit ein: 240

- Im Wege eines **„Erst-recht-Schlusses"** gilt § 100 PolG entsprechend auch für die Fälle, in denen der **Nichtstörer in rechtswidriger Weise in Anspruch genommen** wurde.
- Der **Anscheinsstörer** kann einen Entschädigungsanspruch auf § 100 PolG analog stützen, sofern ihm die **Verursachung des Anscheins einer Gefahr nicht zugerechnet werden** kann.
- Gleiches wie für den Anscheinsstörer gilt auch für den **Verdachtsstörer**, wenn diesem die **Umstände des Gefahrverdachts nicht zugerechnet** werden können.

Im Übrigen dürfte § 100 PolG analog auch dann zum Tragen kommen, wenn vollkommen Unbeteiligte (also solche Personen, die nicht als Nichtstörer nach § 9 PolG in Anspruch genommen wurden), sondern in anderer – etwa rein zufälliger – Weise durch das polizeiliche Handeln betroffen worden sind. 241

Online-Wissens-Check

Unter welchen Voraussetzungen kann eine Entschädigung für polizeiliches Handeln verlangt werden?

Überprüfen Sie jetzt online Ihr Wissen zu den in diesem Abschnitt erarbeiteten Themen. Unter **www.juracademy.de/skripte/login** steht Ihnen ein Online-Wissens-Check speziell zu diesem Skript zur Verfügung, den Sie kostenlos nutzen können. Den Zugangscode hierzu finden Sie auf der Codeseite.

6. Teil
Rechtsschutz im Polizeirecht

A. Allgemeines

242 Die bislang behandelten Handlungsformen der Polizei erfordern schließlich noch eine Auseinandersetzung mit der Frage, in welcher Weise gerichtlicher Rechtsschutz hiergegen erlangt werden kann.

JURIQ-Klausurtipp

Das allgemeine Polizeirecht eignet sich in besonderer Weise dafür, die Prüfung einer polizeilichen Primärmaßnahme mit dem Verwaltungsprozessrecht – also einer verwaltungsgerichtlichen Klage oder einem Antrag im verwaltungsgerichtlichen Eilrechtsschutz – zu verbinden. Daher werden Sie in den meisten Klausurfällen eine verwaltungsprozessuale Einkleidung vorfinden. Die Prüfungsvorbereitung lässt sich insoweit etwas erleichtern, indem man sich vergegenwärtigt, welche verwaltungsprozessualen Situationen – und damit auch Rechtsschutzmöglichkeiten – überhaupt bzw. typischerweise in Betracht kommen.

243 Der Rechtsschutz gegen polizeiliche Primärmaßnahmen ist dadurch geprägt, dass es in der Hauptsache zumeist entweder um eine Anfechtungsklage (§ 42 Abs. 1 Alt. 1 VwGO) oder eine Fortsetzungsfeststellungsklage nach § 113 Abs. 1 S. 4 VwGO (direkt oder – wesentlich häufiger – analog) geht. Hintergrund hierfür ist, dass sich der betroffene Bürger mit seinem Rechtsschutzbegehren gegen eine polizeiliche Primärmaßnahme und damit gegen einen Verwaltungsakt i.S.v. § 35 S. 1 LVwVfG richtet.

244 Unproblematisch sind daher die Fälle, in denen eine Anfechtungsklage bzw. (seltener) eine Verpflichtungsklage zu prüfen ist. Hier gelten die aus dem Verwaltungsprozessrecht bekannten Prüfungsschemata:

Erfolgsaussichten einer Anfechtungsklage gemäß § 42 Abs. 1 Alt. 1 VwGO

A. Eröffnung des Verwaltungsrechtsweges

I. Aufdrängende Spezialzuweisung
nicht im allgemeinen Polizeirecht

II. Generalklausel des § 40 Abs. 1 S. 1 VwGO
öffentlich-rechtliche Streitigkeit nicht verfassungsrechtlicher Art

III. Keine abdrängende Sonderzuweisung
beachte ggf. § 23 EGGVG

B. Zulässigkeit

I. Statthafte Klageart
Maßstab § 88 VwGO, gerichtet auf Aufhebung der belastenden polizeilichen Maßnahme als Verwaltungsakt; wichtig: noch nicht erledigt, sonst Fortsetzungsfeststellungsklage, siehe unten Rn. 251 ff.

II. Klagebefugnis, § 42 Abs. 2 VwGO
Adressatentheorie als Unterform der Möglichkeitstheorie

III. Vorverfahren gemäß §§ 68 ff. VwGO

IV. Klagefrist, § 74 VwGO

V. Richtiger Klagegegner, § 78 VwGO

VI. Beteiligtenfähigkeit, § 61 VwGO

VII. Prozessfähigkeit, § 62 VwGO

VIII. Allgemeines Rechtsschutzbedürfnis

C. Begründetheit
Maßstab: § 113 Abs. 1 VwGO

I. Ermächtigungsgrundlage (der angefochtenen Polizeiverfügung, Aufbau s.o.)

II. Formelle Rechtmäßigkeit (der angefochtenen Polizeiverfügung, Aufbau s.o.)

III. Materielle Rechtmäßigkeit (der angefochtenen Polizeiverfügung, Aufbau s.o.)

PRÜFUNGSSCHEMA

Seltener ist die Konstellation, in der eine Verpflichtungsklage (§ 42 Abs. 1 Alt. 2 VwGO) in Betracht zu ziehen ist, mithin das Rechtsschutzbegehren auf den Erlass einer Polizeiverfügung als Verwaltungsakt nach § 35 S. 1 LVwVfG gerichtet ist. Denkbar ist dies nur in den Fällen, in denen ausnahmsweise – wegen Ermessensreduzierung auf Null – ein Anspruch auf Einschreiten der Polizei in Betracht kommt. **245**

PRÜFUNGSSCHEMA

Erfolgsaussichten einer Verpflichtungsklage gemäß § 42 Abs. 1 Alt. 2 VwGO

A. Eröffnung des Verwaltungsrechtsweges

I. Aufdrängende Spezialzuweisung
nicht im allgemeinen Polizeirecht

II. Generalklausel des § 40 Abs. 1 S. 1 VwGO
öffentlich-rechtliche Streitigkeit nicht verfassungsrechtlicher Art

III. Keine abdrängende Sonderzuweisung
beachte ggf. § 23 EGGVG

B. Zulässigkeit

I. Statthafte Klageart
Maßstab § 88 VwGO, gerichtet auf Erlass einer Polizeiverfügung

II. Klagebefugnis, § 42 Abs. 2 VwGO
Möglichkeitstheorie; Kläger muss Anspruch auf polizeiliches Einschreiten geltend machen

III. Vorverfahren gemäß §§ 68 ff. VwGO

IV. Klagefrist, § 74 VwGO

V. Richtiger Klagegegner, § 78 VwGO

VI. Beteiligtenfähigkeit, § 61 VwGO

VII. Prozessfähigkeit, § 62 VwGO

VIII. Allgemeines Rechtsschutzbedürfnis

C. Begründetheit
Maßstab: § 113 Abs. 5 VwGO

I. Ermächtigungsgrundlage (der begehrten Polizeiverfügung, Aufbau s.o.)

II. Formelle Rechtmäßigkeit (der begehrten Polizeiverfügung, Aufbau s.o.)

III. Materielle Rechtmäßigkeit (der begehrten Polizeiverfügung, Aufbau s.o.)

B. Eilrechtsschutz gegen polizeiliche Maßnahmen

246 Auch die Prüfung, ob Eilrechtsschutz gegen polizeiliche Maßnahmen zu erlangen ist, kann Gegenstand einer Polizeirechtsklausur sein bzw. die prozessuale Einkleidung der Überprüfung der Rechtmäßigkeit einer polizeilichen Maßnahme bilden. Insoweit gilt es zunächst, sich zu vergegenwärtigen, dass polizeiliche Primärmaßnahmen dem gesetzlich angeordneten Sofortvollzug nach § 80 Abs. 2 S. 1 Nr. 2 VwGO unterfallen, soweit es sich dabei um unaufschiebbare Anordnungen und Maßnahmen von Polizeivollzugsbeamten handelt. In Betracht kommt dabei stets der **Eilrechtsschutz in Form des vorläufigen Rechtsschutzes nach § 80 Abs. 5 S. 1 Alt. 1 VwGO**, gerichtet auf die vollständige oder teilweise **Anordnung der aufschiebenden Wirkung.**

JURIQ-Klausurtipp

Nach § 80 Abs. 2 S. 1 Nr. 2 VwGO entfällt die aufschiebende Wirkung des Verwaltungsaktes bei unaufschiebbaren Maßnahmen von Polizeivollzugsbeamten. Alle polizeilichen Primärmaßnahmen, die solche Vollzugsmaßnahmen darstellen, sind daher also kraft Gesetzes sofort vollziehbar. Dies gilt in Baden-Württemberg für Maßnahmen des Polizeivollzugsdienstes. Allerdings ist hierbei zu beachten, dass sich solche Maßnahmen mit ihrem Vollzug häufig bereits erledigt haben. Denken Sie insoweit etwa an den gegenüber einem Bürger ausgesprochenen Platzverweis nach § 30 PolG. In diesen Fällen hilft mit Blick auf das Ziel, schnell Rechtsschutz zu erlangen, auch ein Antrag nach § 80 Abs. 5 S. 1 Alt. 1 VwGO nicht weiter, da die Anordnung der aufschiebenden Wirkung dem Betroffenen wegen der Erledigung den damit eigentlich intendierten Rechtsschutz nicht mehr zur Seite stellen kann. Daher bleibt dann nur die Erhebung der Fortsetzungsfeststellungsklage nach § 113 Abs. 1 S. 4 VwGO analog (dazu näher unten Rn. 254).

Eine andere denkbare Konstellation in der allgemeinen Polizeirechtsklausur, in der es um die **247** Erlangung vorläufigen Rechtsschutzes gehen kann, sind die Fälle, in denen die aufschiebende Wirkung wegen besonderer **Anordnung der sofortigen Vollziehung nach § 80 Abs. 2 S. 1 Nr. 4 VwGO** entfällt. Dann kann auf gerichtlichem Wege um vorläufigen Rechtsschutz nach § 80 Abs. 5 S. 1 Alt. 2 VwGO mit einem Antrag an das Verwaltungsgericht – gerichtet auf Wiederherstellung der aufschiebenden Wirkung – nachgesucht werden.

Beispiel In den Obdachlosenfällen etwa, bei denen Wohnungslosigkeit des früheren Mieters infolge einer Zwangsräumung droht, wird regelmäßig die auf die polizeiliche Generalklausel gestützte Grundverfügung gegen den Wohnungseigentümer (als Nichtstörer) wegen der Eilbedürftigkeit mit einer Anordnung der sofortigen Vollziehung nach § 80 Abs. 2 S. 1 Nr. 4 verbunden. Im Eilrechtsschutz könnte sich der Eigentümer sodann zunächst mit einem Antrag nach § 80 Abs. 5 S. 1 Alt. 2 VwGO an das Verwaltungsgericht wenden, um eine Wiederherstellung der Suspensivwirkung (§ 80 Abs. 1 VwGO) seines gegen die polizeiliche Maßnahme gerichteten Rechtsbehelfs zu erreichen. Hier kommt § 80 Abs. 2 S. 1 Nr. 2 VwGO nicht in Betracht, da es sich nicht um eine Maßnahme des Polizeivollzugsdienstes handelt. ■

Hinweis

Sollte es in der Klausur auf die Prüfung vorläufigen Rechtsschutzes ankommen, wird dies zumeist bereits an entsprechenden Angaben im Sachverhalt deutlich. Wenn es also heißt, dass „schnellstmöglich gehandelt werden" müsse oder etwas „keinen Aufschub" dulde, ist dies ein Hinweis auf den Eilrechtsschutz. Beachten Sie auch – obwohl dies regelmäßig kein Gegenstand der Prüfung sein wird –, dass es neben dem Antrag nach § 80 Abs. 5 VwGO an das Verwaltungsgericht auch den (eigentlich vorrangigen) Antrag an die Behörde nach § 80 Abs. 4 VwGO auf Aussetzung der Vollziehung gibt.

Ist also in der allgemeinen Polizeirechtsklausur einmal die Prüfung vorläufigen Rechtsschut- **248** zes vorgesehen, gilt das folgende Schema als Orientierung:

PRÜFUNGSSCHEMA

Erfolgsaussichten eines Antrags an das Verwaltungsgericht nach § 80 Abs. 5 S. 1 VwGO

A. Eröffnung des Verwaltungsrechtsweges

I. Aufdrängende Spezialzuweisung
nicht im allgemeinen Polizeirecht

II. Generalklausel des § 40 Abs. 1 S. 1 VwGO
öffentlich-rechtliche Streitigkeit nicht verfassungsrechtlicher Art

III. Keine abdrängende Sonderzuweisung
beachte ggf. § 23 EGGVG

B. Zulässigkeit

I. Statthafte Antragsart (Maßstab § 88 VwGO analog)
- kurze Auslegung des Begehrens hinsichtlich der Eilbedürftigkeit
- Statthaftigkeit bemisst sich nach Abgrenzung anhand § 123 Abs. 5 VwGO
- maßgeblich ist Hauptsacherechtsbehelf, hier Anfechtungsklage
- keine aufschiebende Wirkung nach § 80 Abs. 2 VwGO
  (diff.: § 80 Abs. 2 Nr. 1 bis 3 oder § 80 Abs. 2 Nr. 4 VwGO)

II. Klagebefugnis, § 42 Abs. 2 VwGO analog
Adressatentheorie als Unterfall der Möglichkeitstheorie, da in der Hauptsache Anfechtung eines belastenden Verwaltungsaktes

III. Richtiger Antragsgegner, § 78 VwGO analog

IV. Beteiligtenfähigkeit, § 61 VwGO

V. Prozessfähigkeit, § 62 VwGO

VI. Allgemeines Rechtsschutzbedürfnis
fehlt, wenn kein zulässiger Rechtbehelf eingelegt wurde. A.A. vertretbar

C. Begründetheit

diff.: Fälle des § 80 Abs. 2 S. 1 Nr. 1 bis 3 VwGO bzw. Fälle des § 80 Abs. 2 Nr. 4 VwGO
- bei § 80 Abs. 2 S. 1 Nr. 1 bis 3 VwGO (im Polizeirecht wohl zumeist: § 80 Abs. 2 S. 1 Nr. 2):

Der Antrag auf Anordnung der aufschiebenden Wirkung ist begründet, wenn eine Interessensabwägung des Verwaltungsgerichts ergibt, dass das private Aussetzungsinteresse des Betroffenen das öffentliche Vollzugsinteresse überwiegt.

I. Interessenabwägung nach den Erfolgsaussichten in der Hauptsache
1. Ermächtigungsgrundlage (der angefochtenen Polizeiverfügung, Aufbau s.o.)
2. Formelle Rechtmäßigkeit (der angefochtenen Polizeiverfügung, Aufbau s.o.)
3. Materielle Rechtmäßigkeit (der angefochtenen Polizeiverfügung, Aufbau s.o.)

II. Interessenabwägung nach umfassender Abwägung aller übrigen Interessen
- bei § 80 Abs. 2 S. 1 Nr. 4 VwGO:

Der Antrag auf Wiederherstellung der aufschiebenden Wirkung ist begründet, wenn die Anordnung der sofortigen Vollziehung rechtswidrig ist und der Antragsteller dadurch in seinen Rechten verletzt wird und wenn eine Interessenabwägung des Gerichts ergibt, dass das private Aussetzungsinteresse des Betroffenen das öffentliche Vollzugsinteresse überwiegt.

1. Ermächtigungsgrundlage für die Anordnung der sofortigen Vollziehung (§ 80 Abs. 2 S. 1 Nr. 4 VwGO)

2. Formelle Rechtmäßigkeit der Anordnung der sofortigen Vollziehung (§ 80 Abs. 2 S. 1 Nr. 4 i.V.m. § 80 Abs. 3 VwGO, insbesondere gesonderte schriftliche Begründung erforderlich, sofern nicht Voraussetzungen nach § 80 Abs. 3 S. 2 VwGO gegeben→Gefahr im Verzug)

III. Materielle Rechtmäßigkeit

1. Interessenabwägung nach Erfolgsaussichten der Hauptsache
   a) Ermächtigungsgrundlage (der angefochtenen Polizeiverfügung, Aufbau s.o.)
   b) Formelle Rechtmäßigkeit (der angefochtenen Polizeiverfügung, Aufbau s.o.)
   c) Materielle Rechtmäßigkeit (der angefochtenen Polizeiverfügung, Aufbau s.o.)
2. Interessenabwägung nach umfassender Abwägung aller übrigen Interessen

PRÜFUNGSSCHEMA

C. Übungsfall Nr. 4

249 **Die erkennungsdienstliche Maßnahmen**

Gegen den G ist ein staatsanwaltschaftliches Ermittlungsverfahren wegen des Verdachts des sexuellen Missbrauchs von Schutzbefohlenen eingeleitet. G wird von der zuständigen Polizeibehörde zur erkennungsdienstlichen Behandlung wegen dieser möglichen Straftat zum Zwecke der vorbeugenden Verbrechensbekämpfung nach § 81b Alt. 2 StPO vorgeladen. Die Vorladung war unter anderem mit der Anordnung ihrer sofortigen Vollziehbarkeit versehen, die folgende – als Textbaustein eingesetzte – Begründung enthält:

„Die aufschiebende Wirkung eines etwaigen Widerspruchs kann in Ihrem Fall nicht geduldet werden, denn der dadurch bedingte erhebliche Verzug der Maßnahme würde deren Zweck gefährden. Der Polizei blieben somit insbesondere auch dann die erforderlichen erkennungsdienstlichen Unterlagen vorenthalten, wenn sich tatsächliche Anhaltspunkte für eine abermalige Strafbarkeit ergeben würden."

G erhebt gegen die Vorladung fristgemäß Widerspruch. Außerdem stellt er bei dem zuständigen Verwaltungsgericht den Antrag, die aufschiebende Wirkung seines Widerspruchs wiederherzustellen. Zur Begründung trägt G im Wesentlichen vor, vor der Anordnung der sofortigen Vollziehung nicht angehört worden zu sein. Im Übrigen gelte, solange er nicht rechtskräftig verurteilt sei, auch im Verwaltungsverfahren die Unschuldsvermutung.

Im verwaltungsgerichtlichen Verfahren trägt die Polizeibehörde unter Beibringung entsprechender Akten vor, dass es – was zutrifft – tatsächlich in mehreren Fällen zu einem Missbrauch Schutzbefohlener durch den G gekommen ist. Etwaige von G gerügte Verfahrensmängel könnten im noch durchzuführenden Widerspruchsverfahren ohne Weiteres nachgeholt und damit geheilt werden, was seitens der Polizeibehörde auch ausdrücklich versichert wird.

Wie wird das Verwaltungsgericht über den Antrag des G entscheiden?

250 Lösung

Zu prüfen sind die Erfolgsaussichten des Antrages des G an das Verwaltungsgericht im Eilrechtsschutz. Der Antrag hat Aussicht auf Erfolg, soweit er zulässig und begründet ist.

I. Zulässigkeit des Antrags

1. Eröffnung des Verwaltungsrechtsweges

a) Generalklausel des § 40 Abs. 1 S. 1 VwGO

Nach § 40 Abs. 1 S. 1 VwGO ist der Rechtsweg zu den Verwaltungsgerichten eröffnet, wenn es sich um eine öffentlich-rechtliche Streitigkeit nichtverfassungsrechtlicher Art handelt und der Streit nicht durch bundesgesetzliche Regelung einem anderen Gericht ausdrücklich zugewiesen ist.

Es müsste sich vorliegend also um eine öffentlich-rechtliche Streitigkeit handeln. Dies ist der Fall, wenn es sich bei den streitentscheidenden Normen um solche des öffentlichen Rechts handelt. Dem öffentlichen Recht zuzuordnen ist eine Streitigkeit dann, wenn die maßgeblichen Rechtsnormen nicht jedermann berechtigt oder verpflichtet, sondern gerade der Staat bzw. andere Träger von Hoheitsgewalt Zuordnungssubjekt sind.

Hier ist fraglich, welche Normen die streitentscheidenden sind. In Betracht kommt insoweit sowohl § 81b Alt. 2 StPO als Ermächtigungsgrundlage für die Vorladung des G als auch § 80 Abs. 2 Nr. 4 VwGO als Ermächtigungsgrundlage für die Anordnung der sofortigen Vollziehung.

Allerdings ist eine Entscheidung dieser Frage entbehrlich, da beide Normen ausschließlich Träger hoheitlicher Gewalt berechtigen und es somit in jedem Fall für den Streitentscheid auf eine Norm ankommt, die einen Träger hoheitlicher Gewalt berechtigt und es folglich allein auf eine Norm des öffentlichen Rechts ankommt.

Überdies wird auch nicht über Inhalt, Auslegung oder Anwendung der Verfassung gestritten, so dass es sich auch um eine Streitigkeit nichtverfassungsrechtlicher Art handelt. Es fehlt insofern vor allem an der doppelten Verfassungsunmittelbarkeit, da gerade nicht Verfassungsorgane über Verfassungsrecht streiten.

Danach ist der Verwaltungsrechtsweg nach der Generalklausel des § 40 Abs. 1 S. 1 VwGO vorliegend grundsätzlich gegeben.

b) Abdrängende Sonderzuweisung nach § 23 EGGVG

Obschon – wie geprüft – der Verwaltungsrechtsweg nach § 40 Abs. 1 S. 1 VwGO eröffnet ist, könnte sich für die in Rede stehende Streitigkeit eine abdrängende Sonderzuweisung aus § 23 Abs. 1 EGGVG ergeben, über welche die Zuständigkeit der ordentlichen Gerichte begründet sein könnte. Nach dieser Vorschrift entscheiden die ordentlichen Gerichte nämlich über die Rechtmäßigkeit von Maßnahmen, die die Justizbehörden zur Regelungen einzelner Angelegenheiten etwa auch auf dem Gebiet der Strafrechtspflege getroffen haben (sog. Justizverwaltungsakte).

Vor diesem Hintergrund ist wegen der Doppelfunktionalität polizeilicher Maßnahmen – als Ordnungsbehörde oder als Ermittlungspersonen der Staatsanwaltschaft – nicht von vornherein ausgeschlossen, dass die Polizei vorliegend möglicherweise als Justizbehörde gehandelt hat. Dann läge ein sog. Justizverwaltungsakt vor, dessen Überprüfung nach § 23 EGGVG vor den ordentlichen Gerichten auszutragen wäre. Allerdings fehlt es an einem Tätigwerden als Justizbehörde zum Zwecke der Strafrechtspflege dann, wenn die hier streitgegenständliche Vorladung ausschließlich präventiven polizeilichen Zwecken diente und die Polizei im Falle des G gerade nicht auch repressiv zum Zwecke der Strafverfolgung vorgegangen ist.

Laut Sachverhalt erging die Vorladung des G zum Zwecke der vorbeugenden Verbrechensbekämpfung. Sie diente damit ausschließlich präventiven Zwecken im Sinne von § 81b Alt. 2 StPO. Da es folglich an einer repressiven Maßnahme der Strafverfolgung fehlt, sind die Voraussetzungen für eine abdrängende Sonderzuweisung nach § 23 EGGVG nicht gegeben.

Damit bleibt es dabei, dass der Verwaltungsrechtsweg nach § 40 Abs. 1 S. 1 VwGO eröffnet ist.

2. Statthaftigkeit des Rechtsbehelfs

G geht es um die Erlangung von Eilrechtsschutz gegen die für sofort vollziehbar erklärte Vorladung der Polizei. Fraglich ist somit, nach welcher Vorschrift G vorläufigen Rechtsschutz erlangen kann. Ob sich dies nach § 80 Abs. 5 S. 1 VwGO oder nach § 123 VwGO bemisst, richtet sich nach § 123 Abs. 5 VwGO. Diese Abgrenzungsnorm bestimmt, dass die Regelungen des § 123 Abs. 1 bis 3 VwGO dann keine Anwendung finden, wenn Eilrechtsschutz nach den §§ 80, 80a VwGO in Betracht kommt, was wiederum dann der Fall ist, wenn es um die Frage der Vollziehung eines angefochtenen Verwaltungsaltes oder die Beseitigung der aufschiebenden Wirkung eines Rechtsbehelfs geht.

Vorliegend ist seitens der Polizei die Anordnung der sofortigen Vollziehung der Vorladung gegenüber G ausgesprochen worden. Dies hat zur Folge, dass der von G hiergegen erhobene Widerspruch nicht die aufschiebende Wirkung nach § 80 Abs. 1 S. 1 VwGO entfaltet. In der Sache geht es somit um die Beseitigung der aufschiebenden Wirkung des Widerspruches. Nach Maßgabe von § 123 Abs. 5 VwGO ist hier somit vorrangiger Eilrechtsschutz nach den §§ 80, 80a VwGO gegeben. In der Sache richtet sich im vorliegenden Fall der Antrag auf die Gewährung vorläufigen Rechtsschutzes des G nach § 80 Abs. 5 VwGO.

3. Antragsbefugnis

G müsste auch im Rahmen des Verfahrens nach § 80 Abs. 5 VwGO antragsbefugt sein, § 42 Abs. 2 VwGO analog. Dies ist unproblematisch der Fall, da G Adressat eines belastenden Verwaltungsaktes ist und somit nach der sog. Adressatentheorie durch die für sofort vollziehbar erklärte Vorladung zumindest in seinem Grundrecht aus Art. 2 Abs. 1 GG berührt ist.

4. Allgemeines Rechtsschutzbedürfnis

Zu prüfen ist fernerhin, ob dem G auch unter dem Aspekt des allgemeinen Rechtsschutzbedürfnisses der Weg zum Verwaltungsgericht eröffnet ist. Dies wäre dann nicht der Fall, wenn G ein einfacherer Weg zur Erreichung seines Rechtsschutzziels zur Verfügung steht, so dass es angezeigt wäre, vorrangig diesen Weg zu verfolgen.

Möglicherweise bestünde ein solcher (einfacherer) Weg zur Erreichung des Rechtsschutzziels für G, wenn er sich mit einem Antrag nach § 80 Abs. 4 S. 1 VwGO an die Polizei gewandt hätte, um auf diesem Wege die Vollziehung der Vorladung auszusetzen. Insoweit ist jedoch zu berücksichtigen, dass der Antrag nach § 80 Abs. 4 S. 1 VwGO grundsätzlich vollkommen selbstständig neben dem gerichtlichen Antrag nach § § 80 Abs. 5 VwGO ist. Dies wird zusätzlich dadurch unterstrichen, dass gemäß § 80 Abs. 6 S. 1 VwGO ein Eilantrag an das Verwaltungsgericht nur dann zulässig ist, wenn zuvor die Behörde einen Aussetzungsantrag ganz oder teilweise abgelehnt hat. Daraus ist im Umkehrschluss zu folgern, dass jedenfalls dann, wenn es sich nicht um einen Fall nach § 80 Abs. 2 Nr. 1 VwGO handelt, auf den § 80 Abs. 6 S. 1 VwGO zielt, ein Eilantrag grundsätzlich auch ohne vorherigen Aussetzungsantrag an die Behörde zulässig ist. Damit ist das allgemeine Rechtsschutzbedürfnis im Falle des G gegeben und daher ein direkter Antrag an das zuständige Verwaltungsgericht im vorliegenden Falle zulässig.

5. Ergebnis zu I

Der Antrag des G an das Verwaltungsgericht ist zulässig.

II. Begründetheit des Antrags

Der Antrag des G auf Wiederherstellung der aufschiebenden Wirkung seines Widerspruchs ist begründet, wenn die Anordnung der sofortigen Vollziehung der Vorladung nicht formell rechtmäßig ist (1.) und/oder überdies das Suspensivinteresse des G gegenüber dem öffentlichen Interesse an der sofortigen Vollziehung des Verwaltungsaktes überwiegt (2.).

1. Formelle Rechtmäßigkeit der Anordnung der sofortigen Vollziehung

Der Antrag des G wäre bereits dann begründet, wenn es an der formellen Rechtmäßigkeit der Anordnung der sofortigen Vollziehung fehlte.

a) Zuständigkeit

Zunächst müsste die Zuständigkeit der handelnden Polizeibehörde gegeben sein. Dies ist nach dem Sachverhalt der Fall.

b) Anhörung vor Erlass der Anordnung der sofortigen Vollziehung

Problematisch könnte vorliegend sein, ob es einer Anhörung des G vor Erlass der Anordnung der sofortigen Vollziehung der Vorladung bedurfte und diese Anhörung stattgefunden hat.

Ein beachtlicher Verfahrensfehler wegen unterbliebener Anhörung des G wäre indes nur dann gegeben, wenn die Anhörung gesetzlich vorgeschrieben wäre.

aa) Anhörung nach § 28 Abs. 1 LVwVfG

Nach § 28 Abs. 1 LVwVfG bestünde eine Anhörungspflicht dann, wenn es sich bei der Anordnung der sofortigen Vollziehung um einen belastenden Verwaltungsakt handelte. Ein Verwaltungsakt liegt nach der Legaldefinition des § 35 S. 1 LVwVfG dann vor, wenn es sich im konkreten Fall um eine Verfügung, Entscheidung oder andere hoheitliche Maßnahme handelt, die eine Behörde zur Regelung eines Einzelfalls auf dem Gebiet des öffentlichen Rechts trifft und die auf unmittelbare Rechtswirkung nach außen gerichtet ist. Zudem muss die Maßnahme, um als Verwaltungsakt im Normsinne zu gelten, eine abschließende Entscheidung im Rahmen eines Verwaltungsverfahrens (§ 9 LVwVfG) darstellen.

Dies ist hinsichtlich der hier gegenständlichen Anordnung der sofortigen Vollziehung allerdings fraglich. Mit der Vollziehbarkeitsanordnung wird zwar gegenüber einer Privatperson – hier dem G – eine Maßnahme getroffen, die grundsätzlich auch alle übrigen Voraussetzungen des § 35 S. 1 LVwVfG erfüllt. Allerdings spricht eindeutig gegen die Annahme einer

Verwaltungsaktqualität der Anordnung der sofortigen Vollziehung, dass diese von der Erlassbehörde jederzeit aufhebbar und auch abänderbar ist. Damit fehlt es an der Verwaltungsaktqualität der hier gegenständlichen Anordnung der sofortigen Vollziehung so dass § 28 Abs. 1 LVwVfG jedenfalls nicht direkt anwendbar ist.

bb) Anhörung nach § 28 Abs. 1 LVwVfG analog

Möglicherweise könnte sich eine Pflicht der Polizeibehörde zur Anhörung des G aus einer analogen Anwendung von § 28 Abs. 1 LVwVfG ergeben. Dies erfordert es freilich, dass eine planwidrige Regelungslücke und eine Gleichheit der Interessenlage gegeben sind.

Insoweit ist festzuhalten, dass der Gesetzgeber mit der Begründungspflicht in § 80 Abs. 3 VwGO bereits eine förmliche Anforderung etabliert hat, ohne zugleich das allgemeine Erfordernis einer Anhörung des Betroffenen zu regeln. Daraus folgt, dass es an einem zusätzlichen Bedürfnis für eine besondere Anhörungsregelung, die über § 80 Abs. 3 VwGO noch hinausgeht, gerade fehlt. Damit steht fest, dass es bereits an einer Planwidrigkeit der etwaigen Regelungslücke fehlt.

Folglich scheidet auch eine analoge Anwendung von § 28 Abs. 1 LVwVfG aus. Es bedurfte somit vor Erlass der Anordnung der sofortigen Vollziehung der Vorladung einer Anhörung des G nicht.

c) Inhaltliche Anforderungen nach § 80 Abs. 3 S. 1 VwGO

Aus § 80 Abs. 3 S. 1 VwGO folgt, dass das besondere Interesse an der sofortigen Vollziehung schriftlich besonders zu begründen ist.

aa) Schriftlichkeit

Das Schriftformerfordernis nach § 80 Abs. 3 S. 1 VwGO ist laut Sachverhalts eingehalten.

bb) Inhaltliche Anforderungen des § 80 Abs. 3 S. 1 VwGO

Vorliegend muss indes näher geprüft werden, ob auch die von der zuständigen Polizeibehörde gegebene schriftliche Begründung den Anforderungen des § 80 Abs. 3 S. 1 VwGO entspricht. Dies setzt insbesondere voraus, dass das besondere Vollzugsinteresse durch die Behörde dargelegt wird. Es muss somit ein das lediglich allgemeine Vollzugsinteresse, das für jeden Verwaltungsakt gleichermaßen gilt, übersteigendes besonderes Interesse an der sofortigen Vollziehung im konkreten Fall hinreichend deutlich dargetan werden.

Vorliegend ist allerdings der – durch Textbausteineinfügung – erfolgte Hinweis darauf, dass die aufschiebende Wirkung des Widerspruchs zu Verzögerungen führe, kein auf den konkreten Fall bezogener Gesichtspunkt, sondern eine für jeden Fall des Widerspruchs allgemein geltende Erwägung. Auch im Übrigen fehlt es an zureichenden Ausführungen dazu, warum gerade im Falle des G eine ansonsten für den Regelfall nach § 80 Abs. 1 S. 1 VwGO grundsätzlich vorgesehene zeitliche Verzögerung infolge der Einlegung des Rechtsbehelfs gerade nicht hinnehmbar sein sollte. Insbesondere fehlt es in der insoweit maßgeblichen Rechtsbehelfsbelehrung ausdrücklich an Anhaltspunkten für eine erneute Straffälligkeit des G. In der Gesamtschau wird somit das Bestehen eines überwiegenden öffentlichen Interesses lediglich behauptet. Die nach § 80 Abs. 3 S. 1 VwGO ausdrücklich erforderliche – gesonderte – Begründung fehlt hier somit.

In Betracht kommt jedoch eine mögliche Heilung der fehlenden Einhaltung der inhaltlichen Anforderungen nach § 80 Abs. 3 S. 1 VwGO. Dies könnte dadurch erfolgt sein, als im verwaltungsgerichtlichen Verfahren schließlich Akten seitens der Polizei vorgelegt worden sind, welche den Verdacht der Straffälligkeit des G erhärtet haben. Insoweit ist allerdings bereits streitig, ob eine solche Nachholung der zuvor im Verwaltungsverfahren unterbliebenen ordnungsgemäßen Begründung im anschließenden verwaltungsgerichtlichen Verfahren überhaupt möglich ist. Indes kann dieser Streitentscheid dahinstehen, wenn die hier nachgeschobene Begründung ihrerseits abermals den Anforderungen nach § 80 Abs. 3 S. 1 VwGO nicht entspricht.

Dazu ist zu bemerken, dass die Polizei wiederum Akten beibringt, welche den Verdacht der Strafbarkeit des G zwar erhärten, sie gleichwohl aber nicht ausführt, warum die grundsätzlich vorgesehene zeitliche Verzögerung der Vollziehung nicht greifen soll. Damit fehlt es auch bei der im verwaltungsgerichtlichen Verfahren nachgeschobenen Begründung daran, dass diese im Einklang mit den Anforderungen des § 80 Abs. 3 S. 1 VwGO steht. Somit scheidet auch eine Heilung des ursprünglichen Begründungsmangels vorliegend aus.

d) Ergebnis zu 1

Die Anordnung der sofortigen Vollziehung durch die zuständige Polizeibehörde erfolgte in formell rechtswidriger Weise entgegen den Anforderungen des § 80 Abs. 3 S. 1 VwGO. Bereits deshalb ist die Anordnung vom Verwaltungsgericht aufzuheben. Die Frage, ob darüber hinaus auch eine Wiederherstellung der aufschiebenden Wirkung des Widerspruchs des G in Betracht kommt, ist abhängig von einer Abwägung der widerstreitenden Interessen.

2. Interessenabwägung

Der Antrag des G auf Wiederherstellung der aufschiebenden Wirkung seines Widerspruchs hat Aussicht auf Erfolg, wenn sein Suspensivinteresse das öffentliche Vollzugsinteresse überwiegt. Es kommt insofern auf die Erfolgsaussichten in der Hauptsache an, soweit eine summarische Prüfung es nahelegt. Fraglich ist also, ob ein Hauptsacherechtsbehelf – hier eine gegen die Vorladung gerichtete Anfechtungsklage des G – voraussichtlich Aussicht auf Erfolg hätte.

a) Ermächtigungsgrundlage

Die gegenüber G ergangene Vorladung müsste auf der richtigen Ermächtigungsgrundlage beruhen. Im Bescheid der Polizei wird insoweit auf § 81b Alt. 2 StPO Bezug genommen. Da sich G bereits in einem staatsanwaltschaftlichen Ermittlungsverfahren befindet, scheiden Ermächtigungsgrundlagen aus dem PolG aus. § 81b Alt. 2 StPO ist somit die richtige (präventive) Ermächtigungsgrundlage für die Vorladung des G.

b) Formelle Rechtmäßigkeit der Vorladung des G

Zu prüfen ist, ob die Vorladung des G formell rechtmäßig ist. Insoweit ist lediglich fraglich, ob die maßgeblichen Verfahrensvorschriften eingehalten worden sind. Es kommt hier ein Verstoß gegen § 28 Abs. 1 LVwVfG in Betracht, wonach die Behörde vor Erlass eines belastenden Verwaltungsaktes dem Betroffenen die Gelegenheit zur Anhörung einräumen muss. Ausweislich des Sachverhaltes fehlt es vorliegend an einer solchen Anhörung des G. Überdies kommt ein Verstoß gegen die aus § 39 Abs. 1 LVwVfG fließende Begründungspflicht in Frage, da eine den Anforderungen aus § 39 Abs. 1 S. 2 und 3 LVwVfG genügende Begründung der Vorladung des G laut Sachverhalt ebenfalls fehlt. Fraglich ist daher an sich, ob die Heilungsmöglichkeit nach § 45 Abs. 1 Nr. 2 und 3 LVwVfG greift. Allerdings kann auch die Klärung dieser Frage dann dahinstehen, wenn für das Verwaltungsgericht im Rahmen der Interessenabwägung bereits zum gegenwärtigen Zeitpunkt feststeht, dass formelle Fehler wie die festgestellten im Widerspruchsverfahren aller Voraussicht nach durch die Behörde geheilt werden. Dafür streitet, dass ein überwiegendes Interesse des G bezüglich heilbarer formeller Rechtsfehler nur dann gegeben ist, wenn diese nicht nur vorübergehender Natur sind. Da die Polizeibehörde aber angekündigt hat, im Widerspruchsverfahren die formellen Fehler zu beseitigen, kann es im verwaltungsgerichtlichen Verfahren des Eilrechtsschutzes vorläufig dahinstehen, ob gegenwärtig die festgestellten formellen Mängel bestehen.

c) Materielle Rechtmäßigkeit der Vorladung des G

Insoweit kommt es auf das Vorliegen der tatbestandlichen Voraussetzungen der Ermächtigungsgrundlage – hier also § 81b Alt. 2 StPO – an. Eine danach ergangene Vorladung ist dann materiell rechtmäßig, wenn sie für die Zwecke der Ermittlung *notwendig* gewesen ist. Wann eine erkennungsdienstliche Maßnahme nach dieser Norm als notwendig gilt, bemisst sich nach der Funktion der erkennungsdienstlichen Behandlung im konkreten Fall. Grundsätzlich gilt dabei als Maßstab, dass die Maßnahme dazu dienen soll, vorsorgend die sächlichen Hilfsmittel für die präventive Erforschung und Aufklärung von Straftaten den Ermittlungsbehörden zur Seite zu stellen. Als *notwendig* gilt eine erkennungsdienstliche Maßnahme somit vor allem dann, wenn der Beschuldigte nach seinem eigenen – ihm im bisherigen Ermittlungsverfahren vorgeworfenen – Verhalten und nach in seiner Person liegenden Anhaltspunkten als möglicher Täter jedenfalls nicht ausgeschlossen erscheint.

Mit Blick auf G liegt es nach dem Sachverhalt so, dass er wegen des sexuellen Missbrauchs Schutzbefohlener dringend tatverdächtig ist und es sich bei den möglichen Taten jedenfalls um solche von erheblichem Gewicht handelt. Daher kommt er als potentieller Täter ähnlicher (weiterer) Delikte nach allgemeinen Erkenntnissen der Kriminalistik in Betracht. Von einer *Notwendigkeit* im Sinne des § 81b Alt. 2 StPO ist bezüglich G vorliegend also auszugehen.

Dem könnte allenfalls der strafrechtliche Unschuldsgrundsatz – auch: strafrechtliche Unschuldsvermutung – entgegenstehen. Dies wiederum setzt voraus, dass dieser strafrechtliche Grundsatz im vorliegend maßgeblichen Polizeirecht überhaupt Geltung beanspruchen kann. Dies erscheint schon deshalb fraglich, weil es im Polizeirecht um die präventive Abwehr von Gefahren geht, die ihrerseits nicht von der richterlichen Überzeugung von der Strafbarkeit oder Nicht-Strafbarkeit abhängig und zudem schuldunabhängig ist. Es handelt sich somit beim Polizeirecht und seiner präventiven Funktion gerade nicht um eine Materie, für die es auf die persönliche Vorwerfbarkeit einer Tat ankommt. So geht es auch vorliegend mit Blick auf die Vorladung des G allein um eine der Abwehr möglicher künftiger Gefahren dienende – zuvörderst präventive – Maßnahme der Polizei. In diesem Kontext der Gefahrenabwehr kommt es auf die strafrechtliche Unschuldsvermutung mithin nicht an.

Damit liegen im Falle des G die tatbestandlichen Voraussetzungen des § 81b Alt. 2 StPO bezüglich dessen Vorladung vor.

§ 81b Alt. 2 StPO räumt der handelnden Polizeibehörde Ermessen ein, das gemäß § 114 VwGO von den Verwaltungsgerichten nur eingeschränkt, nämlich in Ansehung etwaiger Ermessensfehler, überprüfbar ist. Dies gilt auch und vor allem für die summarische Prüfung der Erfolgsaussichten in der Hauptsache im Verfahren des Eilrechtsschutzes nach § 80 Abs. 5 VwGO. Da nach Lage des Sachverhalts keine Hinweise auf etwaige Ermessensfehler der Polizeibehörde vorliegen, ist von einer auch hinsichtlich der Rechtsfolge materiell rechtmäßigen Vorladung auszugehen.

Die Vorladung gegenüber G ist somit materiell rechtmäßig.

d) Ergebnis zu 2

Die Interessenabwägung hat ergeben, dass das öffentliche Interesse an der sofortigen Vollziehung des Verwaltungsaktes – der Vorladung des G – dessen privates Aussetzungsinteresse überwiegt.

III. Gesamtergebnis

Der Antrag des G an das Verwaltungsgericht hat nur insoweit Aussicht auf Erfolg, als die Anordnung der sofortigen Vollziehung wegen formeller Rechtswidrigkeit aufzuheben ist. Im Übrigen wird G die begehrte Wiederherstellung der aufschiebenden Wirkung seines Widerspruchs durch das Verwaltungsgericht versagt bleiben.

D. Rechtsschutz bei Erledigung der polizeilichen Maßnahme

251 Es ist bereits dargelegt worden, dass sich gerade im allgemeinen Polizeirecht polizeiliche Maßnahmen schnell – d.h. zumeist schon vor Einlegung eines Rechtsbehelfs, also bspw. vor Erhebung einer Anfechtungsklage gegen die Polizeiverfügung – erledigt haben können und daher etwa auch Klausuren im Bereich des Eilrechtsschutzes eher seltener anzutreffen sind. Wenn sich also die polizeiliche Primärmaßnahme bereits erledigt hat, kommt dann, wenn es sich in der Hauptsache um eine Polizeiverfügung und damit einen bereits erledigten Verwaltungsakt nach § 35 S. 1 LVwVfG handelt, die **Fortsetzungsfeststellungsklage** nach § 113 Abs. 1 S. 4 VwGO in Betracht.

252 Dies **setzt eine Erledigung voraus**, die dann anzunehmen ist, wenn die tatsächliche und/ oder die rechtliche Beschwer, die mit dem Verwaltungsakt verbunden ist, weggefallen ist. Das bedeutet konkret, dass die **belastende Wirkung des Verwaltungsaktes** (bspw. infolge Zeitablaufs) **entfallen ist**. In den meisten Fällen tritt die Erledigung ein, weil der Polizeipflichtige der Maßnahme nachkommt oder in sonstiger Weise der polizeiliche Vollzug der Maßnahme erfolgt ist.

Hinweis

Anders liegt es etwa dann, wenn es um eine Sicherstellung (siehe dazu näher bei den Standardmaßnahmen oben unter Rn. 84 ff.) oder das Vorgehen gegen einen polizeilichen Kostenbescheid geht. Hier fehlt es an der Erledigung, so dass in den genannten Konstellationen die Anfechtungsklage statthafte Klageart ist.

253 Für die in den Erledigungsfällen an sich statthafte Fortsetzungsfeststellungsklage gilt allerdings eine Einschränkung, die sich unmittelbar aus dem Wortlaut des § 113 Abs. 1 S. 4 VwGO ergibt. Danach kommt eine Fortsetzungsfeststellungsklage direkt nur dann infrage, wenn sich der Verwaltungsakt (also hier die in Rede stehende Polizeiverfügung) nach der Erhebung der Klage, aber noch vor der richterlichen Entscheidung erledigt hat. Gerade diese Situation besteht aber in den allermeisten Fallkonstellationen des allgemeinen Polizeirechts gerade nicht. Denn regelmäßig wird die **Erledigung eines polizeilichen Verwaltungsaktes** bereits **vor Klageerhebung eingetreten** sein.

Hinweis

Verdeutlichen Sie sich die Situation am Besten so: Der Verwaltungsakt erledigt sich infolge des Vollzugs oder wegen Wegfalls des Verfügungsobjekts also zunächst. Erst im Anschluss daran sucht der von der Maßnahme zuvor Betroffene Rechtsschutz gegen die polizeiliche Primärmaßnahme vor dem Verwaltungsgericht, weil er die Polizeiverfügung für rechtswidrig hält.

254 Liegt es so, dass – wie es typischerweise im allgemeinen Polizeirecht der Fall ist – die **Erledigung vor Klageerhebung** eingetreten ist, ist nach ganz herrschender Meinung **§ 113 Abs. 1 S. 4 VwGO analog anzuwenden**. Die zutreffende Begründung folgt aus der Garantie effektiven Rechtsschutzes für den betroffenen Bürger aus Art. 19 Abs. 4 GG. Dem ist zu folgen, da es aus der Sicht des Betroffenen keinen Unterschied machen kann, ob sich der Verwaltungs-

akt in zeitlicher Hinsicht bereits vor Klageerhebung oder danach erledigt. Damit ist festzuhalten, dass immer dann, wenn sich die polizeiliche Maßnahme im Zeitpunkt der Klageerhebung bereits erledigt hat, die Fortsetzungsfeststellungsklage analog § 113 Abs. 1 S. 4 VwGO die statthafte Klageart ist.

Hinweis

Zum Teil wird – vor dem Hintergrund einer Entscheidung des *BVerwG*[1] – diskutiert, ob anstelle der analogen Anwendung von § 113 Abs. 1 S. 4 VwGO nicht auf die allgemeine verwaltungsgerichtliche Feststellungsklage abzustellen sei. Dieser Ansatz überzeugt aber schon deshalb nicht, weil er die Subsidiaritätsanordnung in § 43 Abs. 2 VwGO ausblendet. Halten Sie sich dabei vor Augen, dass die Fortsetzungsfeststellungsklage jedenfalls nach ihrem grundsätzlichen Charakter eine „fortgesetzte Anfechtungsklage" (und somit „fortgesetzte" Gestaltungsklage) ist, bei der lediglich wegen Erledigung die Gestaltungswirkung (Aufhebung des belastenden Verwaltungsaktes) nicht mehr erreicht werden kann. Ausführungen dazu sind in der Klausur aber regelmäßig nicht erforderlich. Die allgemeine Feststellungsklage nach § 43 VwGO bleibt im allgemeinen Polizeirecht nur dann – in Klausuren eher seltenen Fällen – von Bedeutung, wenn die polizeiliche Maßnahme keinen Verwaltungsakt, sondern einen Realakt darstellt.[2]

Daher ist im Regelfall die Fortsetzungsfeststellungsklage analog § 113 Abs. 1 S. 4 VwGO die einschlägige Klageart. Hierfür gilt das nachfolgende Schema als Orientierung für die Prüfung: 255

1 *BVerwG* NVwZ 2000, 63.

2 *Zeitler/Trurnit* Polizeirecht für Baden-Württemberg, Rn. 1126, 1129 ff.

PRÜFUNGSSCHEMA

Erfolgsaussichten einer Fortsetzungsfeststellungsklage nach § 113 Abs. 1 S. 4 VwGO (analog)

A. Eröffnung des Verwaltungsrechtsweges

I. Aufdrängende Spezialzuweisung
nicht im allgemeinen Polizeirecht

II. Generalklausel des § 40 Abs. 1 S. 1 VwGO
öffentlich-rechtliche Streitigkeit nicht verfassungsrechtlicher Art

III. Keine abdrängende Sonderzuweisung
beachte ggf. § 23 EGGVG

B. Zulässigkeit

I. Statthafte Klageart
Maßstab § 88 VwGO, gerichtet auf Feststellung, dass erledigter Verwaltungsakt rechtswidrig war

II. Klagebefugnis, § 42 Abs. 2 VwGO analog
Adressatentheorie als Unterform der Möglichkeitstheorie bezüglich des erledigten belastenden Verwaltungsaktes

III. Vorverfahren gemäß §§ 68 ff. VwGO
streitig, e.A.: Vorverfahren mit Blick auf dessen Zwecke stets erforderlich, d.h. auch bei analoger Anwendung von § 113 Abs. 1 S. 4 VwGO bei Erledigung des Verwaltungsaktes vor Klageerhebung[3]; wohl h.M. und Rspr.: Widerspruchsverfahren ist entbehrlich, das dieses auf Aufhebung eines Verwaltungsaktes und gerade nicht auf die Feststellung von dessen Rechtswidrigkeit gerichtet ist[4]

IV. Klagefrist, § 74 Abs. 1 VwGO analog
streitig, wenn Erledigung vor Ablauf der Klagefrist; e.A.: analoge Anwendung von § 74 Abs. 1 S. 2 VwGO, da Fortsetzungsfeststellungsklage auch insoweit nach ihrem Charakter als fortgesetzte Anfechtungsklage zu beurteilen ist und daher Einhaltung der Klagefrist angezeigt ist[5]; h.M: stellt auf Ähnlichkeit zur allgemeinen Feststellungsklage ab und betont, dass es Zweck der Frist sei, die Bestandskraft des Verwaltungsaktes herbeizuführen, was bei Erledigung gerade nicht mehr erreicht werde könne[6]

V. Besonderes Feststellungsinteresse
sog. Fortsetzungsfeststellungsinteresse; gegeben, wenn Kläger sich auf eine der folgenden Fallgruppen berufen kann:
- konkrete Wiederholungsgefahr (rechtliches Interesse)
- Rehabilitationsinteresse (ideelles Interesse)
- Klage dient Vorbereitung eines Amtshaftungsprozesses (wirtschaftliches Interesse)
- ggf. bei schwerwiegenden/sich schnell erledigenden Grundrechtseingriffen (str.)

---

3 *Schenke* Verwaltungsprozessrecht, Rn. 666.
4 BVerwGE 26, 161 (165 ff.); siehe auch *Ehlers* Jura 2001, S. 415 (420).
5 *Schenke* Verwaltungsprozessrecht, Rn. 703.
6 *BVerwG* NVwZ 2000, 63; *VGH München* BayVBl. 1992, 51 ff.; siehe auch *Ehlers* Jura 2001, S. 415 (422).

VI. Richtiger Klagegegner, § 78 VwGO analog
VII. Beteiligtenfähigkeit, § 61 VwGO
VIII. Prozessfähigkeit, § 62 VwGO

C. Begründetheit
Maßstab: § 113 Abs. 1 S. 4 VwGO (analog)
Die Fortsetzungsfeststellungsklage ist begründet, soweit der Verwaltungsakt (die Polizeiverfügung) rechtswidrig war und der Kläger dadurch in seinen Rechten verletzt ist, § 113 Abs. 1 S. 4 VwGO (direkt oder, meistens, analog).

I. Ermächtigungsgrundlage
der angefochtenen und erledigten Polizeiverfügung, Aufbau s.o.

II. Formelle Rechtmäßigkeit
der angefochtenen und erledigten Polizeiverfügung, Aufbau s.o.

III. Materielle Rechtmäßigkeit
der angefochtenen und erledigten Polizeiverfügung, Aufbau s.o.

PRÜFUNGSSCHEMA

E. Normenkontrollverfahren bei Polizeiverordnungen

Schließlich zählt zu den besonders relevanten verwaltungsprozessualen Konstellationen in der Polizeirechtsklausur die Überprüfung von Polizeiverordnungen (siehe dazu oben Rn. 212) mittels des Normenkontrollverfahrens nach § 47 Abs. 1 Nr. 2 VwGO i.V.m. § 4 AGVwGO.[7] Zuständig ist hierfür im Rahmen seiner Gerichtsbarkeit nach Maßgabe von § 47 Abs. 1 VwGO das jeweilige Oberverwaltungsgericht, d.h. in Baden-Württemberg der *VGH Mannheim* (§ 1 Abs. 1 AGVwGO). Da das Normenkontrollverfahren der Überprüfung eines abstrakt-generellen Rechtssatzes – eben der angegriffenen Polizeiverordnung – dient, ist die Entscheidung des *VGH Mannheim* im Falle der festgestellten formellen und/oder materiellen Rechtswidrigkeit darauf gerichtet, die Polizeiverordnung für nichtig zu erklären. Die Entscheidung hat dann allgemeinverbindliche Wirkung (vgl. § 47 Abs. 5 S. 2 VwGO), d.h. sie gilt für alle dem Regelungsbereich der Polizeiverordnung unterfallenden Personen. Damit ist die Polizeiverordnung im Falle der Nichtigerklärung grundsätzlich nicht anwendbar. Auf sie gestützte polizeiliche Verfügungen wären dann mangels wirksamer Ermächtigungsgrundlage rechtswidrig. 256

Hinweis

Denkbar ist auch die gerichtliche Überprüfung der Polizeiverordnung im Rahmen der sog. **Inzidentkontrolle**. Dies bedeutet, dass vor den Verwaltungsgerichten eine polizeiliche Einzelmaßnahme (Polizeiverfügung) angegriffen wird und es insoweit auf eine – mutmaßlich rechtswidrige – Ermächtigungsgrundlage aus einer Polizeiverordnung ankommt. Die Entscheidung des Verwaltungsgerichts hätte dann allerdings – im Unterschied zur Entscheidung des *VGH Mannheim* im Rahmen des Normenkontrollverfahrens nach § 47 Abs. 1 Nr. 2 VwGO i.V.m. § 4 AGVwGO – zur Folge, dass die Entscheidung lediglich zwischen den am Verfahren Beteiligten wirken würde.[8]

---

7 Dazu etwa *VGH Mannheim* VBlBW 2013, 12 ff.; VBlBW 2013, 27 ff. VBlBW 2010, 29 ff.; siehe auch *Zeitler/Trurnit* Polizeirecht für Baden-Württemberg, Rn. 1137.

8 Vgl. *Zeitler/Trurnit* Polizeirecht für Baden-Württemberg, Rn. 1137.

257 Sollte es in der Polizeirechtsklausur – was alles andere als untypisch ist – um die Überprüfung einer Polizeiverordnung nach § 17 Abs. 1 i.V.m. § 1 Abs. 1 PolG gehen, ist hierfür der nachfolgende Prüfungsaufbau maßgeblich.

PRÜFUNGSSCHEMA

Erfolgsaussichten eines Normenkontrollantrags gemäß § 47 Abs. 1 Nr. 2 VwGO i.V.m. § 4 AGVwGO

A. Entscheidungszuständigkeit des VGH nur im Rahmen der Gerichtsbarkeit

B. Zulässigkeit

I. Statthaftigkeit des Antrags, § 45 Abs. 1 Nr. 2 VwGO i.V.m. § 4 AGVwGO

II. Antragsberechtigung und Antragsbefugnis, § 47 Abs. 2 S. 1 VwGO

III. Antragsfrist, § 47 Abs. 2 S. 1 VwGO

IV. Landesverfassungsrechtlicher Vorbehalt, § 47 Abs. 3 VwGO
in Baden-Württemberg irrelevant, da insoweit kein Entscheidungsmonopol des *VerfGH*

V. Ordnungsgemäße Antragstellung, §§ 81, 82 VwGO analog

VI. Allgemeines Rechtsschutzbedürfnis

VII. Antragsgegner, § 47 Abs. 2 S. 2 VwGO

C. Begründetheit

Maßstab: § 47 Abs. 5 S. 2 VwGO

Die Normenkontrolle ist begründet, wenn die Verordnung unwirksam ist. Dies ist dann der Fall, wenn sie an formellen und/oder materiellen Fehlern leidet. (Hinweis: Da es sich um ein objektives Rechtsbeanstandungsverfahren handelt, ist der *VGH Mannheim* weder darauf beschränkt, nur die vom Antragsteller vorgebrachten Fehler zu überprüfen, noch kommt es auf eine subjektive Rechtsverletzung beim Antragsteller an.[9])

Im Weiteren ist dann konkret das **Schema** zu prüfen, das oben im Zusammenhang mit der Darstellung **zur Gültigkeit einer Polizeiverordnung** erläutert wurde (siehe näher dort Rn. 212).

Online-Wissens-Check

Warum kommt es beim Rechtsschutz gegen polizeiliches Handeln häufig auf die Fortsetzungsfeststellungsklage an?

Überprüfen Sie jetzt online Ihr Wissen zu den in diesem Abschnitt erarbeiteten Themen. Unter **www.juracademy.de/skripte/login** steht Ihnen ein Online-Wissens-Check speziell zu diesem Skript zur Verfügung, den Sie kostenlos nutzen können. Den Zugangscode hierzu finden Sie auf der Codeseite.

9 Vgl. auch *Schenke* Verwaltungsprozessrecht, Rn. 914.

Sachverzeichnis

Die Zahlen verweisen auf die Randnummern.